이런 질주
표지화에 붙이다

푸른 고원 너머 뭉게구름 성벽城壁을 두르고
검정 말들이 줄서듯 내닫는 그림이다.

앞선 말의 앞 다리 더좀 휘어졌고
꼬리는 치켜 올렸다.
다음 말은 치켜 든 머리에 꼬리가 처졌는데
더 뒤처진 말은 수레라도 끄는 듯한 다리 놀림으로
구름 높이 솟은 미루나무를 막 지난 참이다.

힘을 낸 만큼은 앞서거나 뒤서거나 하며
제 기운 제 성미대로 저 나름의 자랑일 테다.

비록 뒤처져도 머리 치켜 들어 구름을 보는 셈인가?
짙푸른 미루나무에 꼬리라도 걸쳐 있고 싶은가?

이런 질주의 모양새가 두고두고 눈을 끈다.

한세상 숨결

최 형 자서전

■ 여는글

오래 두고 망설인 글이다. 허전하다 못해서 생각해 낸 일감이지만, 내 이야기를 쓴다는 것부터가 쑥스럽기도 했다. 더구나 내가 읽은 자서전들치고 그들의 작품만큼 깊이 울려 들지 않았다. 읽을 맛도 별로였다.
  한데 루소의 〈참회록〉은 시작부터가 '인간 한 마리'를 발가벗기겠다고 해서인지, 이 늙판에도 감겨 들곤 한다.
  하지만 그는 일세를 울린 사상가요, 그의 발가숭이에는 '자연으로 돌아가라'는 명제와 함께 새 꿈이 있었다.

  이래저래 눈을 질끈 감고 덤벼 보았는데, 한참 후에는 문득 '자서전 쓸 자격' 문제에 부딪힌다. 비록 정직하게 벗어 버린 내 벌거숭이 자체가 역겨움을 주는, 흉터 투성이라면? 헛고생일 뿐이다.
  붓을 내던진 채 한 해가 넘게 어칠거리며, 옛날 읽다가 말았던 톨스토이의 〈참회록〉과 〈유년 시절〉 등을 가끔씩 읽어 보는 것으로 허전을 때웠다. 하지만 '자격' 문제는 더욱 질겅거려졌다.

  이러다가 어느 날 빛살처럼 비쳐 든 것은 내 추한 몰골이나마 적어 나가다 보면, 검은 속껍질이 벗겨지는 무엇도 우러날 수 있으리라는 희망이다. 누가 말한 '쓰는 보람'을 누리고 싶어졌다.

이래서 다시 붓을 든 바에는 '속 깊게 철들어 가듯이' 자화상을 그려 내고 싶었다. 내 직접 체험들의 그 역사성 속에서 나대로의 증언이고도 싶다.

이 무대에 나오는 사람들의 이야기는 내 속내와 성미를 달리 비춰 내는 것들만에 그치려 했다. 그렇게 힘썼다. 괜히 올려 놓고 건드려서 내려다보듯 하거나, 아니면 추켜세워 준대도 속 보일 뿐이다.

제 자신에게 엄격한 만큼은 남에게도 그래야 한다는, 그런 외곬 잣대 역시 그렇다. 제 아끼는 마음이 그에게 가지 않는 한, 그것은 공평할 수도 옳을 수도 없다. 내 눈에 차지 않는 사람들의 이야기에서는 그냥 '누구'나 '아무개'라고만 보자기를 씌웠다. 비록 내가 좋아하는 분들의 이야기일지라도 이름 밝히기를 되도록 삼갔다. 내 친족의 경우와 추억담과 정치담 경우의 이외는 그랬다.

이런 기준과 기본을 새삼 가다듬기에 이른 것은, 내가 깊이 모시고 있는 분의 아끼심이 크셨기 때문이다. 이분은 익명으로 함이 저서의 품격이라고도 하셨다. 제 덜된 짓이 스스로 일깨워지게 그렇다.

어쨌거나 내 이야기를 자질구레 재잘거리고 싶지 않기에 운문韻文이려 힘썼다. 한 행마다 주술부主述部가 있으면서도 압축된(20여 자 이내로) '뜻의 운율'이고자 했다.

한 가지 더 밝혀 둘 것은 이 글의 짜임새다. 예와 이제, 어제와 오늘을 섞바꿔 가는 일기체日記体의 복합구성이고 보니, 시순時順에 혼란이 있을 것 같아 마음에 걸린다.

어떻든 오랜 내 숨결을 제대로 한번 짚어 볼 수 있었으면 싶고, 조금은 깊은 철이 들었기만 빌 뿐이다.

이런 자서전 출판을 선뜻 반겨 주신 서정환 사장께는 거듭 염치가 없다. 무엇보다 내 시각장애를 헤아려 교정 일체를 맡아 주신다니 더욱 그렇다. 많이 애써 준 분들에게도 후끈한 고마움을 보낸다.

2009년 가을

지은이

차 례

Ⅰ 석류꽃에 눈뜨다(유년기)

1. 뒷간 앞 석류꽃, 빠끔살이, 언덕길 내다 … 14
2. 우리 식구들, 글자 배우기, 아버지 실성 사연 … 16
3. 정자나무와 뒷동산, 쥐불놀이, 연날리기 … 19
4. 이제 제3당, 우리 집 새벽과 설날, 꺼먹둥이, 누님 시집가다 … 21
5. 다시 촛불시위, 고리치기와 갈퀴나무 … 24

Ⅱ 어린 꿈은 이렇게(소년기)

1. 입학시험에 붙다, 대선 득표율 … 28
2. 입학식 날, 통학 길은, 새집 설경 … 30
3. 다시 시위, 닭싸움질 … 32
4. 우리 집 우당탕 소리, 학예회 연습에서 … 35
5. 원숭이 이야기, 곶감, 뒤안길 … 38
6. 돌아온 아버지, 다시 가출하다, 꽃밭 만들기 … 40
7. 학교 사열식, 내 위문편지와 그림, 지원병, 소노다 담임선생 … 45
8. 숙모의 주검, 콩깻묵 배급, 진학에 낙방되다 … 48
9. 물웅덩이의 신짝, 내 마당발, 둘째 누님은 … 50
10. 첫하숙집, 은사의 회중시계 … 53

Ⅲ 철드는 몸짓〔ㄱ〕 청년기(1)

1. 첫사랑? 총리의 신사 참배, 점심 때 묵념 … 56
2. 고모네 집에서, 국제결혼 부부들 … 59
3. 매매춘 소식, 내 늑막염 덕분, 두 선배 떠나다 … 62

Ⅲ 철드는 몸짓〔ㄴ〕 청년기(2)

1. 일본의 항복, 미군의 주둔, 해방된 학교는 … 66
2. 햇볕정책, 새 국어 선생, 짝사랑 받은 문학병 시절 … 71
3. 먼 길 걸어서 아버지를, 세배꾼들 … 76
4. '단선' 바람, 거덜난 집안 살림, 누이의 '두렁치' … 79
5. '족청' 가입, 한겨울의 냉방, 선제 공격? … 82
6. 개와의 기 싸움, 진흙길의 예비 검속, 반전·반미 시위는 … 86

Ⅲ 철드는 몸짓〔ㄷ〕 청년기(3)

1. 이제는 내 짝사랑인가? … 92
2. '돈벼락'이라더니, 조·석간의 신문 배달부터 … 96
3. 억지 진학, 열차 안에서, 뒤늦은 선친 봉분 … 99
4. 더러운 승리의 전쟁, 배웅길의 어머니는 … 102
5. 수배자 정원호와 함께, 그의 아버지 … 103
6. '6·25'에 '38선' 터지다 … 106
7. 강산의 피흐름, 빼앗긴 하늘만 우글탕거리고 … 110
8. 문화선전부, 교습회의 날 … 112

9. 두 철을 줄곧 숨어 살다 … 115
10. 밤길의 아지트는? 다시 입산入山 길 … 119
11. 두메산골의 산생활, '해방구'에서 본 시체 … 125
12. 사위의 죽음, '붉은 마후라'의 사나이, 고깔봉 채광굴에서 … 129
13. 내 다시 토굴 속으로 … 132
14. 뒷광과 골방 속의 세월, 조부께서 떠나시다 … 139
15. 드디어 햇빛 길인가?, 햇볕 정책의 어제 오늘 … 144
16. 시골 친척 집에서, 숙부네 농사 거들기, 고향 집 가장이 되다 … 147

Ⅳ 교단에서 30년〔ㄱ〕 장년기(1)

1. 고향 멀리의 초임지, 새 친구들, 내 '96' 내력 … 153
2. 첫딸 탄생의 밤, '3·15'에 이은 '4·19' … 157
3. 입똑똑이 대통령, 김빠진 '4·19', 인사 발령과 선거는 이렇게 … 159
4. 개꽃 바람 속 '5·16', 끓다 만 헛사랑이 … 164
5. 문제아와 문제교사, 방북의 개천절 … 174
6. '6자회담'을 놓고, 제3공화국 탄생에서는 … 178
7. 자식들과 연 날리기, 문병, 은사의 후예들 … 180
8. 내 시골 꿈이, 대통령 탄핵 반대 시위 … 183

Ⅳ 교단에서 30년〔ㄴ〕 장년기(2)

1. 도시 교직의 첫걸음, 문제아를 부둥켜안고는 … 187
2. 한통속인 한·미·일인가? 3·1절, 영농 후계자(FFK) 마을의 홍수 … 190

3. 망해사의 여름, 〈해가 저문다〉를 … 196
4. 뒤늦은 문단의 뒷그늘, 봄 총선에서 … 200
5. 재교육의 여름방학, 송대현 교수 … 202
6. 내 변신變身 시늉, 송광사의 거지는 … 204
7. 개꽃 세상, 춤바람 문턱을 넘다, 골목길에서 … 207
8. 오만한 출발, 제3공화국, 이런 배웅길 … 210
9. '7·4 공동성명'과 '10월유신', 위장 귀농인가? … 214
10. 내 2중성격은 이렇게 … 218
11. 양녀를 내보내고, 명문고의 입시철 … 220
12. 이라크 파병, 뛰어난 문제아들 … 225
13. 절망의 어둠을 뚫고, 가족 소풍을 가다 … 229
14. 명문 학교의 수난들, 두 수제자 … 231
15. 시집 〈두 빛살〉 펴낸 전후 … 235
16. 연구원 희망 꺾이다, 그 파장 … 238

Ⅳ 교단에서 30년 〔ㄷ〕 장년기(3)

1. 항도港都에서 누린 보람 … 243
2. 칼바람 속 2백리 길을, 보안법 폐지 촉구 농성 … 247
3. 잘난 이름일수록, 다시 군고 상담실, 장학 지도의 날 … 249
4. 숙부의 서거, 옛제자 만나다 … 254
5. 〈날개〉의 연극 배역이, 목을 맨 학생들, 내 운동의 뿌리는? … 259
6. 중中·월越전쟁, 친상을 당하다 … 262

7. 옮긴 하숙집, 수필집을 내다, 다시 군사 정권, 총선에서는 기세만이 … 264
8. 총칼의 논리, 전북문화상을 받다 … 267
9. 문학과 나, 도둑질 학생, 큰아들 입영 후 … 271
10. 거장들의 이중성과 내 위선은, 막내의 가출 … 276
11. 내 시에 얽힌 인연들, 아웅산 테러, 늦바람과 퇴임식 날 … 279

V 그리고 거리에서 〔ㄱ〕 노년기(1)

1. 퇴직 후의 고향 길, 아중리 들길, 이라크전 승리의 늪 … 284
2. '해방신학'의 만남, 익명의 쪽지 받고, 영화 〈발렌〉 … 287
3. 〈중국의 붉은 별〉, '50고지'에서, '6·15 공동선언' 제5돌 … 290
4. 모내기 철의 하루, 안기부의 옛제자 … 292
5. 이웃 마을 농민과는, 불꽃놀이, 내 그림과 공예품 … 296
6. 개헌 추진 현판식, 미군기지 확장 저지투쟁, 개방과 주체사상 … 299
7. 무개차의 젊은이, 추도회와 언덕길, 내 2세를 위해서도 … 303
8. 이한열 추도회, '영생학'의 교주, 시위와 물수건 … 307
9. 내 항쟁과 식구들, 은사 내외분께는 … 312
10. 총학생회장을 만나다. 전두환의 항복, '노태우의 웃음' 이후 … 317

V 그리고 거리에서 〔ㄴ〕 노년기(2)

1. 거리의 연행과 농성, 노태우 승리하다, 김대중 은퇴 … 321
2. 3당 합당, 〈푸른 겨울〉 발간, 지식인의 구속 문제 … 325
3. 해금된 〈피바다〉, 법정의 문목사, 농심에도 불이 붙다 … 329

4. 이라크 파병, 북조선 인권 문제, 간첩혐의 수배자의 무죄 판결 … 332
5. 아내의 병, 수도암의 노임 문제 … 334
6. 둘린 방북, 아들의 애인과 막내의 개혼, 딸과의 맞섬질 … 337
7. 절름발이 부부, '두 날개론', 찢긴 성경책 그 이후, 새해 복타령은 … 340
8. 반짝 쿠데타의 공산당, '문민정부' 편승자들, 풍자만화 사건 … 343

Ⅴ 그리고 거리에서 [ㄷ] 노년기(3)

1. 물가에 새집을, DJ 정권, 내일신문, 탄광촌을 찾아서 … 348
2. 전교조의 역사 기행, 문 목사 서거, 깨어난 근로자들 … 352
3. 수배 항의 방문, 〈영혼의 집〉 관람 … 358
4. 시골 삶터는, 판공성사, 한 목사의 북녘 돕기 … 361
5. 거듭날 한총련, 김대중의 취임식 날, 하인스의 꽃방석은 … 365
6. 선영 사초, 입원 중 문병객들, 소떼몰이 방북 … 369
7. 내 '특집' 문제, '석정 추모제'에서 … 371
8. 기껏 묘지 정리? 어설픈 선생을 이렇게도, 평택미군기지 … 373
9. 〈다시 푸른 겨울〉의 수난들, 원로 시인의 조각품 전시회 … 376
10. 드디어 남북 정상이, 북핵과 선제공격 협박, 원한의 '38선' … 379
11. 꿈과 죽음의 문제, 통일연대 모임 때, 누구의 잠꼬대 퉁겨지다…381
12. 이산가족과 설날, 북녘 숲길, 전시작통권이 …383

VI 숨 고르며 걷다 〔ㄱ〕 노쇠기(1)

1. 오다마코도와의 만남, 유별난 상복賞福, 이스라엘의 '핵'은? … 389
2. '붉은 악마'란다, 핵실험 쾅쾅! … 392
3. 민노당 득표율, 시간 쓰는 유형, 불효막심이, 북측의 위성발사 … 394
4. 핵실험 제재? 제자의 장례식 … 396
5. 버스 안의 봉변, 지하철역에서 … 398
6. FTA 교육 항의 방문, '퍼주기 정책'이란다, 어정쩡한 참여정부 … 402
7. 옛 친구들 만나서, 뜻밖의 부음, 장수법과 내 숲길 … 404
8. 반가운 수상들, 경의선 뚫리다 … 409
9. 장자長子 버릇, 내 누님들 … 411
10. 거꾸로 본 풍경, 8불출의 자랑거리 … 413
11. 새 판에서 혼자 주먹질, 굼벵이들 뒷북치다 … 416
12. 탈레반의 인질극, 남북정상회담? 한심한 내 의지 … 419

VI 숨 고르며 걷다 〔ㄴ〕 노쇠기(2)

1. 안락사의 문제, 꿈속의 인물, 정상회담인가? … 423
2. 내 눈 수술, 정치판도 수술을! … 425
3. '북핵' 보유 이후, 숭례문 불타다, 6·15선언실천위원회 총회 … 427
4. 첫성화聖火의 북녘, 보안법 피의자 재판, 공천 잣대는? … 430
5. 옛친구의 '회고록' 소식, 북녘 노여움, 쇠고기 청문회 … 433

6. '5·18항쟁기념식'에서, 촛불 축제는, '개성공단'에 가다 … 436
 7. 종합병원 의사, 옛제자들 목소리, '냉각탑' 폭파 후, 어서 눈병부터 … 439
 8. 상받는 바탕 문제, 수목장의 꿈, 오늘은 첫눈 … 443
 9. 눈병 결판의 날, 꿈 속의 인물, 옛제자(?) 내외가 오다. … 448
10. 민예총 정기총회에서, 이 날 밤 꿈은 … 451
11. 대통령의 말뒤집기와 내 화풀이, 퇴고의 고락, 추기경 떠나다 … 453
12. 노 대통령의 부엉이 바위, 추도사를 듣고, 노제의 만가는 … 458

I 석류꽃에 눈뜨다(유년기)

1. 뒷간 앞 석류꽃, 빠꿈살이, 언덕길 내다 ……………………… 14
2. 우리 식구들, 글자 배우기, 아버지 실성 사연 ………………… 16
3. 정자나무와 뒷동산, 쥐불놀이, 연날리기 ……………………… 19
4. 이제 제3당, 우리 집 새벽과 설날, 꺼먹둥이, 누님 시집가다. …… 21
5. 다시 촛불시위, 고리치기와 갈퀴나무 ………………………… 24

1. 뒷간 앞 석류꽃, 빠끔살이, 언덕길 내다

언제부터 걸음마를 시작하고
햇빛에 눈을 찡그리게 되었는지는 모른다.
누구에게 물어볼 거리도 아니라서
꿈 속 같은 더듬개질이나 깜빡거릴 일인가 보다.

'쉬아·응아'를 가릴 수 있게 되고 나서다.
잿간 옆의 뒷간에 쪼그리고 앉았을 때
뒷간 문 앞의 석류꽃이 등초롱처럼 환하던 것은
흙담 아래 둔덕의 노란 호박꽃 기억과 함께
이제껏 눈에 선한 것이 무엇을 보고 느낀 첫눈뜸일까 싶다.

누구한테나 귀염받은 것 같은데
업혀서 크지는 않았다.
이리저리 자꾸 돔방거리며 놀았던 셈이다.

작은누님에게 졸라댄 빠끔살이에서
사금파리들의 흙가루밥과 각시풀나물 반찬은
새신랑 새각시 몫으로 챙겨 주며 신바람이 났다.
보리누름철에 보릿대로 제비나 방석을 만들어 준
작은누님을 큰누님보다 더 따랐는데

부엉이 울던 밤 ①'달걀귀신' 이야기 듣고
이날 밤 나는 무서운 꿈을 꾸다가 바지에 오줌을 쌌다.

이로부터 70여 년이 훌쩍 흘렀는가?
오늘은 양어장 가의 동남쪽 언덕길을 내기 시작했지만
한 시간 만에 그만 두었다. 힘에 부쳐서다.
땅이 얼기 전에 끝내면 되기 때문이기도 하다.

무슨 일이든 '꼽꼽쟁이' 내 별명답게
아내의 말대로 끝내주어야만 직성이 풀린다.
딴사람보다 두세 곱절 시간을 꾸물적거리기 일쑤다.
이번 언덕바지에 지름길을 내는데도
눈짐작으로 엇비스듬하게 깎아내리면 될 것을
줄부터 쳐 놓고 이리저리 가늠해 본다.
어린이(우리 정현이)가 오르내리기 좋은 비탈인가?
손수레 끌기는 어떤가?
큰비가 와도 무너지지 않겠는가?
이런 식으로 머리도 굴리며 시간 낭비를 하는 셈이다.

---

① 혼인을 앞둔 처녀 총각이 죽으면 길에 묻는다는데, 그 원혼은 지나는 사람을 보쌈으로 데려간다는 민화 속의 귀신이다.

2. 우리 식구들, 글자 배우기, 아버지 실성 사연

부엉이 우는 밤 달걀귀신 이야기를 듣게 될 무렵
우리 식구는 할아버지·할머니, 엄마·아빠와 우리 사남매에
둘째 작은아빠 내외와 삼촌, 그리고 두 머슴이 있었다.
이미 제금난 첫째 작은아빠는 남매를 두어
그 맏이가 내 동갑내기 형이었다.

우리 사촌 형제는 여섯 살 때부터
할아버지한테서 '천자문'과 언문을 배웠는데
내가 두세 배 앞서 외우게 되곤 하니
집안에서 '재동이 종손'이 났다고 부추김 받으며 자랐다.
이래서 사촌형은 기죽어 지냈을지도 모른다.

지금 돌이켜 보니 사촌형은 나보다 속이 훨씬 넓고 순했다.
작은집 숙부, 그러니까 자기 아버지를 닮아 그냥 용해서
내게 시새움 한번 부린 기억이 없다.
작은어머니는 훗날 우리들 학교 숙젯감을 보고는
화를 바락 냈던 일이 새삼 감겨들 뿐이다.

그만큼 그의 어머니는 파르르한 성미에 욕심이 많았고

말도 잘해서 더러 우리 형제를 웃겨 주기도 했는데
이와는 달리 우리 어머니는 그냥 인정만 푸졌던 분이다.

어쨌든 첫째 작은아버지도 큰집 장조카를 대견해하며
당신의 아들에게처럼 연과 팔랑개비를 만들어 주었기에
우리는 처마끝의 ②'유리저리'만큼 신바람나곤 했다.

몸짓 굼뜨고 콧수염의 이 작은아버지는 애꾸 눈망울 굴리며
우리 두 사촌형제에게 팽이를 깎아 주기도 했다.

우리 아버지는 어찌 누워 있기가 일쑤여서
이어진 큰방 윗목에서는 수염쟁이 영감이 장구 꽹과리 치며
밤낮없이 경읽기를 중얼주얼대었다.
그리고 작은누님만이 윗방에 약사발 들고 드나들었는데
아버지는 작은누님이라야만 탕약을 먹는다고 들었다.
이런 아버지의 사연은 오랜 훗날 이 누님한테서 듣게 된다.

"아부지는 들로 바람쐬러 나가셨다가 ③울산이양반허고 쌈이 벌어
졌는디……"
"무슨 일로?"
"작은집서 모내기헐라고 논에 물을 대는디(그 해사말고 가물어서

---

② 새로 이은 지붕의 처마 끝에 길다란 장대를 세워, 장대 꼭대기의 짚갓에는 팔랑개
비를 꽂고, 거기서부터 댕기처럼 길게 너덜너덜 새끼줄을 꼬아 늘인다. 이는 새해
풍년 기원의 풍습이었지만, 제2차 세계대전 때 사라져 버렸다.
③ 이웃에 사는 먼 종씨로서 나에게는 대부(大夫)뻘이 되는 분이다.

물난리가 났었어.) 작은집 논 아랫논을 짓는 울산이양반이 작은집 논 물꼬를 막아 뿌렸다는 것여. 그런디도 용혀 빠진 작은아부지는, 혼자 불퉁거리고만 있는 것을 보고 아부지가 울산이양반헌테 대든 모양이여. 어디 윗논 제쳐 놓고 아랫논부텀 물 대는 법이 있냐? 경오없는 짓 아니냐? 이렇게 말로는 달린게 그만 무지막지허게 아부지를 또랑창에 눞혀 가슴을 발로 질겅질겅 밟어대고…… 심으로야 어디 멥되지같은 그치를 당혀겄어? 더구나 서울서 공부만 허시다가 할아부지헌테 ④억지로 끌려 와서 늘 시름시름 누워 기신 참이었은게…… 분통 터질 맨치 당혀신 뒤로 아부지는 실성되셔서 밤중에도 벌떡 일어나 들로 나가시고 그랬어. 그 뒤로 굿판도 벌려 정經까장 읽게 됐지만……"

둥근 얼굴의 작은누님은 흐리둥한 눈을 껌벅이며
이야기를 하다가도 한숨을 지었다.
내 비로소 아버지의 사연을 듣고는
늙은 피나마 뒤끓어 오르는 시늉이 된다.

"그때 살었든 동네 사람은 인자 거의 다 죽고, 서너 사람만 남었어. 우리 남매까장 치믄 대여섯 명인 심이지만……"

---

④ 혜화전문학교(동국대학 전신)에 수학중이던 아버지는 할아버지한테 강제 중퇴를 당했다는데, 그 이유는 아버지가 우리 집안 종손으로서 사회적 성공보다는 가문적 전통을 전승해야 한다고 믿었기 때문인 듯하다.

3. 정자나무와 뒷동산, 쥐불놀이, 연날리기

내 ⑤고향 마을은 외진 들녘이다.
남서쪽으로 산언덕이 이어져 나가고
동북쪽 십릿벌을 미루나무 늘어선 시내가 흘렀다.

우리 집은 뒷동산 자락에 자리해서
위뜸 우물이 우리 대문 앞이었고
또 하나는 아래뜸에 있었다.
그렇게 두 우물만으로 살아갈 만큼 마을이 작았지만
북쪽 어귀에는 아름드리 정자나무가 늘어섰다.
삭아서 뚫린 밑동 나무 굴에 들어가 소나기 피하던 여름
도깨비놀이 얼굴에는 끄름칠을 하고 시시닥거렸다.

뒷동산 무덤 둘레의 잔디 언덕에서
추석날 밤이면 '망월이야!'를 소리쳤고
제 몸 눕혀 뒹굴리기 시합을 하며
대보름날 밤 ⑥쥐불놀이의 불빛 동그라미를

---

⑤ 전북 김제군 금구면 용지리(광현리)라는 들녘인데, 1930년대부터 50년대까지는 전체 가호 수가 25·6호였던 것이 2천2년 현재에는 14가호로 줄어들었다.
⑥ 음력 정월의 첫 쥐날(子日)에 들쥐를 없애려고 논둑, 밭둑의 마른 풀에 불을 놓는 세시 풍속인데, 어린이들은 통조림 깡통 따위에 구멍을 송송 뚫어 철사로 매달아서, 그 쥐불의 불씨를 빙빙 내돌리는 놀이를 하게 된다.

쟁반같은 달빛 속에 휘돌려대기도 했다.

이보다 더 신나던 것은 연날리기 시합이다.
우쭐우쭐 솟아오르던 연이 아득한 구름조각인가?
가오리연은 기다란 꼬리 흔들며 기웃기웃 해롱대다가
뺑뺑이질치고는 논밭에 곤두박질하고 만다.

"내 것이 이겼다! 이겼다!"
"아녀! 니가 졌어! 니 것 옳어져 뿌렸은게."

이러한 날 밤에 할머니는 나에게
올해 연날리기는 오늘로 끝이라면서
종이(한지) 조끼를 오려 입히더니
잠을 자면 눈썹이 희어진다는 것이다.
내 연신 꾸벅거리다가 언제 잠들었는지
할머니가 나를 깨웠을 때는
마당에 대나무 모닥불이 툭탁거렸다.
거기에 내 종이 조끼랑 연이랑 던졌다.

"아가! 날 새믄 누가 널 불러도 대답 말고, 내더우! 그리야 혀. 엉겁절에 대답혔으믄, 먼저더우! 그리야 올 여름 더우먹지 않게 되야. 어쭈 내 강아지!"
어둠발 담너머에 훤한 이웃 집들 마당에서도
모닥불 불꽃이 튀어오르며 툭탁거렸다.

사랑채 아래의 울산이양반네 집 불꽃을 지금 다시 떠올려 보는 가슴은 그냥 쓰릿해진다.

4. 이제 제3당, 우리 집 새벽과 설날, 꺼먹둥이, 누님 시집가다.

오늘부터는 솔밭으로 가는 지름길을 내기 시작했는데
어제 하려던 것을 미룬 것은
전북민노당선거대책본부 결성식이 있었기 때문이다.
내가 5년 전 대선 때는 우리 후보에게 '단계론'을 폈지만
이제 2천2년에는 '제3당'이 되고 있다.

어제 오늘의 보도 때마다 양당 구도로만 몰아 가는 언론사에
항의할 일임을 중앙집행위원장에게 건의했다.
내 헛수고인 것이 이제는 풍경 만들기에나 마음쓸 일이다.
손주딸 놀이터도 되게 빈터의 풀도 뽑았다.

내가 우리 정현이만 한 시절 새벽이면
사랑채에서 '주문 외운다'는 할아버지 목청이 울리곤 했다.

수염쟁이 영감의 그 경 읽는 소리와 같았는데
꽹과리·장구 소리만 빠졌을 뿐이다.
그래서인지 무섭기는 들지 않고 호듯하게 들렸다.

안채 큰방에서 할머니랑 엄마랑 함께 자던 내 귀에는
물레질 오로롱대고 씨아시질 삐거걱거리는 소리가
더러는 엄마가 베틀에서 찔구덩거리는 소리와 함께
선잠 속에서 다시 가물가물 들리이 그지
기도 했다.

꿈에서도 기다려지던 것은 설날이다.
설빔의 까치저고리 오동색 바지라든지
이 방 저 방에 부수개(유과) 만들 부침개 넣어 놓은 것이라든지
섣달 그믐날 밤 구석구석 밝혀지는 등불이라든지는
횃불처럼 흥성스러운 풍악놀이에 되게 신바람이 났었다.

한데 어느 겨울 제삿날 밤이다.
증조할머니 제사래서 종손인 나도 그냥 앉아 꾸뻑거리는데
앞마루 쪽에서 웬 땍때글 소리에 나가 보니
마룻가의 젯상 떡 목기가 토방에 굴러 떨어져 있었다.

누구 짓일까?
등불을 들고 마루 밑 구석에서 찾아낸 것이 '꺼먹둥이'다!
기어 나온 그의 저고리 주머니에 떡이 불룩했다.

언제나 검정 옷에 살빛도 검대서 붙여진 꺼먹둥이
나보다는 두어 살 위인데도 나에게 져 주며
우리 꼬마들이 시키는 대로 망아지도 되고
'쑥대머리' 가락을 뽑아내기도 했었다.

"이 그지 같은 놈으새끼! 왜 해필 젯상 것을 훔쳐?"
"배고팠든 모양인디, 쬐끔만 참으믄 이따 사랑방서 ⑦밤참거리 먹을 틴디, 기왕 이리 된 것, 어서 그냥 돌아가라."

이렇게 할머니가 삼춘의 다그침을 비켜 굴렸다.
이 일이 있고 난 지 몇 달 뒤에
큰누님이 족두리 쓰고 시집갔는데
한 가지 눈에 새겨진 것은 억지로 가마 속에 들어간 누님
가마 문턱을 붙잡고 설게 울던 모양이다.
어머니도 토방에 서서 눈물을 훔쳤지만
나는 그냥 얼떨떨하기만 했다.
이 누님에게 무슨 일로 골이 난 내가 '시벌 좆같은년!' 했다가
작은아버지한테 볼기짝 맞은 일이 떠올랐을 뿐이다.

---

⑦ 제사를 지내고 나면, 사랑방에 모여든 일꾼들에게 떡이니 술이니 한상 푸지게 챙겨 내는 것이 우리 동네 제삿날 관행처럼 되어 있었다.

5. 다시 촛불시위, 고리치기와 갈퀴나무

내 '나무 심기'처럼 '길 내기'를 좋아하다 보니
어제는 둔덕길을 또 하나 내기 시작했는데
오늘은 첫눈이 내릴 듯 한결 추워진 하늘
기러기가 울고 온다.

이 땅의 철새 정치꾼은 부쩍 불어나고
한술 더 뜨는 야바위꾼일수록
큰 주먹 양키 패거리 앞에는 옴쭉 못하는 꼴이다.
⑧두 소녀가 장갑차에 치여 죽어도 나 몰라라 맨숭거리더니
금배지 달아 보자고 느닷없는 저 극성인가?
어제 오늘은 ⑨'소파 개정'을 다그치는 촛불 물결
이것은 바다 건너에까지 번지며
비로소 끓어 오른 속명울 한풀이인가?

억울하게 죽고도 내동댕이쳐진 그 어린이들이

---

⑧ 의정부 주둔 미군이 장갑차 운전중 잘못 깔아 죽인 두 여중생(신효순, 심미선)을 가리킨다.
⑨ '한·미 주둔군 지위 협정'의 영어 양칭인데, 이는 미국의 일방적인 협정으로서, 과실치사인 경우 누구도 책임질 사람 없이 '무죄'일 수밖에 없다는 이번의 여중생 치사 사건 평결에, 비로소 한국민은 '소파 개정'을 요구하는 분노의 촛불 시위를 하기에 이르렀고, 해외(미국, 호주, 독일, 캐나다, 러시아, 일본) 동포들도 이에 호응하게 되었다(2002. 12. 10~14 촛불시위).

내 사식·손주일 수도 형제일 수도 있다는 데서
그리고 부둥켜안은 만남의 꿈이 잿더미로 온다는 데서
누구라 없이 온통 뒤끓어 오른 오늘이다.
이 늙은이도 전주 촛불시위에 나갔다가 밤중에야 돌아왔다.

내 옛기억을 다시 더듬어 본다,
'쑥대머리' 가락의 꺼먹둥이 따라서
한번은 우리 꼬마들이 갈퀴나무 하러 갔었다.
누른 솔잎 낙엽을 긁어모으기를 처음 배운 셈이다.
뒷동산의 햇빛 환한 황토 무덤 가에서
우리는 ⑩'고리치기'도 배워 시설대었다.

"내가 끼었다! 끼었다!"
"아녀! 내가 먼첨 끼었어!"

큰 구럭에 한짐 나무를 지고 내려 가는 꺼먹둥이와는 달리
기껏 바구니에 꼭꼭 처넣은 솔잎 나무를 들고 오니
삼춘이 보고 눈을 휘둥그린다.
"니 꼬라지 참 좋구나! 흙강아지맹키로…… 나무꾼이나 되라! 머 내년에 핵교 간다고? 꺼먹둥이나 따라댕겨!"

이때 할머니가 옆에서 혀를 쯧쯧 차며

⑩ 가느다란 솔뿌리를 캐어서 가락지를 만들어가지고 흙가루 속에 묻고는, 그것을 손가락으로 찍어 내는 놀이다.

들려 주던 말은 왠지 내 마음에 오래 두고 감겼다.

"우리 강아지, 놀고 먹는 시상 다 살었구나. 공부허거나 일혀야 허고……"

Ⅱ 어린 꿈은 이렇게(소년기)

1. 입학시험에 붙다, 대선 득표율 ···28
2. 입학식 날, 통학 길은, 새집 설경 ···30
3. 다시 시위, 닭싸움질 ··32
4. 우리 집 우당탕 소리, 학예회 연습에서 ··································35
5. 원숭이 이야기, 곶감, 뒤안길 ···38
6. 돌아온 아버지, 다시 가출하다, 꽃밭 만들기 ··························40
7. 학교 사열식, 내 위문편지와 그림, 지원병, 소노다 담임선생 ·········45
8. 숙모의 주검, 콩깻묵 배급, 진학에 낙방되다 ·························48
9. 물웅덩이의 신짝, 내 마당발, 둘째 누님은 ·····························50
10. 첫하숙집, 은사의 회중시계 ···53

1. 입학시험에 붙다, 대선 득표율

내가 아홉 살 되던 해에 할아버지를 따라서
학교 입학시험 치러 간 것은 우리 동네서 둘뿐이었는데
교문 옆에는 개나리꽃이 엄청 노랗던 기억이 새롭다.

책상이 치워진 교실 앞에서 줄서고 기다렸다가
넓은 책상 놓고 앉아 있는 세(?) 분 앞으로
내 차례가 되어 들어가서는
무릎 꿇고 큰절부터 올렸더니 누군가 웃었다.
무슨 물음에 어떻게 대답했는지는 다 잊었지만,
한 가지만은 우스개 놀림으로 오래 새겨졌다.

"니 아버지는 뭣하시냐?"
"누워 있다가 앉아 있다가 그러지라우."
"아하하!"
누군가 또 웃었다.
한데 이런 내가 붙고
사촌형 병두는 떨어졌다는 통지가 온 것이다.
이에 온 집안 어른들이 웃으면서도
동생인 헹炯이가 먼저 입학해서는 안 된다고
작은집 할아버지(구장님) 따라서

내 다시 시험 담당 선생님을 찾아가야 했었다.
우리가 만난 장 선생님의 말씀이 가물거릴 뿐이다.

"이 애의 아부지가 환자라는 것은 ①면장님한테 잘 들었습니다. 누
워 있다 앉아 있다 헌다는 대답에 웃었지만, 아주 좋은 '갑'을 맞었
어요. 병두라는 애는 '을'을 맞구요. 형이 된다고 이걸 바꿀 수는
없습니다……"

이래서 허탕치고 돌아왔지만
훗날 알게 된 ②'보결'로 사촌형은 재수보게 되어
입학식 날에는 두 형제가 함께 학교 가게 되었다.
우리 동네의 내 또래 셋은 입학시험을 보지 못했는데,
이는 입학금을 낼 수 없을 만큼 가난했기 때문이란다.

이제 그로부터 예순다섯 해가 넘게 흘렀다.
엊그제 나는 민주노총 '송년의 밤'에서
수구 세력을 가장 크게 이긴 호남이
민노당 후보 득표율은 가장 낮다는 것은
되레 당연한 일이라고 부추겨 주었다.
뜨거운 가슴일수록 ③위기감에도 뜨거울 것이기 때문이다.

---

① 당시(1930년대 중반)의 소학교 입학 구두시험에는 면장도 동석했다고 들었다.
② 입합금(등록금)을 내지 못한 아이의 자리 메우기다.
③ 2002년 겨울 대선에서 진보 세력의 후보 노무현은 수구 세력의 후보인 이회창과
　힘겨운 경쟁 끝에 간신히 이겼다.

2. 입학식 날, 통학 길은, 새집 설경

손꼽아 기다리던 4월 초하루가 되자
우리는 작은집 달순이 아저씨를 따라
5리 달구지 길을 걸어서 학교로 갔다.
이때 아저씨는 5학년이라고 했다.

우리 동네 뒤한길을 지나는 ④딴 마을 학생들 중에는
말만 한 여학생이 둘이 있었는데
하나가 먼 고모뻘이 되는 최점숙이고,
또 하나는 쇠털 머리의 송경애였음이 떠오른다.
이 송 양은 훗날 내 처남댁이 되었음을 곁들인다.

이들과는 달리 검은 머리를 두 가닥으로 묶어 내린
부옇게 푸담스런 얼굴과 몸집의 유정희
어느 마을서 다녔는지는 잊었지만
이름 '류우떼이끼(柳貞姬)'만은 두고두고 잊히지 않는다.

　　저녁놀 붉게붉게(유우야께 고야게떼)
　　해가 지고요(히가 구레떼)

④ 이웃 마을인 용사동을 비롯해서, 낙성리(사방물)와 청운리(불로리)를 가리킨다.

외진 산 절간에서(야마노 오데라노)
종이 울리네(가네가 나루.)
손에손에 손잡고(오데데 쓰나이데)
돌아들 가요.(미나 가에로.)
까마귀랑 다 함께(가라스또 잇쇼니)
돌아들 가요.(가에리마쇼오.)

이 노래를 부를 때마다 먼 훗날에도 거기 그림과 함께
어찌 '류우떼이끼'의 모습이 떠오르곤 했다.

무슨 그리움 같은 것이 멀리 달리다가도
붉은 노을 검은 까마귀 떼의 하늘은
무서운 꿈속 큰애기의 술래잡기 앞마당처럼 넓었다.
이제껏 지워지지 않는 추억거리 또 하나는 함박눈이다.
뜰 가 둔덕의 나무에도 장독에도 눈꽃송이 푸지게 쌓일 때
뭇 예술가는 '그림같은 집'을 꿈꾸어 볼 뿐이라던데?
맞다. 실생활에서는 대부분 무능하기 때문이다.

이 나는 그래 어느 쪽일까?
여기 30여 평의 집이나마 아들이 지어 준 것이지만
강변에다 푸른 숲을 끝내 이뤄 낸 것이고 보면?
무능한 대로 조금은 유능인 셈이다.

한동안 함박눈도 내려 쌓이고

신발이 온통 묻히도록 집 둘레 솔밭이 허옇다.
내 장화 신고 이리저리 거닐어 보며
솔밭에 꿩덫이나 한번 놓을 것을 궁리해 본다.

3. 다시 시위, 닭싸움질

다시 촛불 시위에 먼 길을 나갔다가
내 문득 어린 시절의 닭 싸움질이 생각났다.
학교 1학년 때의 늦가을 배추밭머리에서
우리 집 수탉과 이웃집 수탉이 한판 푸드득거렸다.
싯누른 바탕에 알록달록한 깃털의 우리 닭이
저보다 큰 검정 닭을 이긴 것이다.

이 '알록이'를 나는 내 밥을 갖다 주기도 하고
어머니 몰래 쌀을 주기도 했는데
우리 집 ⑤등짐하던 날 학교에서 돌아와 보니
알록이가 일꾼들에게 잡아 먹힌 것을 알고는

---

⑤ 옛날은 가을걷이할 때 볏단을 논둑에 줄줄이 세워서 벼이삭을 말린 뒤에는 그것을 집으로 져날라서 낟가리를 짓는 것인데, 그 져나르기 일을 등짐이라고 했다. 우리 집 등짐하는 일꾼은 20명·25명이나 되어 이 날이면 닭이 여러 마리 잡아 먹혔다.

내 그만 마당 가운데서 대글대글 뒹굴며 울어대다가
작은아버지한테 볼기짝을 후둘겨 맞았다.

"어서 울음 못 그쳐? 어서!"
"내 닭인디, 쌈 잘허는…… 으앙!"
고집불통이 내가 무서워하던
이 둘째 작은아버지는 그래도 우는 나를 달래기 시작했다.

"나중 장에 가서 쌈 잘허는 닭 사 주마. 모래가 장날이다. 궁기닭 사 주께……"

이미 내 닭은 죽어 없어져 별수없다는 것을 알면서도
설움인지 분함인지 모를 울음으로 자꾸만 훌쩍거렸다.
이런 이틀 후에 보게 된 검정 수탉이 내 분통을 삭여 주었다.
곱슬 벼슬에 매 눈처럼 움푹하고 두 다리도 껑충했지만
다 크지 못한 중병아리라서 이웃집 수탉한테 꼼짝 못했다.

내 그만 약이 올라 나무막대를 들고
우리 닭 쫓는 놈을 되쫓아 달리다가 고꾸라졌다.
이때 찢어진 윈볼 흉터는 늙어서도 남아 있는가 하는데
어느 결에 시위 현장에서 들려오는 구호 소리다.

"엉터리 소파를 즉각 개정하라!"
"개정하라! 개정하라!"

"부시는 사과하고, 살인 미군 처벌하라!"
"처벌하라! 처벌하라!"

이렇게 다시 구호를 외치며 객사 옆 골목길에 들어가서는
참가 단체 대표들의 이른바 '한마디'가 더러는 너무 길었다.
기다리자니 노무현 당선자의 말이 떠오르기도 했다.
'소파 개정은 이 나라의 자존심' 문제이고
'북핵 해결은 우리 민족의 생존' 문제라면서
촛불 시위 자제해 줄 것을 호소했었다.

한데 미국의 '공격' 의지는?
한국이 이뻐서보다는
세계 여론이 두려워질 때 누그러질 뿐이다.

대화 한번 없는 공격이라니?
미국이 되레 더없는 '불량국가'일 터이다.
우리네 소리가 커지면 커질수록
미국은 비로소 부르댄 털주먹을 움츠릴 것이 아닌가?
돌아오는 막차의 창 멀리 불빛들이 한결 평화로웠다.

4. 우리 집 우당탕 소리, 학예회 연습에서

학교에서 돌아오는 뒷동산 기슭에 이르면
우리 집 쪽에서는 양철통 나동그라지는 우당탕 소리에
내 가슴이 두근거려지곤 했었다.
아버지의 병은 이따금 물건부터 내동댕이치기 때문이다.
그리고 어머니를 내치는 때도 있었다.

"니 ⑥올애비가 나를 물또랑에 처박았다고!"

이렇게 엉뚱한 말도 했다는 것은 내 늙어서야 듣게 된다.
이런 아버지의 정신이상이 나아진 이듬해부터
우리 사촌 형제는 아버지한테 '학습 지도'를 받게 되어
어찌 국어(일본어)책과 조선어 책을 외워야 했다.

한데 나는 형보다 두세 배나 앞서 외웠지만
언젠가는 나 혼자 어찌 잘 외워지지 않아서
거기 책장을 와자작 찢어 버렸다.
얼마 후에는 그것을 되붙여 놓기도 했는데
동강난 책장 그림의 나무줄기와 매미는 아직도 눈에 선하다.

---
⑥ 내게는 외숙뻘인데, 몸집이 풍풍한 것이나 두상이 둥근 것이, 앞서 말한 울산이양반으로 착각될 수 있었던 셈이다.

한번은 내가 매미를 잡으려고
울타릿가의 깨죽(가죽)나무를 오르다가 떨어지며
옹이에 왼쪽 무릎 안이 찢기어 울어대니
온 집안이 그만 시끌벅적했다.
할머니가 무슨 이파리를 찧어서 붙여 주었다.

이 무렵의 우리들 놀이로는 표치기와 구슬치기였는데
고집쟁이들끼리 붙으면 어두워지기 일쑤였다.
더러는 내 제기차기의 ⑦납덩이를 녹이려고
저녁밥도 마다하고 후후 고부라지곤 했다.

내가 2학년 때 담임은 오목오목 이쁜 여선생이었는데
내 그림과 작문은 늘 교실 게시판에 붙여졌고
무슨 학예회 때는 내가 우화극의 멍멍이가 되어
닭이 된 여학생(김경림)과 손 잡고 걸으며 연극 노래 연습을 했다.

"꼬그덱꼭교오(고켁교오)!"
"멍멍멍(왕왕왕)!"
"동무동무 내 짝꿍 손을 잡고서(나까요시 고요시 데오 돗데)"

한번은 연습 마치고 교실을 나오다가
유리 쪽에 발바닥 찔린 뒤로는

---

⑦ 제기는 엽전을 종이로 싸서 만드는 것이었지만, 더러는 엽전 대신에 납덩이를 녹여서 동글게 한 것을 쓰기도 했다.

내 배역을 부급장(강대진)이 맡게 되고
한 보름 동안 나는 업혀서 통학을 했다.

이래서 내게는 '얼뚱아기(아까짱)' 별명이 붙었는데
누구보다 우리 학급 신소리꾼인 김동규의 놀림이다.

"얼뚱아가, 내일은 니 동무 짝꿍에게 업혀서 오라 응.(아까짱, 아스와 '나까요시 고요시'니 오우떼 고요나.)
"뭐라고 이놈으새끼(난다또 고노야르)!"

이 무렵 조선어 시간은 없어지고
이른바 '고꾸고죠요(國語常用)' 바람이 일기 시작해서
내 화풀이 또한 일본말이었던 셈이다.

누구한테 찔끔도 싫은 소리 안 들으려던 나는
어느결에 '노염쟁이(오꼬리뽀이)'라는 말을 많이 듣게도 된다.
집에서 왕자처럼 자란 버릇이 불거진 꼴이다.

"우리 헹이는 우리 대소가 문중의 종손인게, 옛날 같으믄 아재뻘되는 사람도 이려라 저려라 말을 놓지 못허는 벱이여. 으정쩡한 반말을 헐지래도……"

어찌 작은집 졸리아저씨는 이런 말을 내게 하곤 했다
이래서 나도 모르게 속깊이 우쭐해졌던 것인지 모른다.

문중 하인은 아들 또래인 내게도 굽신거렸다.

"서방님, 핵교 가시는기요?" 또는 "핵교서 인자 오시는기요?"

어느덧 60여 년이 훌쩍 흐른 오늘이고 보니
세상살이 참 놀랍게 달라진 셈인가?

5. 원숭이 이야기, 곶감, 뒤안길

⑧'이야기 시간'에 우리를 웃기던 것은 원숭이 이야기다.
나무 위의 원숭이가 게를 잡으려고 뛰어 내렸다가
게한테 똥꼬를 물려서 아야! 아야야!
이런 뒤로 원숭이 똥꼬가 빨개졌단다.

이 시절 ⑨교장 관사는 학교에서 5·6백 미터 떨어져 있었는데
한번은 담임 선생(교장)이 우리를 달리기로 관사에 끌고 가더니
집에서 깎아 말린 곶감을 나누어 주기도 했다.

---

⑧ 일본어(국어)를 익히기 위해서 '이야기(하니시까다)' 시간이 3학년부터 있었는데, 이따금씩 선생이 이야기를 들려주기도 했다.
⑨ 당시엔 학급 담임을 교장이 맡기도 했는데 정령 '제2차 세계대전' 전시였기 대문인 것 같다.

이 해 겨울 우리 집안에는 슬픈 일이 생긴 것이
첫째 작은아버지가 떠나 버리신 것이다.
처음으로 상복 차림한 나는 상여 뒤를 따르며 ⑩'곡'을 했다.

"아이고! 아이고! 아이고! ……"

누구처럼 덩달아서 나도 눈물이 나오고
어찌 여러 해 전에 누이(남득이)가 죽었을 때
시체 보자길 안고 문턱 넘는 할아버지 모습이 떠올랐다.
문턱 밑 섬돌 위의 바가지가 밟혀 깨지던
토다닥 소리는 이제껏 귀에 쟁쟁하다

이른 아침밥을 먹고 나면
사촌 병두형과 나는 아래뜸 작은집으로 가서
달순이 아저씨랑 등교 길에 나서곤 했는데
눈이 쌓인 날은 목도리를 길게 늘어뜨려 셋이 줄지어 붙잡고
앞장선 아저씨 따라 으이샤! 으이샤! 달리곤 했다.
이 뒤안길은 황톳길이라서 눈이 녹거나 비가 온 뒤에는
누구나 흙강아지가 되어 허우적거렸다.

하지만 봄이면 푸른 보리밭 위에
비비새 울음이 자지러지는 햇빛 속에서

---

⑩ 부모뻘이 죽으면 '아이고'이며, 그 외는 '어이어이' 한다고 배웠다.

한길 가의 둔덕 삐비를 뽑아 먹거나
보리밭 깜부기를 따 먹기도 했다.

언제부터인가 우리 형제의 책보는 가방으로 바뀌었기에
지게처럼 지고 다닌대서 '개장수'로 놀림을 받았지만
오래 끌지는 못했던 기억이다.

하기야 우리 뒤에는 달순이 아저씨가 있었고
이 큰 선배의 명령과 심판에 따라서
달리기와 씨름과 유도 시합일 때면
번번이 1등인 내 '돌뱅이 씨름'은 이웃 동네에도 알려졌다.
이웃 동네의 달리기 선수 최맹식崔孟植은
우리 학급 전체에서도 1등인 만큼 키도 컸다.

무슨 일로 내가 이 키 큰 자에게 덤볐다가
코피 나게 얻어맞은 일은 어찌 잊히지 않는다.

6. 돌아온 아버지, 다시 가출하다, 꽃밭 만들기

어느 해던가? 바람 쐬러 나간 아버지가 오래 무소식이더니 한겨울 밤에 신발 수선 궤짝을 짊이지고 돌아왔다.
모두가 눈이 휘둥그레졌다.
옷차림까지 말이 아니었기 때문이다.
이튿날 새옷 무릎에 세 살배기 누이를 앉힌 아버지에게
내 한마디가 이랬다.

"우린 헌 신짝 고치는 신장수 아들딸이구만……?"

쬐그만 놈치고는 제법 뼈 있는 소리를 흘린 시늉이다.
이때 아버지는 아무 말 없이 싱그레 웃기만 했다.
예전처럼 우리 학습을 어찌 보아 주지도 않고
내가 더러 그림 그리기를 할 때는
그냥 빙글 웃음으로 지켜보기가 일쑤였는데
한번은 얼씬거리던 어머니가 '참 잘 그렸다'고 하자
아버지는 대번에 눈을 희번덕거리며 내뱉었다.

"지가 뭣을 안다고!"
얼굴이 벌개진 어머니는 겁이 난 듯 얼른 나가 버렸다.
그리고는 뭐라곤가 구시렁거리는 소리가 들렸다.
내가 장성해서 외숙이 언젠가 나에게
'니 어머니 불쌍한 줄 알아야 한다'고 했을 때
아버지의 이 면박부터 떠올랐다.

이 겨울 들어 오늘은 눈이 가장 푸지게 오고 나서다.

어둑새벽에 짐승 발자국만의 강둑길을 걷자니
푹푹 빠지는 장화 발걸음이 이내 터벅거려졌지만
한 30분 짐승 발자국을 따라 걷다가 돌아섰다.

얼마 전 집 옆의 솔밭에 꿩덫을 세 군데 놓았는데
낚시질이 고기를 먹는 맛보다 낚는 맛이라 하듯이
덫질은 잡는 재미보다 놓는 재미일 것이
눈 쌓인 날의 사냥을 생각해 보는 것만으로도 즐겁다.

한낮이 지나서 한상렬 목사로부터 새해 축하 전화가 왔다.
'촛불 시위'에 눈코 뜰 새 없을 텐데도
어쩌면 눈이 온 날의 감흥일까?
사회운동의 열정이 순수할수록
동심일 수밖에 없을지 모른다.
여러 해 전에 북녘 동포 돕기로 새벽길을 같이 달릴 때
동트는 하늘에 날아오르는 새를 보고
꼭 어린이 감동이던 그의 모습이 떠오른다.

봄 기운이 아른거리게 된 어느 해 아버지는 집을 나갔다.
시답잖은 그 궤짝을 짊어지고 밤에 떠난 것이다.
새 사랑채를 짓고 헌 사랑채를 고쳐서
둘째 작은아버지는 고친 집에 제금나고 보니
새로 장가든 삼촌이 우리 살림을 맡게 되었다.

이 송정작은아버지는 점점 술독에 빠져
온 식구를 가끔 애먹였을 뿐더러
내외간에도 찬바람이 돌기 시작했다.
키가 크고도 조용하게 얌전하고 솜씨 좋은 신부에게
모두의 칭찬이 자자할수록
신랑의 트집질은 늘어만 갔다.

시끄러워지곤 하는 집안에
제대로 쓰임새 하나 추스르는 사람도 없어
살림이 자꾸 어지럽혀지는 것을 보다 못해서
귀동(둘째)작은아버지가 다시 '큰집'으로 들어오고
술꾼 작은아버지는 제금나게 되고 말았다.

이래서 귀동 작은아버지는 우리 집안의 대들보였는데
이 해 가을 할머니는 환갑 잔치상을 푸지게 받고도
눈물을 자꾸 흘린 것은 큰아들(내 아버지)의 가출 때문이다.

어쨌든 작은아버지의 나에 대한 아낌은 유달라서
누구에게 소개할 때면 꼭 빼놓지 않는 말이 있다.
"우리 집안 장조카입니다."

이 무렵의 내 사촌 동생으로는 ⑪셋이 있었다.

---
⑪ 첫째 숙부의 소생인 병례와 둘째 숙부에 따른 연수와 행자다.

연수는 내 일곱 살 아래였는데
할아버지의 사랑을 누구보다 듬뿍 받았던 것은
어렸기 때문만도 아닐는지 모른다.
"니 작은애비 아니면 우리 식구 다 굶어 죽어! 무단시레 고집부리지 말고…… 빕새가 황새 따라가다간 가랑이 찢어지는 뻡이여."

내가 고집부리거나 새 옷타령 투정부릴 때 할아버지는
크게 되려면 속을 쿠렁쿠렁 써야 한다고도 했다.
얼굴도 머리도 둥글둥글한 할아버지는 일찍이
한문에 밝으면서도 살림 잘하는 어른으로 통했다.

이런 살림꾼 성미를 둘째 숙부가 이어받아서
우리 집 살림은 지탱할 수 있었다.
내게는 꼬마 책상도 책꽂이도 마련해 주며
공부 열심히 해서 '1급 기사'가 되게
'높은 학교' 보내 주겠다고 부추겨 주기도 했다.
내 공부방을 큰방 옆방에 정해 준 뒤로는
누가 내 방에 들어가 내 물건에 손대면
어찌 나는 속아지를 발끈거리곤 했었다.

새로 지은 사랑채에 내 방을 옮겼을 때도
이 방 앞뜰 가에 꽃밭을 만든답시고
기다란 송판 쪽을 곰살갑게 둘러쳐 놓고
옮겨 심은 나팔꽃 덩굴을 휘감아 놓았다.

이렇게 혼자 땀을 흘리고 있느라면
어머니가 갖다 주는 콩고물밥은 그 고소함이
소나기 지나간 뒤의 햇빛과 함께 더 옹골졌다.

7. 학교 사열식, 내 위문편지와 그림, 지원병, 소노다 담임선생

우리 4학년 때의 담임 소노다(園田) 선생은 5학년으로 이어져
체조 시간에는 사열 연습을 하곤 했는데
학년마다 3연대씩 짜인 제1·2연대는 급장·부급장이 맡고
제3연대는 내가 맡아 목검을 올려 내리며 외치곤 했다.

"옆으로오 봐!(가시라아 미기!)"
무슨 행사 때마다의 이런 연습에는
담임 선생이 사열대의 사령관이 되어
비뚤어진 대열과 틀린 보조를 호되게 닥뜨렸다.

교실 복도의 벽마다 히틀러와 무솔리니의 사진이 나붙고
새로 온 다까하시(高橋) 교장은 첫 조회 훈화에서
'내지 사람과 조선 사람이 한 몸 한 마음이 되어

이 전쟁을 꼭 이겨야 한다'고 목소리를 높였다.
이기는 것이 '정의'라고도 외쳤다.

얼마 뒤에는 우리 학교 지원병이 나오게 되고
우리 동네에서도 울산이양반의 아들(崔萬植)이 깃발을 올렸다.
학교에서 군인 아저씨에게 보내는 그림과 편지는
내 것도 둘 다 뽑혀 위문품 푸대에 꾸려졌는데
'우리 집 감나무에 매미가 운다'고 시작한 내 글에
'감이 빨개지면 보내 드리지오(가끼가 아까꾸 낫다라 오오꾸리시
마쇼오)'로 끝맺어 준
담임 선생의 그 훈수 글은 지금도 외어진다.
비스듬히 쉬고 앉은 군인의 그 철모도 떠오른다.

이 해 여름 내게는 아픈 일이 생겼는데
그것은 병두 형이 갑자기 죽은 것이다.
학질을 앓다가 숨이 꼴꼴거리기 시작했지만
손을 써 보지도 못한 채 숨지자
할아버지는 마룻바닥을 치며 울었다.
그 모습이 여지껏 눈에 밟힌다.

우리 담임 소노다 선생은 이듬해도 그냥 세 번을 연이어
우리를 누구보다 오래 길들여 준 선생인데
한번은 키 큰 ⑫상급생(吳壽岩)이 우리 학급생을 때리는 걸 보고는
이 담임 선생이 쫓아가 그를 마구 족쳤다.

발치기(아시빠라이)로 넘어뜨리기도 했다.

이런 담임 선생은 후리후리 큰 키에
장구머리 내민 입도 두두룩했지만
갈색 맑은 눈빛이 무섭게 날카로웠다.
이분의 부임 때 인사말이 지금도 생각난다.
'태풍에도 끄떡 않는 커다란 나무처럼 굳세라'고 했었다.

하기는 일어(국어) 책에 〈군국의 어머니(궁꼬꾸노 하하)〉라는 각본이 나올 만큼
누구나 굳세기를 바라는 전시였음이 새삼스러워진다.
이 때만 해도 굽이굽이 승리의 깃발이 나부끼던 터라서
우리는 '달 뜨는 사막길'보다 '백병선 꽃으로 지라'를 꿈꾼다.

여름 방학 때는 담임이 진학 희망생을 데리고
한 보름 금산사 투숙 과외를 시켰는데
거기 대웅전 앞 그늘 속의 학습이라든지
매미 소리 울려 퍼지는 계곡에서의 목욕이라든지는
새 꿈과 함께 감겨 든 추억거리가 아닐 수 없다.

---

⑫ 우리보다 1년 선배이고, 우리 마을 이웃인 가맛골 외딴집에서 살았는데, '6 • 25'때는 그의 형이 좌익이라서 우리 집안 사람들과 같은 수난을 겪었다.

8. 숙모의 주검, 콩깻묵 배급, 진학에 낙방되다

이 해 봄에 폐병으로 숨진 귀동 작은어머니의 입관에 앞서
내가 불리어 방으로 들어갔다가
하얀 분칠에 연지곤지 칠한 망인의 얼굴을 보자 섬뜩해져
무슨 슬픔은 얼어붙어 버렸음은 앞서도 밝혔다.

이런 치상 얼마 뒤였던가?
귀동작은아버지는 구장을 맡았기에
동네 어른들이 우리 집에 모이는 일이 잦아졌다.
배급 ⑬콩깻묵을 타 가던 날 밤
우리 잿간 바닥 구덩이에는 나락 가마니가 묻혔다.
우리 동네에도 끼니를 거르는 사람이 불어났다는
소문이 돌면서 꺼먹둥이가 굶어 죽었다고 쑥덕거렸다.

이 무렵 우리 학급에서 진학 희망자 7·8명은
한동안 담임선생 댁에서 밤 과외를 하게 되어
쉬는 시간이면 더러 사모님의 우스개 이야기였는데
언젠가는 나를 두고 하는 말이 이랬다.

---

⑬ 가축 사료로 만든 콩찌꺼기 덩어리로서, 공출 의무를 다한 농가에 대용 식품으로
   배급해 주었거니와, 한 개의 크기는 달구지 발통만 했다.

"저 야마다(山田)상, 참 얌전한 줄 알았더니 '시낙배기(겡까도리)'라
는 거야! 호호호! 놀랐어."
"하하하! 쬐끄만 것이 잘 덤비죠."

이렇게 누군가의 맞장구다.
내 그만 얼굴이 후끈거려지면서
담임 선생의 고자질일 거라는 직감이 꽂혀 왔다.
애들이 놀리는 담임의 '미쁨동이(미꼬미상)'인데도 그랬다.

어쨌든 이 해 진학 입시에서 담임 선생의 훈수대로
광주사범에는 급장과 내가 덤볐다가 둘이 다 떨어졌고
전주사범에는 ⑭재수생 황환黃煥이 혼자 붙었는데
두 군데로 나누어 시험치게 한 전략이 어긋난 셈이다.
하지만 졸업식 때 나는 도지사상을 받고
재수생으로 머물러 새 분발을 다지기에 이른다.

---

⑭ 당시의 국민학교에서는 졸업반의 진학 대상자에 한해서, 본인이 희망하면 재수가
허용되었다.(우리 졸업반 때의 재수생은 황환과 온남섭 둘이었다.)

9. 물웅덩이의 신짝, 내 마당발, 둘째 누님은

언젠가부터 내 목소리는 장끼 울음처럼 갈라지고
코 밑 입두덩이 감실거리기 시작했다.
하기는 비끗만 해도 짜릿해지는 사타구니에 얼굴 붉히며
손장난에 저 혼자 헐떡이곤 한 지는 꽤 오래다.

이에 꽂혀지는 것은 재수생 여학생(온남섭)과의 눈맞춤이다.
비 온 뒤의 등교 길에서 진흙 묻은 고무신짝을
학교 안 물웅덩이에서 씻다가 빠뜨렸을 때
이를 그 여학생이 건져 주며 웃었다.
둥글고 흰 얼굴에 주근깨가 까뭇까뭇 한것이
되레 내 눈길을 당겼다.

하지만 더 한눈팔 겨를없이 진학 공부에 매달려
한 해 앞서 ⑮'고녀생'이 된 그녀처럼 나도 재수생다워야 했다.

이 때의 담임은 오까다(岡田) 선생이었는데
작은 키에 벌어진 어깨와 둥근 이마의 뾰족코로서
옛이야기할 때면 칠판에 그림까지 곁들이며

---

⑮ '고등여학교 학생'의 준말로서 일제 때의 학제는 중학교가 따로 없이 5년제였다.

창 든 원주민의 미법 소리도 아주 잘도 흉내내었다.
웃으면 뻐드렁니가 보이는 것이라든지
마당발 달리기도 선생들 가운데 1등이라든지는
어지간히 나와 비슷하구나 싶었지만
나처럼 '수줍은 사낙배기'가 아니고 늘 사근사근했다.

제2학기부터 나는 하숙을 하며
장현목張鉉穆 선생 댁에서 ⑯세 명이 과외 지도를 받았다.
어떻게 그리된 것인지는 기억에 없지만
무료에 가까운 수업임을 알 수 있었던 것이
내 보호자의 고마운 답례 선물에 그쳤기 때문이다.
추석 무렵 둘째 숙부는 김 묶음과 달걀 꾸러미를 내밀었다.

"명절 땐디, 니가 이거라도 갖다 드려라. 내 안부 드리고, 언제 한 번 찾아 뵌다 여쭈고."

우리의 이 지도 선생은 후리후리한 '키다리' 별명답게
누구보다 농구에 선수였는데
폐를 앓고 나서는 무슨 운동이든 '열전'은 삼가야 했었다.
이따금 쿨룩거리던 선생의 기름한 얼굴이 떠오른다.
이와는 너무도 다른 모습이 사모님이다.
자그맣게 오동동한 몸집 동그레한 얼굴로 웃음이 많았다.

---

⑯ 나 외의 두 명은 선생의 인척뻘이라는 것만 기억에 있을 뿐인데, 내가 끼어든 것은 정녕 선생의 배려가 아니었을까 한다.

⑰"이쁜 학생은 코랑 입이랑 눈이랑 다 이쁜데 어찌 발만은 너부데데하니…… 호호호!"

이래서 나는 내 마당발이 되게 부끄러워졌는지 모른다.
'총각'이 되고서는 여름에도 맨발이 되는 것을 꺼리고
양말도 쉽게 퍼지지 않는 것을 고르는 버릇이 생겼다.
'사춘기' 전후의 이 열등감은 눈물나던 것이었음을,
해서 손보다 발이 이쁜 여자에 훨씬 더 끌리던 것이었음을
이제는 웃으면서 밝힐 수 있을 만큼 시큰둥해졌다.

새삼 헤아려 보니 60여 년이 흘렀다.
오늘 여기 내 시골집 양어장으로 썰매 타러 온
외손주의 미끄럼질을 돌보려 구부린 채 달리고 나니
내 좀 헐떡여진다.

윤 서방 차로 함께 온 누님 내외는 이제 80객인가?
내 자서전 첫부분 빠끔살이(소꿉질) 대목의 누님이다.
홀애비 살림하는 반찬거리를 챙겨 들고 왔다.
이 글을 쓰기 위해 코흘리갯적 일을 캐묻는 전화질에
피붙이의 정이 새로워지기도 한 모양이다.

"동생 좋아허는 청국장말여, 냉장고에 넣어 두었은게, 끼니 거르지 말고 꼭꼭 챙겨 먹어."

---

⑰ 이 집에서 내게 붙여진 별명이다. 사모님으로 해서 그렇게 놀림조로 불리기도 했다.

10. 첫하숙집, 은사의 회중시계

내가 처음으로 하숙하던 집은 먼 사돈뻘이 되는데
쉰 살이 한참 넘은 사돈어른 내외에게는
늦둥이 외아들(張鉉武)만의 적적한 살림이었다.

나보다 네 살 아래인 이 집 응석부리는 같은 학교 후배로서
마루 끝 방을 나와 함께 공부방으로 쓰는 터였지만
큰방에서 지내는 적이 되레 더 많았다.

거기 장지문 유리 쪽으로는 머리 희끗한 사부인이
한숨 쉬며 내다보곤 했음을 나는 먼 훗날
〈창경窓鏡〉이라는 시로 쓰게 되었는데
눈 내리는 마당을 배경으로 했었다.

어쨌든 나는 둘째 숙부의 희망대로
이리공업학교에 시험 보러 가던 날
지도해 준 장현목 선생께 인사하러 갔었다.
선생은 무슨 행사 무대 설치의 손을 멈추고 다가서더니
큰 키를 구부려 내 윗주머니에 당신 회중시계를 채워 준다.

"시간 잘 보고, 침착하게 써야 해. 알았지?"

이래서 나는 높은 경쟁 문턱을 넘을 수 있었는지 모른다. 한 과에 50명 정원, 일본인과 조선인이 절반씩이라서 우리네는 턱없이 높은(13대 1?) 경쟁률이었는데도 붙었다. 은빛 회중시계의 기억은 두고두고 되새겨지곤 한다.

Ⅲ 철드는 몸짓 〔ㄱ〕 청년기(1)

1. 첫사랑? 총리의 신사 참배, 점심 때 묵념 ·················· 56
2. 고모네 집에서, 국제결혼 부부들 ···························· 59
3. 매매춘 소식, 내 늑막염 덕분, 두 선배 떠나다 ············· 62

1. 첫사랑? 총리의 신사 참배, 점심 때 묵념

어딘지 김새는 꿈인 대로 봄은 다시 와서
울타리마다 개나리가 피어나고
푸르러지는 들에 언덕에 아지랑이 아른거리기 시작했다.
새로이 '꽃 피는 봄'인가?

비록 ①먼 전선이 휘어져 밀리고
누구라 없이 궁색스러워져도
한창 나이 가슴에는 뭉게구름 같은 꿈이 피어올랐다.

비 오던 날 내가 온남섭(요시노상)의 쪽지를 받고
그녀의 친척집에 가서 몰래 건네받은 손수건인데
무명천에 화조 수를 놓고 실 수슬로 둘러친 정성이었다.

한 해 전 물웅덩이에 빠뜨린 '고무신짝' 그 뒤로
다시 눈 맞추게 된 얼굴은 더 뿌옇게 이뺐다.
하지만 학년도 나이도 나보다 하나가 위였다.
내 또래인 그녀의 이종동생과 함께 저녁을 먹고 놀다가
내 숙소인 고모네 집도 같은 읍내라서

① 이 무렵 연합군의 총반격으로 동남아 일대의 점령지가 함락되기 시작했다.

나는 늦은 밤에 돌아왔다.

둘이는 또다시 그녀의 연락으로 사진관에서
사진을 찍고 헤어져서는 한동안 소식이 끊겼다.
내가 그녀를 만나는 것이 어찌 부담스러웠던 기억이다.

학교 공부도 점점 그냥 그렇고
2학기부터는 이른바 '근로보국'이 잦아져
나는 '1류 기사'라는 억지 꿈을 접다 보니
나대로의 문학에 빠져 들기 시작한다.
시마사끼 도오송(島崎藤村)의 〈풀베개(草枕)〉라든지
빅톨 위고의 〈레 미제라블〉은 내게 새로운 눈을 뜨게 해서
'이기는 것이 정의다'라는 구호도 우스워져 왔다.

하지만 너나없이 군복 차림에 각반을 치고
기차 통학반마다 대열 보무의 군가를 부르며 등교한다.
하루에 두세 시간은 꼭꼭 교련에 땀 흘리기도 했다.

이 해(1943) 여름 이탈리아가 항복한 뒤부터는
총검술 훈련도 한결 그악스러워지고
②기계과 상급반 실습에서는 군수품이 만들어져 나갔다.

---

② 당시의 이리공립공업학교에는 기계과와 전기과, 광산과가 있었다(나는 전기과다.).

무슨 체조 시간이란 따로 없고
무도장에서 유도와 검도가 기승을 부렸는데
유도부인 나는 발치기(아시빠라이)가 자랑이었다.
이름난 '이공裡エ 마라톤' 선수는 아닌데도
마라톤부에서 나는 한동안 선수처럼 뛰었다.

'요까렝' 지망생이 우쭐대는 무렵이었다.
공습경보에 방공호에서 올려다본
'B29'의 은빛 날개는 아득히 높은 실타래를 뽑아 늘였다.
'③하야부사'가 곤두박힐 저 하늘의 아득함!
이를 보며 서로가 눈빛을 살피는 시늉이었다.

오늘 보도에 고이즈미(小泉) 총리의 야스쿠니신사(神社) 참배는
분노를 자아내는 실망스러움이라고들
우리네와 중국 정부가 외치고 있다.
하기는 해마다의 느닷없는 참배이고 보니
이번만은 한국도 ④불끈 부리려 준 것은 잘한 일이다.

내가 고이즈미 총리를 텔레비전 화면으로 볼 때면
떠오르는 것이 학창 시절의 일본인 상급생이다.
이름은 잊었지만 까냥까냥한 몸집에 뼈얼굴이라든지

---

③ 일본의 최고속 최소형 전투기로서, 초대형 폭격기 B29에 돌진・자폭할 목적으로 만들어져, 그렇게 1대 1로 미군의 제공권을 까부순다는 전술용이다.
④ 김대중 대통령이 일본 가와구치 요리코 외상과의 면담 예정을 취소해 버린 일을 가리킨다.

얇슬한 입술, 뽀송뽀송 작은 눈매라든지가 고이즈미와 비슷했다.
⑤그는 '점심때의 묵념' 점검에 극성스러운 주번장이었는데
한번은 그렇게 교실마다 둘러보다가
눈 뜨고 멀뚱거리는 내 뒤통수를 후리쳤다.

"이 얼빠진 새끼! 멍한 꼬락서니라니!(고노야로! 구삿다 세이싱 보야또시데!)"

나도 모르게 벌떡 일어나 노려보았을 뿐이지만
입에서 피가 나게 주먹뺨을 후둘겨 맞고
내 한동안 밥도 제대로 못 씹었다.
이제 옛날의 아픔까지가 추억적으로 온다.

2. 고모네 집에서, 국제결혼 부부들

내 고모네 집에서 '저만치 서라'는 말은 듣지 않았지만,
동갑내기 내종형과 다투는 일이 잦다 보니

---

⑤ 언제부터인가, 점심 도시락을 열기 전에, 천황폐하를 비롯해서 일선 장병에게 감사의 묵념을 올리도록 되어 있었다. 하기는 국민학교 때부터 점심 도시락을 앞에 놓고 '하시도라바'를 담임 따라 읊조렸다.

언젠가는 고모부가 우리를 웃통 벗겨 불볕 뜰에 세우셨다.
땀을 흘리면서도 무슨 사죄의 말을
둘이는 끝내 하지 않고 풀려났다.
철부지 고집불통이 나였는데도 잘 챙겨 주신 고모 내외다.

두 분께는 아들 ⑥셋이 서너 살 터울로 있었다.
큰집 조카딸이 나처럼 기숙자가 되어 한 식구였는데
그때만 해도 사돈네 미혼자끼리는 내외법이 심한 터라서
누구를 사이에 둔 '간접화법'이 고작이었다.
이 사돈네 처녀(장정순)도 나와 동갑인 고녀생이었기에
서로가 더 좀 얌전빼고 도사린 셈이다.

미곡상인 고모네 집은 점원과 식모를 둔 중류층이었지만
누구라 없이 궁색한 전쟁 한고비라서
고모가 감춰 둔 먹을거리를 꺼내 주신 일은 잊히지 않는다.
하기는 친정 큰오라버님의 외아들이었기 때문일 터이다.

이런 내가 느닷없는 늑막염에 걸렸는데
어찌 휴교하지 않았는지 모른다.
'절대 안정'의 진단서로 하여 근로동원에는 빠졌다.
김제에서의 기차 통학이란 무리가 아닐 수 없었다.

---

⑥ 첫째가 나와 동갑인 백원(百源/이리농림)이고, 둘째는 공원(公源/김제국민학교), 세째는 수원(洙源/김제국민학교)이다. 훗날 고모부가 고향으로 이사한 뒤에 태어난 막내 애자(愛子)까지 4남매다.

여름 방학이 되자 민간요법도 곁들인 탓인지
이 해 가을부터는 좀 활기로와진다.
같은 기차 통학생으로서 나를 아끼던 선배 하나는
길에서 만날 때마다 한마디 잊지 않곤 했다.

"가슴을 더 좀 펴고 걸어라. 자 이렇게(무네오 핫데 아루께요. 소오다, 곤나니)!"

검은테 안경에 카랑카랑한 목소리의 일본인이었다.
이와는 달리 일본인 선생 하나는 차별적 경멸이던 것이
'조선놈 근성은 싸가지없는(오찌꾸나) 근성이다'라며
코풀 때는 엄지로 콧구멍 막고 핑 풀어댄다는 흉내도 냈다.
이렇게 데데한 그는 '사무라이 정신'을 웅얼대곤 했었다.'
이제 세상은 여러 번 뒤집히고 바뀌어
언젠가 텔레비전에서 본 국제결혼 부부들 모양이 떠오른다.
이 나라에 맺은 혼혈 인연의 고락을 다룬 이야기인데
무슨 민족성을 떠나서 흥미를 끌었다.
'사해동포'가 터무니없는 꿈만도 아니지 싶었지만
⑦가해加害나라 사람과의 인연 이야기를 시청할 때는
어찌 찜찜하게 껄끄러웠던 것이 사실이다.

이른바 약육강식의 경쟁이 없어질 때만
이 땅의 박애博愛 사상은 비로소 뿌리내릴는지 모른다.

⑦ 여기 '가해'는 일본뿐만 아니라 미국까지를 아우른다. 친미(親美)는 친일(親日)의 연장선일 수도 있다고 보기 때문이다.

3. 매매춘 소식, 내 늑막염 덕분, 두 선배 떠나다

오늘(2005년) 보도를 시청하자니까 '매매춘'인가?
인터넷으로 ⑧'영계 감'을 꾀어내기도 해서
하나에 수십만 원씩의 직거래란다.
이제 성(性) 시장의 품목도 무궁해 시늉을 하게 된 셈인가?
이런 인간 타락의 천벌이 '에이즈'일는지 모른다.

옛 추억 속으로 되돌아 가련다.
보리누름이나 추수철이면 수업은 한두 시간에 그치고
보리베기 · 모내기 · 벼베기로 동원되곤 했다.
'안정을 요하는' 환자는 주변 대신 교실을 지킨다.
모두 책가방 등을 놓아 둔 채 동원되기 때문이다.

이래서 나는 독서의 호강을 누리는 시늉이 되었지만
이때 읽은 소설들은 내 문학병을 부추겨 주었다.
혼혈아의 애국심을 다룬 〈조국의 어머니〉라든지
〈몬테크리스트 백작〉〈집 없는 아이〉〈벨아미〉 등이 그랬다.

우리 학급에는 히라야마(平山)가 같은 늑막염이었는데
───────────
⑧ 애송이 아가씨를 가리키는 호색가들끼리의 은어다.

그는 누에처럼 희부연 얼굴에 작은 눈이고
한쪽 깨끼발가락이 또 하나 도도록히 붙은 꼴이지만
내 마당발보다는 잘생겼구나 싶기도 했다.
둘이는 '동병상련'의 친근감보다는
서로가 맨숭맨숭 교실만 지켰다.

이즈음 내게는 이렇다 한 친구가 없었는데
유별난 친절로 다가드는 두 선배가 있었다.
하나는 덜럼하니 큰 코에 부챗살 눈웃음의 유홍철 형이고
또 하나는 '말코'라는 별명의 임대택 형이다, 앞서도 나온.

두 선배끼리도 친한 것 같아서
임 형과 나는 언젠가 유 형네 집에 놀러간 일이 있는데
이미 결혼한 것을 쑥스러워하던 유 형은
'새각시'를 얼씬거리지 못하게 하고
사랑채의 우리 밥상을 몸소 날라 주었다.

"채린 것도 없고 보리밥이지만 많이 먹어."
"아니. 이만허면 쌀밥이다. 꽁보리밥도 제대로 못 먹는 판인
데……"
이런 임 형의 대꾸를 듣자니
내 고모네 집 기숙살이가 새삼 다행스러워졌다.
여러 해 전의 흉년 때 유 형은 제 집 흙벽 광을 헐어서
이웃 순이네에게 쌀을 퍼 준 일은

몇몇 학우도 듣게 된 소문이다.
이런 유 형이 일본인 선배에게는 데퉁거려
건방진 새끼(나마이끼나 야로)라고 퉁을 먹기 일쑤이지만
후배에게는 누구라 없이 사근사근했다.

내게는 '8·15'와 '6·25' 후에도 줄곧 관심이 쏠리던 선배다.
지난 1990년에 펴낸 서사시 〈푸른 겨울〉에서
그를 한 주인공의 모델로 삼았었다.
이제 그가 세상을 뜬 지도 10년이 넘었고
지난해에는 임 형도 가 버렸지만
이렇게 혼자 살아서 자서전을 쓰고 있느라니
새삼 무상감이 휘엉휘엉 서려 든다.

Ⅲ 철드는 몸짓〔ㄴ〕 청년기(2)

1. 일본의 항복, 미군의 주둔, 해방된 학교는 ················66
2. 햇볕정책, 새 국어 선생, 짝사랑 받은 문학병 시절 ··········71
3. 먼 길 걸어서 아버지를, 세배꾼들 ························76
4. '단선' 바람, 거덜난 집안 살림, 누이의 '두렁치' ············79
5. '족청' 가입, 한겨울의 냉방, 선제 공격? ··················82
6. 개와의 기 싸움, 진흙길의 예비 검속, 반전·반미 시위는 ······86

1. 일본의 항복, 미군의 주둔, 해방된 학교는

뉘네 집에서 '대본영 발표(다이홍에이 합뾰)'를 들었는지는
내 아무리 더듬어 보아도 생각나지 않는다.
라디오 잡음이 직직거리던 것만은 지금도 귀에 쟁쟁하다.
착 가라앉은 천황의 목소리와 함께 그렇다.

"무조건 항복이면 어떻게 되지?"
"글세 말여. 우리가 독립될지도 모르고……"

어쩌면 임 형(임대택)과 함께였던 것도 같다.
이때만 해도 라디오 있는 집이란 한 면面에 손꼽을 정도였고
모두가 전황戰況에는 깜깜무소식이었는데
어떻게 '중대 발표'가 있는 것을 알게 되었는지도 알 수 없다.

언제쯤 일본인 선생들이 떠나고
조선인 선생들이 빈 자리를 언제 채우게 되었는지도 기억나지 않
는다.
우리 전기과 3년 담임이 홍 선생으로 바뀌고
학교 뒷마당에 한동안 미군 바라크가 세워진 것은
가을이던가? 겨울이던가?

'드럼통' 달구는 나무에 귀한 석유를 부은 모닥불이 떠오른다.
누구보다 영어 배우기에 극성이던 친구는
양담배에 라이터 불을 당겨 보이기도 했는데,
그는 이리역 근처의 일산 가옥에 살던 갑부 아들이다.
이 무렵 학생들은 새로운 희망으로 공부하기 시작했다.
우리도 이제 살아났다는 자각이었는지 모른다.

학급마다 빈 자리는 전국 각지의 편입생으로 채워지고
교가도 응원가도 새로 바뀌어 불리었다.
이 가사들은 해방되자 부임한 국어 선생이었는데
그는 키가 크고 눈 언저리가 푸릇하게 그늘져 보였고
독립운동하다 감옥살이했다는 말도 떠돌았다.

우리의 교복 교모 또한 새까만 것으로 새침해졌다.
까까머리 민대가리가 기름머리 멋을 내게 되었고
'한글'을 익히는 새로움과 함께 '단군신화'를 배웠다.

내 늑막염은 방학 이후로 멀끔해져
새로운 공부에 골몰할 수 있었다.
특히 기하에는 재미를 붙였지만
억지 분발이던 것은 실과 과목이다.
어쨌든 나는 우리 학급 1등의 성적을 올렸다.

언제부터인가 '자유다' '민주주의다' 해서

학생이 선생에게 대들거나 흘깃거리는 일이 잦아지고
상급생을 만날 때의 경례도 흐지부지해지고 말았다.
내 한번은 선배를 보고 지나치다가 욕먹은 일이 있다.

"이 건방진(고노 나마이끼나) 신경질새끼!"

길들여진 일본말이 튀어 나오는 대로 이랬다.
하기는 누구나 '짬뽕말'을 하기 일쑤였고
나 역시 예외는 아니었다.
얼른 떠오르지 않는 단어는 일본말로 채워 버린다.

"왜 욕헙니까? ①섹교說敎헐 것처럼……"
"이 새끼 봐라. 내가 모르는 줄 알아? 잘 대드는 오마에노 신께이
시쓰(니놈 신경질). 후쓰고나야로(싸가지없는 놈의 새끼)!"

여러 학생이 다가든 통에 '설교'까지 나가지 않았는데
이름이 뭔지 모를 그는 전라선 기차 통학 선배로서
②'학련' 열성분자임을 나중에야 알게 된다.

이렇게 색깔 띠며 술렁거리던 이듬해는 방과 후에
최고학년인 5학년과 우리들 4학년 학생이 모여

---

① 하급생을 설득해서 가르친다는 원래의 뜻과는 달리, 상급생이 하급생을 닥뜨려 때
린다는 말로 통용되었다.
② · ③ 학련은 학생연합회의 준말로서, 우익 계열의 학생들을 뜻하는 데 반해서, 민
학 곧 민주학생연맹은 좌익 계열의 학생들을 가리킨다.

선생 배척 문제와 형사 출입 저지에 대한 논의가 있었는데
넓은 강당이 아니고 교실이었던 것으로 미루어 보아도
③'민학' 계열만의 주관임이 분명했다.

'불순분자' 검거를 위한 형사의 학교 출입 문제는
한 목소리로 저지에 찬성이었지만
도마에 오른 훈육주임과 국어 교사의 배척을 두고는
주동 선배들끼리도 의견이 엇갈렸다.
몰아내야 한다는 쪽의 주장 이유로서
무식한 군대식 훈육이라는 것이고,
국어 선생의 경우는 전임 교사 인격과는 달리
실성기가 있는 괴짜라고 헐뜯었다.
흠집이 있어도 실력만 있으면 된다는 주장이기도 했다.

언젠가 훈육주임한테는 점심시간의 머리 단속에 나도 걸려
밥을 먹고 있는 내 머리를 잡아 흔들기에 대들다가
훈육실까지 끌려 간 일이 있었다.
우직한 훈육이다 보니 '검거'에 협력하기도 했을 터이다.
문제의 국어 선생은 허름한 군복 차림의 떠벌이였는데
학기말 시험의 '단문 짓기' 보기로서
내 것을 골라 공개적으로 칭찬해 준 일이 있었기에
내 속으로는 내몰리지 말았으면 싶었다.
어쨌든 두 선생은 수선스런 흐름의 쪽박이 된 셈이다.

어수선히 돌아가던 학교인 대로
군대식 의식도 이래저래 문드러져 갔기에
훈육주임의 자리바꿈은 곧 있게 되고
학교 한 구석에서는 '주먹'바람이 불었다.
우리 학교와 이리농림과의 패싸움 소식이 나돌았고
우리 이공裡工의 ④'오야붕'은 오(?)형이라고 했다.
떡 벌어진 어깨의 중키에 희고 깨끔한 얼굴이었다.

이 무렵 학생들은 학교마다 두 패로 갈라져서
반탁이다, 찬탁이다, 더 시끄러워지고
더러는 양키풍으로 껄렁해져
홍등가에 드나드는 난봉꾼도 생겼다.

내 무슨 단체에는 정식 가입치 않고 있었지만
'학련'이나 ⑤'건청'에 남모를 저항감을 느끼고 있었다.
한데 내 친구 학규는 반대편에서 어정쩡했다.

---

④ 일본말인데 우리말로는 '두목', '대장'쯤이 된다.
⑤ '건국청년단'의 준말로서, 이는 학원만이 아닌 이남 사회의 치안을 위한 전위적 우익단체다.

2. 햇볕정책, 새 국어 선생, 짝사랑 받은 문학병 시절

어제(2천 년)부터 방송 보도 때마다 첫머리에
대통령 특사(임동원)의 평양 방문 소식이다.
김정일과는 아직 회담이 못 이루어지고 있다는데
이 겨레의 명운이 걸린 북·미 줄다리기 중재를
김대중이 발벗고 나선 것은 잘하는 일이다.

이 나라 제7대 대통령인 그가 노동자·농어민에게
피멍울진 배신감을 안겨 주기는 했어도
얼어붙은 남북 관계를 녹여 준 일은 길이 기록될 일이다.
노벨평화상 받은 값을 해내고도 있다.
미국 입김에 벌벌거리지 않고 말이다.

내 이야기로 되돌아가련다.
어제 내내 내린 눈은 소담히 쌓였다.
정원수마다 온통 눈꽃이 푸근하고
온 들판이 허옇게 덮여 강도 숲도 허옇기만 하다.
이래서 시골 태생은 ⑥'수구초심首丘初心'일 수밖에 없는가 보다.

---

⑥ 여우가 죽을 때는 제가 태어난 언덕 쪽을 보고 죽는다는 데서 나온 말인데, 귀소본 능(歸巢本能)의 뜻과 같다.

옛날 내 고모부도 김제에서 귀향한 것이 되새겨진다.
내가 거기 새멀 고모네 집에서 자전거로도 통학하게 되어
김제역 근처에 하숙(?)한 임 형에게 들르는 일이 잦다 보니
한번은 그 집 여학생이랑 ⑦'사치기놀이'도 한 적이 있다.

서로 눈이 맞았다기보다는
나도 모를 짝사랑을 받게 된 모양인지
한 해 뒤에는 여학생의 고모가 우리 집까지 찾아왔었다.
이를테면 '김제 갑부'의 청혼인 셈이다.
할아버지는 주저없이 '장손의 혼인'을 서두르셨지만
내 고집을 꺾지는 못하셨다.
무슨 결혼이라니? 생각해 보기조차 싫었기 때문이다.
이는 먼 후일에 별난 만남이 되기도 한다.

내가 5학년 때부터 학교 근처의 과수원집에 하숙하고
공부보다는 문학에 빠져 들어
'지각생' 별명을 얻게 되다가 결석도 잦아져 가고
한동안 시나 소설을 읽으며 하숙방에서 뒹굴었다.

〈정지용 시선집〉을 비롯해서 이태준의 단편들
더 인상 깊은 책은 〈나가사끼의 좋은 울린다〉의 수기었고

---

⑦ 여러 명이 빙 둘러앉아서 '사치기 사치기 삿뽀뽀!'에 손바닥 박자와 무릎치기 박자를 번갈아 맞추는 놀이인데, 순번제의 선두자에 따라서 하다가 박자를 어긋낸 사람은 팔뚝맞기를 당한다.

이기영의 〈인간수업〉이나 고리끼의 〈밑바닥〉
무엇보다 숨막히는 박력의 〈죄와 벌〉과 〈악령〉에 미친다.
이 작품들의 마력은 내 성미를 뒤집어 놓을 만큼 컸다.

이런 '독서광' 시늉의 한 고비였고 보니
학교 시험 공부 따위는 안중에도 없어
시험지에는 이름만 써서 내놓기가 일쑤이곤 했다.
전학년도에 1등짜리가 꼴찌가 된 터라서
교무실에서도 내 이름은 오르내린 모양으로
새로 온 훈육주임이 나를 불러들이기도 했다. 국어 선생이다.

"자네가 문학에 골몰해지는 것은, 말릴 수도 없는 문제지만, 그렇다고 실과 기능을 경멸해서는 안돼. 오히려 과학은 앞으로 더 존중되어야 하고, 과학을 모르고서는 문학도 그 영역이 좁아질 거네. 가령 레오노프처럼(도스토에프스키 정신의 계승이라는 소련 작가 말이네.) 그가 쓴 〈스크타레프스키 교수〉에서처럼 과학자를 주인공으로 만들 수도 없을 테니깐……. 일본이 진 것도 첫째는 과학의 후진성 때문이네."

이 분은 내 사돈네 규수(장정순)와 결혼한 신임 선생으로서
학생들은 누구나 그의 '실력' 앞에 옴쭉 못했다.
학생 훈육에도 엄하면서 이해가 깊으셨다.
외양부터가 우뚝하니 긴 콧대, 퉁방울눈, 키도 훤칠하셨다.
이 분의 전공이 경제학인데도

셰익스피어 전집을 통독했다고 듣게 될 만큼
문학에 해박한 이해를 지니셨다.
내게는 스승 중에서 가장 큰 영향을 주신 분이시다.

소련 문학의 리얼리티 문제, 인텔리겐챠의 한계성 논리도
내게는 처음으로 와 닿는 새로움이었고
큰 일을 위해서는 먼저 넓고 깊게 알아야 한다는 훈계 또한
내 새로이 곱씹어지곤 했다.
무엇보다는 '불순분자' 학생을 검거하러 온 형사를 따돌려
당사자가 피할 수도 있게 했기 때문이다.

이분의 말씀 듣고 읽게 된 책이 투르게네프의 〈처녀지〉와
쇼로호프의 〈개척된 처녀지〉다.
사회주의 문학 작품에서 전자의 완성이 후자라고들 한다던가?

이 해 여름 방학에 집에서 소설 읽기에 빠지고 있는데
우체부가 7년 만의 아버지 소식을 가지고 찾아들었다.
내 앞으로 쓰신 편지 내용은 당신 몫의 논밭을 팔아서라도
대학에 진학하라는 당부와 함께
옷을 한 벌 우송해 달라는 것이다.
하지만 찾아온들 만나진 못할 거라는 단서가 붙었다.

어떻든 온 집안이 벌컥 뒤집히는 희소식이라서
어머니는 눈물을 연신 치맛자락으로 훔치곤 하셨고

우체부를 방에 끌어들여 술까지 대접했다.
내가 잘 아는 후배인데다
국민학교 시절 내 눈맞춘 여학생의 사촌 동생이기도 하다.

"최 형도 알고 있겠지만, 남섭이 누님이 죽었어."
"엉? 언제?…… 왜?"
"모르고 있었구먼? 한 달쯤 됐는디, 결혼 문제 때문이여……"
"더 좀 자세히 말혀 보게."
놀라운 소식으로는 제 누님이 동급생 누구와의 혼사를
부모네가 추진 중에 앓아 누워 버릴 만큼 싫어했더란다.
온갖 약을 주어도 먹지 않고 끝내는
억지로 먹이려는 약 스푼을 이빨로 부러뜨렸다는 이야기다.

이래서 의사는 속사연을 알게 되고
문제의 남자를 만나게 해야 한다며 훈수했지만
어찌 양반 처신에 그럴 수 있느냐 어물쩍거리다가
죽은 딸의 저고리 앞섶 안쪽에서 내 사진을 발견했더란다.

"우리 온씨 문중에선 쉬쉬허고 있어서 어림짐작은 허는 것 같지만,
최 형 이름까진 모르는 눈치여."
"……!"

내 새삼 기막히도록 놀라우면서도
눈물나게 쓰라리지는 않았다.
하기는 아버지 소식의 충격에 눌렸을지도 모른다.

3. 먼 길 걸어서 아버지를, 세배꾼들

이튿날 나는 귀동 숙부를 따라 아버지 거처를 찾아 나섰다.
서둘러댄 것은, 편지에 비친 것처럼 헛걸음 안 되려면
적어도 발송일 사흘 안에는 도착될 수 있어야 했다.

충남 논산군이라기에 논산역에서 기차를 내려서는
3·40리를 줄곧 걸었다. 버스조차 없었기 때문이다.
길가의 밭머리 아주까리나무 그늘에서 좀 쉬었다가
어느 주막에 이르렀을 때 숙부는 더 쉬어가자고 하셨다.

"이렇게 더울 때는 소주가 피곤을 풀게 헌다. 너도 한잔 들어라."
"아니오. 생각 없어요."

내 처음으로 듣게 된 숙부의 권주였지만
술맛이라고는 도통 모르던 시절이다.
어찌 아버지에 대한 비판도 굼틀거리기 시작했다.

비록 말 못할 좌절이라 할지라도
장손으로서 할 일을 아예 저버리신 채
당신 몫의 논밭을 팔아서 진학하라니?
당신께서는 한 푼도 보태지 못한 재산이 아닌가?

언제까지 가족과 담쌓고 떠도실 셈인지?
이번 편지에 누구는 다 그만 두고라도
할머니에 대한 안부만은 있었어야 하지 않을까?

비록 당신의 아버지에게는 원한이 깊을지라도 그렇다.
언젠가 할아버지에게 '구렁이 목덜미'라고 내뱉기도 했었다.
이런 생각을 굴리면서 석양철에야 문제의 집을 찾았다.
뒷산 아래 자리한 양철 대문의 집이었는데
산골 마을에서는 제일 큰 집인 듯 사랑채도 갖추었다.
우리를 맞이해 준 집주인은 콧수염을 움찔거리며
내 숙부 말을 듣고는 몹시 놀라워했다.

"아니, 이렇게 장성한 아들이 있으리라고는 되통 생각지 못했고만유. 가족 얘기 한번도 없었은게유."
"어저께 나가셨다면 언제쯤 돌아오실 것 같은가요?"
"글세유. 한 열흘 돌아댕기다가 오신다고 혔지만, 오셔도 가족이 있는 것 알믄 그냥 피해 부릴 것 같네유."
"여기서는 멀 허고 지내셨는가요?"
"여기 사랑채 웃방서 동네 애들을 가르치고요, 이웃 동네 애들까지…… 한 8·9명 되지유."
"너무 신세가 많은 것 같네요."
"아니유. 저그덜이 선생님 식량은 대고 있고요, 우리 집 애도 학교 공부 복습을 보아 주고 기시지유. 숙제랑……"
저녁상에는 열무김치에 산나물들이었지만

모처럼만의 진미가 아닐 수 없었다.
이튿날 숙부는 콧수염 주인에게 봉투를 건넸다.

"제 장형님 돌아오시거든 용돈 쓰시라고 드리구요. 이것은 약소허지만…… 너무 폐가 많았습니다."
"아아니! 이러믄 안 되십니다유. 우리 집 선생님 가족이 하룻밤 유허신 것 뿐인디유."
"그냥 넣어 주시죠. 장형님이 신세지고 기시는 곳인디…… 부탁드릴 것은 돌아오시거든 꼭 연락 한번 주세요."
"아먼유!"

집에 돌아온 뒤로 몇 달이 지나도 소식은 없었다.
이를 숙부께서는 이미 짐작하셨기에
아버지의 용돈까지 챙기신 것일지 모른다.

이제 내가 자식을 거느리게 된 뒤에도
아버지의 유골을 찾아보려 하지 않고 만 것이
내 남 모를 죄의식으로 남은 시늉이다.
해마다 아버지의 ⑧제삿날이면 더욱 그렇다.

어제는 전주에서 세배꾼이, 모두가 운동권 젊은이들인데
음력 설날에는 우리네 세시풍속을 지키는 셈이지만

---

⑧ 숙부 말씀에 따라 아버지의 생신일에 젯상을 챙기곤 했다.

내 주제에 무슨 '전통'인가?
오늘따라 선친 분묘도 안 지어 드린 것이 새삼 켕겨 든다.

"내년부터는 서로가 번거롭지 않도록 허세. 전주서 예까지는 너무 먼 거리고…… 나도 늙판에 술상 챙겨야 허니…… 이젠 꽤 힘들어."
내 엄살 섞어 다짐을 놓았다.

4. '단선' 바람, 거덜난 집안 살림, 누이의 '두렁치'

'신탁통치' 문제로 갈라졌던 국론은
이 겨울 '단선'을 두고 피바람이 불기 시작했다.
김구 선생이 이남만의 단선을 반대했기에 더욱 그랬다.

내가 방학이 되어 고향에 내려갔더니
우리 집안은 물론이고 온 동네가 먹구름 낀 분위기다.
두 숙부와 아저씨들, 누구누구도 잡혀 들어갔다고 했다.

할아버지를 따라서 지서에 갔을 때다.
지서 앞 한길 저만치 ⑨장현식張鉉植을 보게 되었다.

신수 멀끔하게 두루마기 차림의 귀골 풍채인데
개화장을 짚고 다리를 좀 잘씸거렸다.
나는 할아버지 말씀대로 다가가서 인사부터 올렸다.

"저희 숙부가 잡혀들어 왔어요. 춋자 낙자 순자입니다."

신수 좋은 귀골은 나를 쏘아보고 걸으며 내뱉었다.
"귀때기 새파랗게 젊은 놈이 웬 흰수작여? 모래에 혓바닥 박고 죽을망정!"

내 온몸이 후끈해진 뒤범벅 치욕을 느끼며 돌아섰다.
어찌어찌 두 숙부와 아저씨들은 지서 철창 밖에서 면회하고
해질 녘에야 마을 사람들과 함께 돌아왔다.

이튿날 두 숙부가 김제 경찰서에 갇히고 보니
집안은 날로 휑뎅그레 썰렁해지고
살림을 제대로 꾸려 나갈 사람이 없게 되었다.

내가 난생 처음으로 살림 걱정을 하는 처지가 되어
금구금융조합 빚을 얻기에 꼬박 한나절을 애태웠다.
고작 수천 원을 얻는데도 '토지저당 설정'을 하고
'빨갱이 집' 눈총을 받아야 했기 때문이다.

---

⑨ '기미독립선언서'에 서명한 33인 중의 한 사람이며, '대한독립' 수립 후, 초대 전라북도지사이기도 한데, 우익 진영의 이 고을 거두다.

새봄의 씨앗을 챙기고, 논밭을 갈고, 거름을 내는 일들을
할아버지와 두 머슴(쟁기질머슴·작은 머슴)이 맡았지만
모내기와 김매기 때는 이 먹물이 거머리에도 물렸다.
물론 농번기 휴가로 집에 돌아와 있을 때의 일이다.
더러 나는 결석하고서도 하숙방에 박혀 혼자 지냈다.
이 무렵만 해도 진학 공부를 한다는 구실로
집에서 자습하는 학생이 적지 않았지만
내 경우는 '공부'보다 '문학'에 빠져 든 꼴이다.
이태준의 〈세 동무〉〈달밤〉, 정지용의 〈백록담〉
그리고 스탕달의 일역판日譯版인 〈적과 흑〉 등이 떠오른다.

여름 방학이 되어 집에 돌아와 있을 때
어린 누이가 걸치고 있는 '두렁치' 더덕이를 보고
내 그만 속이 뒤집혔다.

"옷이 그게 머냐! 엉?"
"……"

⑩눈만 깜작거리며 어름어름 빠져 나간 놈이
얼마 후에 마당에서 더덕이를 걸친 채 까불대고 있었다.
울컥 골이 치민 나는 놈을 불러들여
우악스레 그 두렁치와 저고리까지 벗기기 시작했다.

---

⑩ 이 누이의 눈은 타고나면서 자외선에 약해서 방안에서도 눈을 제대로 못 뜨고 깜작거린다. '깜째기'라는 별명이 붙어 입학할 때는 색안경을 쓰게 했지만, 칠판 글자도 잘 보이지 않아 4학년 때 낙제하고, '빨갱이집 깜째기'라는 놀림을 받았다.

"어디 한번 꾀벗고 댕겨라!"
"으앙! 잘못했어요……"

달려온 어머니 앞에 발기발기 찢은 옷을 내동이쳤다.

"이게 먼 짓이냐? 옷이 없는디……"
"딸년 옷가지 한번 잘 챙기누만! 어서들 나가!"

주섬주섬 옷가지를 주워들고 도망치듯 나가자
문을 걸어 잠그고 나는 혼자 울었다.
거지꼴 가난이 억울했다기보다
내 자신의 꼬라지가 더 비참했는지 모른다.
새파랗게 벌벌 기던 누이와 어머니에 울었는지도 모른다.

5. ⑪'족청' 가입, 한겨울의 냉방, 선제 공격?

이미 막내 숙부는 풀려나 기죽어 지내고
둘째 숙부는 '8·15 특사'로 놓여 나왔지만

---
⑪ 우익 진영의 '건청' 이후에 새로 결성된 것으로서 '대동청년단'에 맞서는 '민족청년단'의 약칭이다. 좌익 청년 단체를 대표했다.

'건청'의 테러가 두려워 이리저리 숨어 다녀야 했다.
내 하숙집에서 묵고 가신 일도 있었다.

이 해 가을부터 나는 자취 생활을 하게 되어
배고프고 썰렁한 냉방 신세였지만
내 꿈만은 끝내 불태워 나간다.
읽은 책들을 팔아서
시집 〈병든 서울〉, 소설 ⑫〈해방전후〉, 수필 〈소련 기행〉을 샀다.
이들 책 제목은 '기억'이 아니다.
일기장에 적혀 있는 것을 옮겼을 뿐이다.

고리키의 〈첼카쉬〉는 〈밑바닥〉보다 내게는 더 새로움이던 것이
도둑이 얌전둥이보다 '사람'다울 수 있다는 일깨움이다.
첼카쉬는 '소시민적 선량'과는 달리 오래 두고 되새겨졌다.
이래서 나는 '족청'의 문화부를 맡는다.
열성분자의 시늉이 되어
같은 학급 김동엽의 정학 처분에 항의하는 진정서를 쓰고
거의 날마다 족청회관에 드나들지만
두어 달 만에 시들해지고 만다.
여러 남녀 동지들과 오래 어울려 들지 못한 셈이다.

어느 날은 귀가 시린 냉방에서 이불을 둘러쓰고 엎디어

---
⑫ 오장환의 시집 및 이태준의 소설과 수필을 가리킨다.

톨스토이의 〈부활〉을 밤늦도록 읽다가 잠들었는데
이튿날 낮에 일어나 보니 이불깃이 철떡 젖었다.
숨 쉬는 김이 서려 그렇게 된 것이다.

고물 전기곤로도 고장나 아침을 거른 채 누워 있노라니
집에서 머슴이 왔다.
둘째 숙부가 다시 잡혀 갔다고 했다.
부리나케 김제경찰서로 달려갔지만 면회 불가란다.
형사는 집어삼킬 듯한 눈초리로 나를 훑어내렸다.

복도 쪽 구석진 곳에서 비명 소리가 들리는데
한 경찰이 허둥허둥 취조과로 뛰어 들어가고
이어서 미군 지프가 경찰서로 들어섰다.
이내 비명 소리는 멎어 버려
경찰 간부들이 늘씬한 미군 장교 앞에 경례를 올려붙인다.
서내署內가 담박 조용해진 가운데
무어라곤가의 영어 목소리가 들릴 뿐이다.

문득 나는 고함이라도 치고 싶은 울적함을 짓누르며
경찰서를 나와 길을 걸었다.
죽일 놈들! 친일파 경찰이 이제는 친미파 경찰인가?
이게 곧 이남의 진상인 것을! '애국' 치안이라니?

이로부터 반세기도 훨씬 넘어 버린 어제 오늘의 보도마저 내 아직껏 울분을 털어 버리지 못하는 꼴이다.
미국 단독으로 '북핵'을 트집잡아 '문제'를 키워 놓더니
'국제원자력기구(IAEA)'로 하여금 '북핵 문제'를 '안보리'에 넘겼다.
저 혼자 손에 피 묻히지 않고
여럿이 김정일 정권을 결단내자는 속셈인지 모른다.

무엇보다 새겨 둘 일은 부시가 김정일을
무슨 흥정의 말 상대가 아닌

없애버릴 악한으로 보고 있다는 사실이다.
북조선이 그래도 '6·25 원수'와 손을 잡으려다
미국이 발가벗고 무릎 꿇어라는 바람에
목숨 걸고 불끈해져 버린 터이다.

이런 극과 극이 마침내 불붙는다면?
이 '남한'도 어디라 없이 잿더미가 되어 버리는데도
미국은 '선제 공격'을 응얼거린다.
누구를 향한 '핵탄 공갈'인가?
무엇을 노리는 '주둔군 감축'인가?
오늘 낮 텔레비전에 남북의 길이 이어지는 기념 관광을
부시는 부엉이 눈꼴로 흘겼을지 모른다.

6. 개와의 기 싸움, 진흙길의 예비 검속, 반전·반미 시위는

내가 그분을 존경하고 따르는 학생이기에
그분이 나를 더욱 아끼게 되었는지 모르지만
어떻든 이준원 선생은 당신의 생일에도 나를 불러 주셨다.
빈 손에 못 가고 만 나를 저녁상에 다시 챙겨 주어
내 염치없게 포식을 하고는
속있는 소리(시국관)까지 실토하다 보니
밤도 깊어서야 일어서게 되었다.

"큰일을 하려면 먼저 많이 알아야 해. 깊이 헤아리지 못하는 무슨
주의자일수록, 제 이마에다 '간판'을 써붙이고 다닌다네."

이렇게 들려주신 말씀을 되새기며
내 혼자 과수원 앞 골목길로 접어들었을 때다.
워르릉! 웡! 웡! 어둠 속에 새파란 눈불이 달려드는 셰퍼드다!
우뚝 서 버린 나는 놈의 눈불을 맞받아 쏘아대니
놈도 더는 대들지 못하고 짖어대기만 했다.
내 또한 꼼짝할 수가 없는 것이다!
어둠 속의 눈싸움만으로 목숨을 걸었다.

얼마나 지났을까? 여긴 돌길임이 얼핏 떠올라
발로 더듬어 낸 돌을 주우려 천천히, 아주 천천히 웅크리는데
놈은 더 짖어대면서도 뒷걸음질치는 게 아닌가!
어둠에 밝은 '개 눈'이라더니 눈치 챈 모양이다.
돌을 움켜쥔 나 역시 뒷걸음질로 싸움을 끝내 버렸다.

돌아와서 보니 식은땀에 속옷이 철떡 젖어 있었다.
이런 뒤부터는 사나운 개라도 겁없이
내 기싸움으로 눌러 버리려 했는데
어느 날 하숙집 셰퍼드에게 물리고 나서부터
개만 보면 흘깃흘깃 쭐멋거려지곤 한다.

이 무렵 단선을 반대하는 삐라 사건이 퍼지면서
집에 와 있는 나도 잡혀 들어갔는데
먼저 취조를 받고 있는 한 고장 학생을
발길질과 매질하는 형사 얼굴이 꼭 개처럼 사나워 보여
내가 주임실로 불리어지자 되레 큰 숨이 내쉬어졌다.

"니들 배웠다는 놈이 이 박사님의 단선을 반대하다니? 그저께 밤에 너 누구랑 어디에 있었어? 솔직히 다 털어 놓으면, 바로 곧 집에 돌아갈 수 있다. 알았냐? 그저께 밤 어디 가 있었어?"
"예. 이리공업학교 근처의 자취방에 혼자 있었습니다······"
"뭐야?" 주임은 테이블을 탕 치며 다그친다. "바른 대로 불어! 터지고 싶지 않거든!"

"정말입니다. 집에는 어저께 돌아왔습니다. 옆집 문길주씨도 제가 돌아오는 걸 회당서 봤어요……"
"김 순경! 이리 와 봐!"

주임은 순경에게 내 귀향 날짜를 물어 보더니
무조건 잡아들였다고 하자 화를 버럭 내며
문길주라는 자를 불러들이라고 소리쳤다.

뒤이어 내 저녁밥을 들고 오신 할아버지와 막내 숙부에게
주임은 내 귀갓날을 확인하고 엄벙땡 나를 놓아 주었는데
딴 취조실에서는 막대기 부러지는 소리와 함께 비명이 자지러졌다.
거기서 나온 치안대장 장현국이 도끼눈을 내게 쏘았다.

이튿날 설날에는 더없이 간소한 차례를 지냈을 뿐이다.
둘째 숙부가 고문 후유증에 누워 계셨기 때문이기도 한데
다음날 밤 숙부는 다시 예비검속에 연행되어 갈 때다.
내가 따라 나서자 젊은 담당 순경은 퉁명스레 내뱉었다.

"멋헐라고 오쇼? 들어가쇼!"
"여러 날 미음만 잡순 환자이신데, 돌아올 때 모시고 올라고 그래요."
"오늘 밤 못 나올랑가 몰라요."
"헛거리가 될지라도 가 볼랍니다."
"맘대로 허쇼!"

집을 나서기 전과는 딴소리인 것이 더 속을 끓인다.
앞장 세운 숙부 뒤를 순경이, 순경 뒤를 내가 따랐는데
진흙길을 순경은 투덜거리더니
길이 좀더 질척거리자 욕을 해댄다.

"씨팔! 어디로 끌고 가는 기여? 수렁에 집어 넣을라고 허는게비네.
씨팔!"

내 그만 울컥해진 몸을 떨며
놈이 어깨에 멘 총을 어둠 속에 뚫어보다가 한숨짓는다.
하늘에는 먹구름 사이로 별이 파들거렸다.

이로부터 50몇 년이 흐른 2천3년 3월29일이다.
오후 세 시부터 전주에서 열린 반전·반미 시위에 나갔는데
전북 12개 사회단체 깃발이 나부꼈지만,
참가 수는 4·5백 명을 넘지 못했다.
코아백화점 3거리에서 집회를 마치고
도청까지 거리행진을 하며 구호를 외친다.

"전쟁 반대! 파병 반대! 미국 반대! 정부는 파병 동의안을 즉각 철회하라!"
"철회하라! 철회하라!"

경찰은 민주화 시위 때와는 달리 방패도 들지 않고

우리 시위 행렬이 한길 반쪽만 차지하도록
노란 중앙선에서 한 줄로 붉은 띠를 잡고
우리를 따라 걸었을 뿐이다.

Ⅲ 철드는 몸짓 〔ㄷ〕 청년기(3)

1. 이제는 내 짝사랑인가? ···92
2. '돈벼락'이라더니, 조·석간의 신문 배달부터 ·······················96
3. 억지 진학, 열차 안에서, 뒤늦은 선친 봉분 ·······················99
4. 더러운 승리의 전쟁, 배웅길의 어머니는 ··························102
5. 수배자 정원호와 함께, 그의 아버지 ································103
6. '6·25'에 '38선' 터지다 ··106
7. 강산의 피흐름, 빼앗긴 하늘만 우글탕거리고 ···················110
8. 문화선전부, 교습회의 날 ··112
9. 두 철을 줄곧 숨어 살다 ··115
10. 밤길의 아지트는? 다시 입산入山 길 ·······························119
11. 두메산골의 산생활, '해방구'에서 본 시체 ·······················125
12. 사위의 죽음, '붉은 마후라'의 사나이, 고깔봉 채광굴에서 ·······129
13. 내 다시 토굴 속으로 ··132
14. 뒷광과 골방 속의 세월, 조부께서 떠나시다 ····················139
15. 드디어 햇빛 길인가?, 햇볕 정책의 어제 오늘 ················144
16. 시골 친척 집에서, 숙부네 농사 거들기, 고향 집 가장이 되다 ····147

1. 이제는 내 짝사랑인가?

해방 후의 38선 이남은 더없이 어수선하고 허술해서
이른바 ①'월반'을 하게 된 나는 5학년 수료증만으로도
대학 입시원서가 접수되었다.
이미 입학한 임대택 선배의 도움으로
동국대학 불교과에 붙은 나는 새 꿈을 다지게 된다.

큰 멍에를 벗고 보니 사랑에도 쏠리어
오래 전부터 이야기만 들어온 윤길례를 만나게 된다.
여름 방학이 되자 황학규 따라 삼례로 가는 열차 안에서다.
초만원 출입문 곁에 서 있는
여학생들 가운데 유달리 해사한 얼굴이 그녀임을
내 옆자리의 학규가 속삭여 주는데
첫인상부터가 나를 후끈 사로잡았다.
이미 듣게 된 늑막염 환자로서의 그 병색이
오히려 더 묘한 끌어당김이었는지 모른다.

한데 이 윤 양과 얘기하며 우리 쪽을 흘금거리는
저 학생이 바로 그 누구일까?

---

① 중학교 5년제가 6년제로 바뀌자, 4학년 때의 우등생은 시험을 쳐서 6학년이 될 수 있는 것이 '월반제'다

"또 하나는 서구흰데…… 길례 집에 간다고 들었어."

이런 학규의 소근거림.
언젠가 듣게 된 그녀는 둥근 얼굴 검은 머리에 짙은 눈썹이다.
입두덩도 가뭇한 것이 일본 여자를 떠올리게 했다.

"서구희란……? 경찰서장의 딸……?"
"……"

학규는 내 눈 속을 살피듯 보며 고개만 끄덕였다.
친구의 좀 까진 웃입술이, 눈빛도 어글어글 풍해 보였다.
내가 경찰을 개로 빗댄 적도 있었기 때문일 것이다.
삼례역에서 내린 우리는 앞서 걷는 이들 여학생과는
눈길 한번 마주치는 일이 없이 개찰구를 나와서도
서로들 갈 길만 얌전하게 걸었을 뿐이다.
이 무렵의 새 세대는 미국식 '솔직'을 되레 껄끄러워했다.

해질 녘에 학규가 전해받은 서구희로부터의 쪽지에는
산책 삼아 철로 옆 개울로 와 주었으면 한다는 내용이다.
"같이 나가자고. 틀림없이 길례랑 함께 올 테니……"
"좋아! 이런 기회에 소개도 받고 싶고……"

구희의 아버지가 이곳 서장 때 사귄 여학생이라지만
이제 그녀는 부안 멀리에서 달려 왔더란다.

제 아버지가 부안으로 전출되었기 때문이다.
우리는 저녁밥을 서둘러 먹고 산책(?)을 나갔다.

저녁 달빛 속의 개울 둑길에는 두 여학생이 어정거린다.
우리가 그들에게로 다가서자니 왠지 가슴이 두근거렸다.

"일찍들 나왔구만."
"……"
"자, 인사나 허지. 이쪽이 서구희, 그리고 윤길례…… 언젠가 말한 내 친구 최형이여……"
"저 최형인데…… 미안합니다, 당돌하게……"

두 여학생은 대꾸없이 고개만 한 번 숙여 보였지만
학규가 눈짓으로 서 양을 따로 이끌자
윤 양은 그 자리에 멈칫거리고 서 있기에
내 한마디 떠보는 시늉이 되고 말았다.

"불청객이 불쑥 나타나서 미안합니다."
"아니에요…… 기차 내에서 얼핏 뵈었을 때부터, 학규오빠가 말한 분이구나 싶었어요.…… 같이 나오실 줄 알았어요."
"실은 …… 친구가 같이 가자고 안혔어도 그냥 따라 나섰을지 모르죠. 뵙고 싶었거던요. 저리 가서 좀 앉을까요?"

둘이는 달빛에 빛나는 철로 옆 흐름 가에 나란히 앉아서

적어도 내 쪽은 한눈에 반해 버린 속내를
후끈후끈 쏟아 내듯이 웅얼거렸던 것 같다.

누구나 서로가 진짜 좋아하려면
먼저 같은 처지에부터 놓여야 할 것이라든지
꿈이 클수록 '정'보다 '뜻'이 맞을 때 더 후끈해질 것이라든지
무슨 지사풍의 수상쩍은 색깔까지 내비친 셈이다.
내 취미라든가 문학에 대해서도 아는 소리를 웅얼거렸다.

"저는 아무것도 모르니까요, 누이동생처럼 아껴 주세요."
"……"
누이동생……? 무단히 나 혼자 지껄였구나 싶어
일상적인 화제로 이것저것 묻자니 밤도 이슥해진다.

"저희 집 식구는 셋인데요. 아부지는 돌아가시구요…… 오빠가 가장이죠."
"가업은? 농사인가요?"
"얼마 안 되는 밭농사, 어머니가 맡으시고, 오빤 철도국에 다녀요."

이날 밤의 잠에 나는 꿈투성이었다.
하루를 더 학규 집에 묵게 된 이튿날 둘만의 산책길에서
학규한테 뜻밖의 소식을 듣게 되었는데
어젯밤에 돌아간 길례가 구희 앞에서 울었다는 것이다.
구희에 대한 질투의 눈물 같다고 했다.

"나는 그렇잖은데 아레와(그 애는) 그렇게까지……"
"그래…… 틀림없이 사랑의 질투일 거여."

내 쓰린 속내와는 엉뚱하게 맞장구를 쳐 주었지만
허퉁이 무너져내릴 것 같은 가슴일수록
그녀에게 달리는 뜨거움은 날로 더해져 갔다.
일본 가요의 '사나이 목숨 같은 순정은(오토꼬 이로찌노 준죠와)'
타올라서 빛나는 별빛하늘(모에떼 가가야꾸 호시노 소라), 어쩌고
혼자 흥얼대다 못해서
마침내 그녀에게 편지도 띄웠다.
국어사전을 팔아서 시집 〈박꽃〉, 소설집 〈복덕방〉을 사 보냈고
다시 그녀 만날 때는 마늘씨 팔아서 신발에도 멋을 부렸다.

한데 우리 집 가난이 저주로워지면서
학규에 대한 저항감은 내 첫사랑 가슴에 혹처럼 불거졌다.
새학기의 대학 개강이 시작되고 보니
'고학 터전'을 닦기에 내 허덕거려야 했다.

2. '돈벼락'이라더니, 조·석간의 신문 배달부터

어느 기업체 사장 댁으로 학규 아버지를 찾아갔을 때다.

어제 올라왔다는 그 분은 술에 거나해져 계셨다.

"아까 얘기한 학생이네. 이 분이 사장님이셔. 인사드리게."
"……"

학규 아버지 소개의 유들부들한 얼굴 앞에 큰절을 올렸다.
널따란 장판방이라서 나는 무릎 꿇고 앉아야 했는데
두 분은 마주앉은 채로 담배를 피우시며 돈을 주고받는다.
도정공장 사장인 학규 아버지의 빚돈인 듯했다.

"하루에 한 2백 원 벌이라도 어디 없을까?"
"야근이라 놔서 당장은 안 될 것 같네."

내 취업을 두고 나눈 말씀이다.
돈뭉치 불룩한 지갑 속에서 백 원짜리 한 장 빼내시더니
내 앞에 내밀며 학규 아버지가 중얼거린다.

"점심도 아마 굶었을 것여. 주머니 비었을 텅게……"
"아닙니다!"
얼굴이 후끈해지며 그냥 거절하니까
학규 아버지는 돈을 되집어 넣으며 빙긋이 웃었다.
내 무슨 취업 이상의 것이 깔아뭉개진 굴욕감만 뒤끓어
이내 일어서 나와 버렸다.
내 돈벼락만 맞은 꼴이다.

이래저래 학규와의 골도 더 깊어져 갔다.

이날 밤 나는 서울역 대합실에서 자려다가
여러 사람들과 함께 쫓겨나와 광장의 나무 밑에서 잤는데
새벽 열차 타려는 손님들 틈에서 한뎃잠은 이번이 처음이다.

신문 배달이라도 해보려고 여기저기 알아보았거니와
한 달 후에야 겨우 생긴 한 자리를 이어받게 되었다.
이것이나마 정원호의 덕택이다.

새벽과 저녁에 신문 돌리자니 두려운 것은 개 있는 집인데
하기는 셰퍼드한테 물린 일이 있기 때문이지만
개가 와르르 짖어대기라도 하면
닫힌 대문이 열리기나 할 듯 흠칫 놀라곤 했다.
더구나 '맹견猛犬'·'개조심'이라 써 붙인 대문 앞을 지날 때마다
신경이 곤두선다. 대궐집일수록 더 그랬다.

이즈음 나는 자취방을 구하지 못해
안암동에서 하숙할 수밖에 없게 되고 보니
자취용 전기 곤로 등을 팔아 신발을 사야 했고
이발·목욕은 두 달이 넘도록 못할 만큼 궁상스러웠다.

하지만 도스토예프스키의 〈악령〉을 밤늦도록 읽으면서
이지러진 멋만은 허깨비처럼 부렸던 시늉이다.

그리고 괜히 두근두근 흥분하기 잘하는 스스로에게
말할 수 없는 노여움과 굴욕감을 느낄 만큼
이렇게 내 심통도 뒤죽박죽이 된다. 성격적 균형을 잃는다.

학교의 강의도 너무 좀 시시해서
한번은 '가람'의 강의 '전라도 사람의 자랑거리'를 듣다가
나는 강의실을 나와 버린다.
오히려 눌변·졸필인 '편석촌(김기림)'의 강의에 귀를 기울이곤 했다.

하지만 이 정도의 공부를 위해 갖은 고생을 해야 하는가?
무엇 때문에 근천떨며 고생스러워야 하는가?
무슨 대학 간판이라도 따 보자는 심사인가?
이런 되새김질이 아프게 굼틀거리기도 했다.

3. 억지 진학, 열차 안에서, 뒤늦은 선친 봉분

내 진학이 출발부터 고생스러웠던 것은
보호자인 둘째 숙부의 희망과는 딴판이었기 때문임을
뒤늦게나마 밝혀야 할 것 같다.

'일류 기사'는커녕 수상쩍은 문학병에 빠진 꼴인데다
'해방'은 오히려 당신의 생사를 위태롭게 한 터라서
무슨 진학이고 문학이고 숙부에게는
철없는 '장조카'의 생고집이고, 그런 역겨움이었을 것이다.

"시를 쓰고 소설 나부랭이나 읽는다고 밥이 나오냐, 죽이 나오냐?
그나마 느닷없는 대학이라니?"
"등록금만 한번 대 주시면 제가 고학을 혀서 학비 댈게요……"
"안 된다! 내쫓기고 감시받는 노릇이사 관두고래도, 온식구가 굶어
죽느냐 사느냐의 판인디, 공업학교 마쳤은 게 어디 취직자리나 알
어봐!"

내 방문을 걸어 잠그고 여러 끼를 굶어 낸 끝에
겨우 숙부의 진학 허락이 떨어진 것이었는데
거기에는 얼마 전 당신 장형의 편지도 켕겼을지 모른다.
'내 앞으로 있는 전답을 팔아서라도 진학하라'는.
어쨌든 내 등록금 받게 된 날 밤에 아버지 꿈을 꾸었다.

한데 이튿날 열차 내에서 꼭 아버지 모습임에 번쩍 놀랐다.
초만원 열차의 출입문 밖에서 상자 보자기에 걸터앉은
양복 차림의 호리호리한 몸집이라든지
넓은 이마에 희번덕거리는 눈매라든지
영락없는 아버지! 그런데……?
어찌 나를 보시는 그 눈빛은 그냥 맨숭한 것이

내 착각이구나 싶었지만
10년이면 강산도 변한다지 않는가?
내 많이 찌든 자식 얼굴을 몰라보게 마련 아닌가?
그래 다시 슬금슬금 옆으로 돌아 살펴보았을 뿐이다.

어느 역에 이르러 나는 더 한번 확인해 보고 싶어서
그 자리를 찾아갔으나 어디론지 사라진 뒤다.
이칸 저칸 더듬어 보다가 허퉁히 돌아서고 말았다.
내가 그 뒤로는 아버지에 대해
꿈도 안 꾸고 찾아볼 엄두도 내지 못한 것은
비록 숙부에 대한 헤아림이었다 치더라도
이제 칠순이 넘도록 '선친 흔적' 하나 마련하지 않은 자식이다.
이런 글을 쓰자니까 내 불효가 새삼 씁쓸해져
얼마 전에 아버지 봉분을 어머니 곁에
비로소 오랜 미적거림을 이뤄 낸 터인데
이는 내 자식들 얼굴도 떠올랐기 때문임을 고백한다.
언젠가 이 나라의 어쭙잖은 장례 문화에 큰소리치며
내 주검의 화장을 신문(한겨레)에다 약속한 처지인데도
새삼스레 선친 봉분이라니?
우습게 비뚤어진 내 삶이 질겅거려진다.

4. 더러운 승리의 전쟁, 배웅길의 어머니는

허구한 전쟁에서 죽어 나가는 혼령들을 생각해 본다.
한 방 폭탄에 짓날라 버리는 대로 해는 뜨고 진다.
온 지구촌이 겁을 먹고 허둥거린 ②'사스' 소동은
부시 나라에부터 번졌어야 할 것인데
하늘의 무슨 섭리조차 의심스러워진다.
살아 있는 사람의 오직 '힘'만이 판치고 있으니 말이다.

저리도 허망하게 박살난 이라크, ③미제국만이 만만세인가?
숱한 이라크인끼리 굶주림에 눈이 뒤집혀
약탈하는 것을 오히려 승자는 싱글싱글 부추기고 있었다.
옛날 비뚜름히 뿔모자 쓴 미군이 초콜릿을 던지며
주워 먹는 꼬마들에게 카메라 짤깍거리던 일이 떠오른다.

이제는 예전 내 이야기로 돌아간다.
내 신문 배달을 두어 달 만에 걷어 치우고
청량리 골짜기에 자취방을 얻어 들어
하루에 두 끼만으로 허기를 때웠다.
학교는 공치기 일쑤이면서

---

② 한때 동남아에 퍼지던 전염병의 일종이다.
③ 세계적 반전 운동이 들끓는 가운데 유엔(U.N.)의 결의도 없이 미국 독단으로 결행된 이라크 '침략 전쟁'은 개전 26일 만에 미국의 승리로 끝났지만, 침공의 명분이던 '화학무기의 은닉처'는 끝내 실증하지 못하고 있다.

산으로 나가 숲 그늘에서 소설 속에 빠져 들곤 했는데
특히 〈학대받은 사람들〉과 〈미성년〉이 기억에 새롭다.
늙어 버린 개와 그 절망적 노인의 고독이라든가
무슨 지식·지성보다도 순수한 영혼의 슬기라든가는
칠순이 한참 지난 오늘에도 되새겨진다.

고학의 굶주림이다가 고향에 내려가면
식구들은 반긴다기보다 눈부터 휘둥그렸지만
둘째 숙부는 그런대로 학비까지 마련해 주셨고
어머니는 내 륙색에 ④좀도리쌀을 넣으시며 눈물 훔치셨다.

"올 때마다 얼굴이 반쪽되가지고⋯⋯ 굶지 마라야혀, 한창때."
해 저무는 배웅길에서도 어머니는 울고 서 계셨다.
내가 뒤돌아보며 들어가라고 손을 내저어도
산굽이에 가려지기까지는 그대로이던 어머니.

5. 수배자 정원호와 함께, 그의 아버지

서울에 온 이튿날 나는 빌린 돈을 갚으려고
정원호를 그의 형네 셋집 창문으로 불렀는데

---
④ 밥을 지을 때마다 한 수저씩 단지에 떠 넣어서 모아 두는 쌀이다.

여느 때와는 달리 자꾸 들어오라는 것이다.
들어가 보니 소개받은 바 있는 '운동가'와 수군거리고 있다.
군산여고에서 쫓겨 난 이철이라고 했다.

어쩌면 '행동하는 현장'을 보이고 싶었는지 모른다.
겁없이 작은 눈이 눈값을 하는 셈이구나 싶었다.
구부정한 허리에 일자―字걸음은 나와 비슷했는데
내게 그가 한 말이 다시 떠오른다.
'용의주도한 고집쟁이면서 겁쟁이'라 했었다.
무슨 철학이나 문학 따위는 한가로운 자의 '상아탑'이라며
김동석의 〈부르죠아의 인간상〉을 읽어 보라고도 했다.
같은 대학 경제학과를 선택한 그의 자부심은 대단해서
내가 합격해 놓고 보자는 불교과를 그는 이죽거렸다.

"천리 길 끄덱끄덱 뜬 구름 잡는 중 노릇 잘해 보라고!"

이런 그가 나를 누구보다 가까이한 것은
⑤겹쳐진 연척 관계로 얽혀 있을 뿐더러
서로가 저도 모를 낭만성에 바탕하고 있기 때문일 것이다.

우리 집과 그의 집은 본디는 양반 가문이고
장손의 학벌이 높다는 것도 공통점이지만

---

⑤ 내 외종형이 원호의 고모부이며, 내 둘째 숙부는 그의 사촌 이모부뻘이 된다. 따라서 나와는 2중의 사돈뻘이다.

시골 땡볕 살림과 읍내 갑부는 빛깔부터가 달랐다.
그렇게 서로 귀천貴賤의 모양새가 두드러졌던 셈이다.

한데도 원호가 천민의 편에서 되레 더 열냈던 것인데
내 경우는 문학 예술에 깊이 젖어들수록
어찌 고급 심미감審美感에 휘감기면서
우울한 불만이 더욱 불통거려지곤 했다.

이런 내게 새로운 시각과 힘을 느끼게 한 작품이
고리끼의 〈어머니〉와 쇼로호프의 〈고요한 돈강〉이었으나
내 태생적 둥지는 도스토예프스키 쪽이었는지 모른다.
떨리도록 홀리던 '헛가비 불빛'과도 같았다.
내 이런 '모순'을 원호는 비웃었을 터인데도
끝내 서로가 등돌리지 못하고 어울렸다

일본 메이지 대학 출신의 사회주의자인 그의 아버지 영향은
아들 이외에 내 숙부와 외종형에게도 미쳤을 것이
두루 존경받아 온 '처가 어른'이었기 때문이다.
이 분은 인공 때 정읍군인민위원회 위원장도 맡으셨다.

어쨌든 원호는 수배의 몸이 되면서
내 자취방에서도 묵고 가는 일이 잦아졌는데
언젠가는 수배받은 이철과 셋이
뚝섬 나루 건너 밭머리 풋고추로 술 마신 추억은
오래도록 감겨들곤 한다.

6. '6·25'에 '38선' 터지다

내가 집 주인의 필요에 따라 자취방을 잃었을 때
누구보다 내 거처와 식비를 걱정해 주던 이가 원호였는데
그래 그의 동지들이 내 하숙비를 분담한다는 것이었는데
내가 짐을 싸 들고 귀향하고 만다.
지하운동을 할 만한 신념도 배짱도 없었기 때문이다.
숙부의 희망대로 취직이나 해보려고
⑥전문부로 편입 수속까지 마쳐 놓았기에 더욱 그랬다.

하지만 이 해 여름 졸업장을 얻은 뒤에도
어디에 돈벌이를 비비댈 내 신원도 못 되어
집에서 처음으로 농사를 돕게 되었다.
한창때 기운이라서 뙤약볕 불고문에도 비지땀을 흘렸다.
억지 돈 주어 가르친 놈이 흙강아지 꼴이
내 스스로 꿀리어 더 한번 욕망을 끓이게 된다.
같은 대학 문학부 국문학과 편입의 길을 뚫어 보는 일이다.

여러 가지 어려움 끝에 등록금까지 챙겨 들고
서울 가서 청량리에 자취방 꾸린 것이 1950년이다.

---

⑥ 당시의 대학교 학제는 전문부와 학부로 나뉘어 있었고, 학부 2년 수료자는 전문부 3년(졸업반)에 편입할 수가 있었다.

6월 말일이 편입 등록 마감이라서
서두를 것 없이 등록금을 끌이고 있었는데
6월 25일의 놀라운 보도다! '38선'이 터졌다는!
이튿날 밤인가는 먼 천둥 같은 포성이 방문을 흔들어 왔다.
아, 올 것이 오는구나!
내 어떻게 할 것인가?
무엇부터 할 것인가?

한 밤을 뜬눈으로 지새운 아침 옛 자취방으로 서둘렀다.
지난해 여름 귀향할 때 주인집에 맡겨 놓은 문학전집을
륙색에 쑤셔넣어 짊어지고
고향 ⑦친구들 자취방으로 찾아드니
이부자리 속에 잠서린 눈만 끄먹거릴 뿐이다

"아니, 니들 전쟁났다는 소식 못 들었냐?"
"38선 터졌다고 쑤근대드구만……" 이런 친구의 말에 또 한 친구가 덧붙인다.
"머 어쩔라고? 여기까장 쳐들어 오기사 헐라고?"
"허, 이런! 전쟁나믄 내려가는 기차는 끊긴다는 걸 몰라? 어서 짐부터 챙겨! 내 그 안에 차표 끊어 올 텅게. 알었냐?"

내 륙색을 부려 놓고는

---

⑦ 최병찬과 박대순은 국민대학에 학적을 두고, 고학하려고 노변에서 아이스크림, 과일 장사를 하고 있었다.

돈가방만 들고 서울역으로 달렸다.
이날따라 전차도 굼벵이처럼 느렸다.
두 친구는 내 국민학교 후배로서
굼뜬 두 사람이 달리는 모양은 굼벵이를 떠오르게 했었다.

서울역 매표소 앞마다 장사진을 이루었고
호남선 하행 열차는 이번이 막차라는 안내 방송도 나온다.
차 시간까지는 반 시간 남짓 남았지만
두 친구가 청량리에서 곧바로 달려온대도 셴찮다.
이거 야단이다! 갈팡질팡 마음만 조리는데
느닷없는 비행기 소리가 우글거렸다.
적기다! 적기다! 하는 소리와 함께
군중은 산산히 광장으로 흩어져 박히듯 몸을 숨겼다.
내 또한 정신없이 어디로 뛰어가서 엎디었는지 모른다.
폭격 체험은 한 번도 없었기 때문이다.

쿵쿵쿵! 공중전 소리인가?
동대문 쪽에 폭탄이 터졌다는 소리가 돌면서
멎었던 전차들이 움직이기 시작하자
누구라 없이 덩달아 열차 속으로 뛰어들어 간다.
이제 차표 따위는 아랑곳하지 않았다.

이내 초만원을 이룬 호남선 열차가 수원에 이르렀을 때다.
서울행 객차가 대기중인 것을 보고 내 그만 바꿔 타 버렸다.

두고 온 책과 함께 두 친구 얼굴이 파고들었기 때문이다.
눈을 끄먹거리며 내 오기만 기다리고 있는 얼굴!

한데 영등포역에서 공중전(?) 비행기의 우글탕거림에
서울역에서와 꼭같은 혼떠림을 겪고 나서
걸어 나서는 피난민 대열에 섞여 수원역까지 터벅거렸다.
하룻밤을 수원역에서 웅크려 자고 난 새벽 열차를 탔는데
한뎃잠은 피난민과 함께 더 자야 했다.
김제역에 이르런 28일 '서울 해방' 소식을 듣게 된 것이다!

이렇게 귀향한 나는 혼자 빠져 나온 죗값을 치러야 했다.
묻는 말에 사실대로 털어놓을 수밖에 없었지만

두 친구 식구들 앞에 꿀리곤 했다.
'내가 먼저 가서 기차표 사 놓을 테니
어서 짐 꾸리는 대로 뒤따르라'고 할 것을!
두고두고 얼마나 후회했는지 모른다.

전룡동 아저씨 댁을 친구들은 찾아가서
한강다리가 폭격에 끊겼다며
뚝섬 쪽으로 가겠다고 한 소식만 훗날에야 알게 된다.
그리고 여지껏 종무소식이다.

이제 우리 모두가 7순이 훨씬 넘은 세월이라서

얼마 전의 '이산가족 상봉' 신청을 그의 형제에게 권해 보아도
시큰둥한 반응이고 보니 내가 한번 나설 것을 궁리해 본다.
하기는 그들이 비록 인민군에 '끌려가지 않았다' 할지라도
여태 살아 있을 확률은 아주 낮은 편이다.

7. 강산의 피흐름, 빼앗긴 하늘만
　　우글탕거리고

이른바 '보도연맹'을 빨갱이로 엮어 버린
이승만 정권은 비끗하면 '예비검속'이었는데
서울서부터 이에 걸린 모두가 불귀객이 되고 말았지만
둘째 숙부는 미리 피해 버려 '해방의 노래'를 듣게 되었다.

들녘이 저 혼자 푸르러지고
높은 굴뚝에는 연기가 나지 않아도
저녁마을마다 등불을 켜고 둘러앉거나
전깃불 환한 회당에 모여 앉게 될 무렵
나는 온도표와 '계몽대'를 조직해서
저녁이면 여러 마을을 조별로 돌며
무엇보다 피멍울진 앙갚음을 않도록 목소리를 높였다.

이런 책상물림의 열정과는 아랑곳없이
퉁겨지기 시작한 피울음이었는데
어정쩡하게 협력한 노랭이라든지
먹고 살기 위해 알랑댄 똑똑이는 끌어안아야 하는데도
선뜻 그럴 수만도 없는 것이 인간의 별수없는 한계인가?
이놈을 끌어안았다가는 되레 제가 당할지 모른다는
두려움을 쓸어버릴 수가 없을 터이기에 그렇다.
우리 집 이웃의 최준식 아제는 떠부세한 덜렁괴쇠였는데
무슨 '인민재판'도 아닌 우리 마을 첫 '학살'이었고 보니
누구의 무엇을 위한 '혁명'일까 새삼스러워졌다.
여기저기에서 생매장이 되면서
곡괭이 죽음을 당했다는 뒷소문이 수군거리지고
여름 햇볕도 후끈후끈 피비린내 풍기기 시작했다.

붉은 군대의 기세가 남으로 남으로만 휘내닫게 될수록
미군 제트기 우굴탕거림도 더욱 요동쳤을 때다.
우리 계몽대가 한길 가의 모정에서
제1차 활동보고회를 하고 있느라니
느닷없는 제트기가 빙빙 돌아들며
드르륵! 드르륵! 기총소사를 해대는 것이다!

우리는 후닥닥 흩어져 박히듯
논밭 두렁 밑과 토담집 방에 뛰어들어 몸을 웅크렸는데
한 친구는 통보리 가마니를 불끈 들어 머리에 이었다!

저런 약골에게 저런 힘이 어디서 솟았을까?
옛이야기에 잡아먹힌 지아비의 시체 토막을 마저 먹으려고
부엌에 기어든 호랑이를 지어미가 도끼로 찍어 죽였다더니
지어낸 이야기만도 아닌 셈이다.

기총소사의 목표물은 우리가 아니고
한길 가의 인민군 트럭이었음을 나중에야 알았지만
어쨌든 인민군이 섞였을지 모른다는 의심만으로도
피난 행렬에까지 기총소사를 해댄 미군이다.
이 제트기는 머리 위를 지나고서야
양철 지붕 무너져 내리듯 우글탕거렸고
들녘 숲머리 농부에게도 더러 드르륵 갈기며 날아갔다.

하늘을 온통 **빼앗겨** 버린 것이고 보니
밤에만 진격한다는 남부전선도 수상쩍었는데
시골에서는 라디오 보도조차 얻어들을 수 없었다.
뭉게구름 너머 먼 포성이 천둥소리로 울려 왔을 뿐이다.

8. 문화선전부, 교습회의 날

무더워지면서 나는 면인위面人委 문화선전부를 맡게 되어

국민학교 교과서를 몰수·보고하는 일을 했는데
하루는 ⑧장이규가 찾아와 책 분류 작업을 도와주었다.
더 좀 애젊은 시절 나를 짝사랑한 끝에 죽은 여자와의
혼담이 그에게 있었다는 것은 나 혼자만의 비밀이었기에
우리는 더 친밀해졌던 것인지 모른다.
그는 가무잡잡한 얼굴에 납작한 뒤통수였고
목소리는 가늘고 말이 느렸다.

우리가 문화선전부실에서 땀을 흘리고 있노라니
면당面党 지도위원이 나타나 장 동무를 흘깃거렸다.

"장 형, 인사드리지. 우리 면당 지도위원 동무셔."
"그려요? 저는 장이규라고 허는데요, 여기 국민학교를 나온……"
"인민학교 말입네까? 교명부터 고쳐야 하갔쉬다."
"예. 엊그제사 고향에 돌아와서요……"

지도위원 동무는 기름하게 누른 얼굴을 내게 돌려
교과서를 하루빨리 다 몰수하는 대로
군 인위에 운송·보고를 서두르라고 했다.
어제는 와서 군당群党 주최의 문화선전교습회가 있다며
여맹원女盟員들과 함께 나도 가야 한다고 지시했었다.
이내 돌아서서 걸어 나가는데

---

⑧ 국민학교 1년 선배로서, 저마다 졸업식 때는 그도 나도 '도지사상'을 받았기에 서로가 좀더 가까워졌고 '6·25' 당시 그는 고려대학에 재학중이었다.

뜰가의 녹음에서 매미 울음이 지지징 늘어졌다.

"지시는 무엇이든지 지도위원 동무헌테서 직접 받게 되어?" 장 동무의 물음이다.
"음, 비밀이 샐 수 있는 장소나 시간 같은 건 딱 당혀서 직접 일일이 알려 주지만……"
"허기사 그려. 제공권이 뺏기고 있은게."

이튿날 새벽에 나는 30리 길을 걸어서 교습회에 나갔다.
한데 공작대원의 첫강의가 끝나고 쉬는 참이다.
2층 복도에서 수수밭을 바라보며 담배를 피우는데
느닷없이 비행기 소리가 다우쳐 들더니 쾅! 때려 울렸다.
우리 교실 쪽에서 사람들이 우르르 쏟아져 나와
나를 빨아들인 한 덩어리로 계단 쪽을 향해 내달았다.

허겁지겁 어디로 얼마나 뛰었는지 모른다.
우거진 콩밭머리 묘지에 이르러 내 혼자 한숨 돌리고
제트기 소리가 사라져 버린 후에
교습회가 열린 김제국민학교를 다시 찾아 들었다.
우리들의 그 2층 교실부터 올라가 보니
내 앉았던 바로 옆에 함지박 넓이의 구멍이 펑 뚫렸다.
기울어진 책상, 내 책가방은 없다, 짓날라 버린 모양이다.

우리네 교실 아래에는 여맹원들이었는데

포탄 구멍 가에 피 묻은 흰 고무신짝이 달랑 히나만 남았다.
학교 운동장에는 누구 하나 얼씬거리지 않고
어디 멀리에서 폭탄 터지는 소리만 감감히 들렸다.
미군의 첩보망은 정확히 때리기에 ⑨'문패비행기'라던가?

9. 두 철을 줄곧 숨어 살다

이따금씩 나는 뜻을 같이한 정원호보다도
깊이 사귀다 등돌린 황학규 얼굴이 더 떠오르곤 했다.
어디에 숨은 문구멍으로 제트기를 내다보며
고소해 할 그의 얼굴도 얼핏거렸지만
어찌 윤길례의 기억은 휑해지곤 하면서
한더위 물러난 빛그늘에 풀벌레 우는 소리가 높아져 갔다.

여름 내내 '밀어붙이고 있다'는 낙동강 전선이
분명 크게 흔들리고 있으리라는 짐작만인데
군산상륙작전을 할 모양이라는 수군거림이다.
누구나 대놓고 말은 하지 않지만

---

⑨ 북측에서 나도는 말로서, 문패 보고 알아 내듯이 꼭 찍어 때린대서 붙여진 제트기의 별명이란다.

숨겨진 불안스러움이 눈빛들에 어리기 시작했다.

하루는 정치보위부장과 민청위원장이 인위 창고로 가서
몰수해 놓은 의류·물품 등을 살펴보고 돌아갔다.
이때 전선은 엉뚱하게 인천 상륙으로 목이 눌린 셈인가?
이른바 '9·28'을 맞고서 몰수 옷가지는 나누어졌다.
검정 세비로 윗도리를 얻어입은 나는 인위 간부들과 함께
어느 산속에서 한 사흘 모여 지내다가
숙부의 말씀대로 나는 지장동 누님네 집으로 숨어 들었다.
내 처음은 대청 마루 밑 ⑩토굴 속에서,
추워진 뒤에는 방에서 숨어 살았는데
어린 ⑪조카놈이 나를 보고는 반기며
우리 외삼촌 왔다고 자꾸만 소리치던 것이어서
누님이 그만 뛰어들어 쉬쉬 손을 내저어대니
놈은 나에게 쪼르르 다가들어
배꼽 아래 두 손을 포개고 깍듯이 절을 한다.
내 그만 하하 웃음이 나오고 말았다.

한데 누님은 시부모 모신 터라서
죄스런 주눅이 들 수밖에 없었을 것이지만
꼬리가 길면 밟힌다더니

⑩ 이웃 사람들에게 눈치채지 않도록, 매형과 내가 한밤중에만 파낸 굴이다.
⑪ 이 조카 김영규는 이젠 쉰여섯인데, 퇴직 공무원(시청 과장급)으로서, 어찌 나처럼 번대머리가 되고 있다.

이 집 건달 사위한테 눈치채게 되고 만 것이다.

처가에 자주 드나들며 잇속을 챙기던 그는 어느 날 저녁에
장인·장모에게부터 겁을 준 모양이다.
빨갱이 숨겼다가 들통나면 온 식구를 잡아들인다며
영규 외삼촌(나)의 친척집을 뒤진다는 소식 들었다고도 했다.
이에 누님 내외는 눈을 휘둥그리며 어찌할 바를 몰랐다.

"지어낸 말일지 모르지만, 영규 고모부가 눈치챈 것이 탈이여. 까딱하면 밀고할 수도 있은게."

이렇게 말한 내 매형은 장본인이 당신의 매형인데도
진작부터 그의 사람됨을 알고 있기에 걱정이 컸던 것 같다.
내 스스로 결단을 내릴 수밖에 없는 일이구나 싶어
이 날 밤에 나는 큰누님네 집으로 10여 리 어둠길을 걸었다.
개가 없는 집이라서 찍소리없이 담장을 넘을 수 있었고
방문 앞에서 큰누님 내외를 놀라게 했다.

이 집은 10여 명의 대식구인데다 출입객도 많아서
낮에는 벽장 속에서만 박혀 지내야 했다.
끼니때와 잠잘 때만 방으로 내려오곤 했는데
한 사흘 지난 해질 무렵이다.
누님이 허둥허둥 방에 들어와서 벽장 문을 열더니
총을 맨 사람들이 대문 밖에서 얼씬거린다고 숨을 죽였다.

큰 벽장인 만큼 깊은 구석 모기장을 둘러쓰고 있노라니
구두 발걸음 소리에 이어 건넌방 문들을 여닫는 소리
무어라곤가 웅얼대는 소리와 이쪽 방문 여는 소리!
그리고는 내 웅크린 벽장의 밀창문이 드르륵 열리는 소리!
한데 그냥 돌아서 버리는 게 아닌가!
햇빛에 익은 눈이라서 깜깜 먹통이 된 모양이다.

얼마 후 분명 물러나 버렸구나 한숨을 돌리자니
다시 구두 발걸음 소리와 매형의 목소리가 다가왔다.
건넌방 마루 끝에 걸터앉은 듯 주고받는 말소리가 들린다.

"최형이가 이 집에 와 있다는 제보가 들어왔어요. 어디에 숨겨 준 거요?"
"숨겨 주다니요? 그런 일 없소! 뒤져 보면 알 것 아니오?"

누구보다 배짱 좋은 매형의 다글다글 걸쩍한 목소리다.
어쩌면 이미 다 알고 묻는 말이려니 싫었을 것인데도
어디에서 저런 담력이 나올까 놀랍다.

"괜히 그러지 마시고 사실대로 말해요. 처남이 된다니까, 자수하는 걸로 해 줄 수도 있습니다."
"내 처남이 한번 우리 집 온 일은 있죠……. 자, 밖으로 나가서 조용히 자수 문제나 상의해 봅시다."

이내 그들이 나가는 발걸음 소리가 사라졌을 때다.
이 기회다! 싶은 나는 벽장 안의 내 신발을 신고
집 뒤의 담장을 넘어 숲 언덕 쪽으로 내달았다.
내 매형이 나한테 달아날 틈을 준 것인지도 모르지만
놈들의 '자수' 꾐수에 불어 버릴지도 몰랐기 때문이다.

숲 속에서 어두워지기를 기다려 고모네 집으로 향했다.
깜깜한 들길·숲길로만 40여 리를 걷자니
물웅덩이에 풍덩 빠지기도 해서 발이 시려 왔지만
어디 경비대의 움막이 불거질까봐 조마거렸다.

새멸 고모네 집안은 인공 때 기죽어 지낸 '우익'이기에
숨어 있기에는 눈치 보이는 대로 좀 자유로웠다.
막내 숙부가 이미 신세지고 있는 터였는데
둘이나 공밥을 먹고 지내자니 염치가 없었다.

10. 밤길의 아지트는? 다시 입산入山 길

한겨울이 되자 중공군이 밀어닥치고
전선은 다시 밀치락달치락거렸다.

한밤의 '지서 습격'도 퉁겨지는 터라서
고모부와 내사촌형은 대창을 방안에 세워 둘 뿐더러
사나운 셰퍼드를 두 마리나 기르고 있었다.
누구들처럼 '파리목숨'이 되지 않겠다는 대비책이다.

서울을 되찾은 '1·4진격'이 있게 될 무렵
내 고향 이웃 마을의 ⑫무당이 미역장수 시늉으로 와서
나에게 쪽지를 건네주고 사라졌다.
'내일 밤 아지트를 거쳐서 입산하라'는 비밀 지령이다.

이튿날 밤 막내 숙부와 함께 발소리를 죽여
고모네 집을 빠져 나왔다.
무엇보다 경비 참호 움막을 피하자니
산언덕 솔밭길로만 걸어야 했다.
어제 내내 눈이 와서
어둠길을 허연 눈빛만으로 더듬어 나갔다.
눈구덩이에 빠지기 일쑤였고
산꿩이 푸드득 놀라 주기도 했지만
어디 먼 기관총 소리가 울릴 때면
새삼 방향을 북극성으로 헤아려 본다.
산길을 벗어나 눈 덮인 들을 질러 가다가
둠벙에 풍덩 헛디디고 나니

----

⑫ 면 인위 부위원장의 부인인데, '선(線)'을 대어 주는 연락책임을 맡고 있었다.

젖어 나온 발은 시리다 못해 아렸다.

    '새 후일에 살아야 한대서
    외나무 조각달로
    숨을 죽이며 가는 것이다.'

이는 훗날에 쓴 시 〈꿈〉의 첫련이다.
한밤의 30리 길을 어둑어둑한 새벽녘에
우리 이웃 마을 용전 아지트에 이르렀다.
여기는 인위 부위원장네 집 부엌 구석에
그의 아들 절름발이가 파 놓은 토굴인데
입산자에게 선을 이어주는 은신처가 되고 있었다.

좁은 네모의 굴문답지 않게 널따란 바닥에는 짚을 깔고
서로가 먹장 속에서 수군거리다가
굴문 쪽 버스럭 소리에 이어
두레박에 끼니가 내려오면 호롱불을 밝힌다.

언제나 반찬은 투가리 김치뿐인데도
서로들 우적우적 그토록 당기는 밥맛일 수가 없다.
부엌 연기 속에서는 담배도 즐길 수 있지만
내 들어간 이 날 낮에는 개 짖는 소리에 귀를 기울여 보니
발걸음 묵직한 구둣발이다.

"헨죠카 소리 같어, 개놈새기뜰으……?"
"쉿!……?"
"영감탱이, 왔지?"
"아이고 무신 애민 말씀을……, 허참! 지발 쌩사람 잡지 마시기라우."
"숭포 떨지 마, 이 할망구! 어따 처박어 놨어?"
"죄로 갈 말씀 마시기라우! 참말이지, 개미새끼도 얼씬 안혔다요."
"아이 내워라! 빌어먹을 에펜네, 무슨 쌩불을 처때고 있어?"
"미안허라우. 머리 깜을라고 물 좀 디느만이라우."
"할망구가 무슨 머리 단장이여? 박적쪼가리나 동당거릴 일이지."
"인자 무당질도 못혀 먹겄으라우. 빨갱이 집 에펜네라고 따돌리는 통에…… 오직혀야 미역 장사 허겄으라우? 아들놈 하나 있는 것은 다리 빙신이고."
"어디 갔어, 아들놈?"
"저쪽 모퉁이서 나래 엮느만이라우."

간덩이 큰 너스레에 물러가는 웅성거림
개 짖는 소리도 그쳐 버렸다.
오늘 밤 산길을 타려면 낮잠을 자 두어야 한다지만
웅크려 누워 보아도 쉬 잠이 올 것 같지 않은데
산에서 온 김 동무와 이웃 마을 최 동무도 담배만 뻐끔거렸다.

오래 쫓기며 숨어 살다 보니 수군대고 두리번거리는
괜히 주눅드는 버릇이 되어 버린 시늉이다.
모두가 그냥 말이 없었다.

어찌어찌 잠든 눈이 떠졌을 때는 저녁밥이 내려왔다.

우리는 늦은 밤을 기다려 굴 밖으로 나와서
이 집 아들한테 건네받은 죽창을 하나씩 나눠 들고
눈길이라 신발에는 새끼줄을 동여매었다.
산에서 온 김 동무 따라 들길 산길을 한 줄로 늘어서 간다.

놈들의 '지킬목'을 비켜 걷자면
마을과는 되도록 먼 길을 걸어야 했는데
어전리 앞 산골짜기를 지나 싸리재에 이르렀을 때
기다리고 있던 세 동무 중에는
내 아는 중학생도 하나 따라붙었다.
둘은 역시 죽창을 들었지만
털모자 쓴 하나는 웬 칼을 가졌고
김 동무처럼 이번의 인솔 책임자인 듯했다.

휘엇휘엇 깊어진 산골짝 눈길
대창으로 더듬어 눈구덩이를 비켜 가자니
숨이 차고 이마에 땀이 난다.
서너 시간을 걸었을까? 정읍군 산외면이라고 했다.

"담배 한 대 태우고 가자고."
"그려, 좀 쉬고 가자."

어디 멀리에서 비행기 소리가 울렸기에
모두들 산비탈에 쪼그리고 앉아서
담배 불빛은 손바닥 가림으로 수군거리기만 한다.
우리 면당이 자리한 댓골은 재너머이고
거기서 산길 5리쯤에는 군당과 시당이란다.
도당은 더 깊숙한 가맛골이라고 털모자가 일러 주었다.

고갯마루에 올라서니 건너편 산에 그믐달이 돋아 오르고
눈 덮인 산밑 마을이 그냥 허연데
어디에서 느닷없이 적막을 찢어 왔다.

"누구야?"
"독수리16!"

군호를 댄 김 동무를 선두로 조금 걸어 나가니
두두룩한 움막 구멍이 다가들었다.

"조직책 김수동입니다!"
"수고!"

눈길이 미끄러운 마을에서도 야경꾼과 마주쳤지만
탈없이 면당 본부에 찾아 들었다.
여러 어른과 함께 당위원장이 반기신다.

"수고들 많었네! 새로 온 동문들은 배정받게 되는 곳으로 가서 쉬
게. 안내는 김 동무와 신 동무가 맡고. 알었는가?"
"예! 그리 허겄습니다!"

11. 두메산골의 산생활, '해방구'에서 본 시체

이튿날 신발을 신은 채로 잠자리에서 일어난 나는
한 방에 7·8명이 비집고 누워 있는 것을 두리번거리는데
이미 일어난 송영래 어른이 벽에 기대앉아서
고개운동을 하다가 덜럼하니 뾰족한 코를 킁킁거린다.
일찍부터 알려진 사회주의자로 어른 대접을 받는 터이고
여기서는 최고령자이시기도 하다.

수염을 기른 인위人委 위원장이 부스스 일어나시더니
잎담배를 꺼내며 부석한 눈으로 나를 건너다보신다.

"더 좀 자지 그려. 어젯밤 오느라고 심들었을 턴디……."
"아닙니다. 세수는 어디서 허는가요?"
"동네 시암이 있긴 허지만, 모다들 냇물에서 허지."

일러준 대로 마을 옆의 개울로 나가
얼음을 깨고 맹물 손가락 양치질을 하는데
한 동무는 손가락에 감긴 지푸라기로 이를 닦았다.

어느 집에선가는 재봉틀 소리도 들려온다.
한 대만이 아니다. 멀리에서도 트르릉거렸다.
입산한 여맹원女盟員들이 군관들의 옷을 만드는 것이란다.
도당 가맛골에서는 박격포와 수류탄도 만들어 낸다고 했다.
이래서 '해방구'인 셈인가?
어찌 안 보이는 온도표 ⑬형제는? 시당에 있을까?
두드러진 열성이라서 도당에 갔을지도 모르거니 싶었다.
큰 배경의 부역자는 뒤바뀐 세상에 피하지 않고도
살아남을 수 있다는 것은 훗날에야 알게 된다.

한때 빼앗겼던 평양과 원산도 되찾았다는 소식이다.
새 희망에 부풀기 시작한 가슴들은 기운차지고
조와 수수의 잡곡밥에 산나물·김치쪽만으로도
젊은이는 걸신나게 구미를 돋운다.

내가 배정받은 방에는 최영관 아제와
인위 간부들 중의 숙부와도 함께였는데

---

⑬ 한때 같이 계몽대를 만든 온도표의 장형 온도생을 기리킨다. 그는 인공 때 분주소
장을 하다가 '9·28'을 맞았다. '악질(?) 치안대'(2인방 장현국과 함께)라고 소문난
최부열과는 내종간이다.

우리 젊은 축은 낮이면 산에 나무하러 가거나
집에서 장작 톱질·도끼질을 하기도 했다.
이따금씩 ⑭'사업'하러 나설 때는 겁없는 체했지만
제 차례 늦어지기를 바라는 눈치들, 나부터가 그랬다.
얼마 전 1월 4일의 서울 탈환에 이어
전선이 남쪽으로 죄어들수록
이곳 해방구에 대한 군·경들의 설침도 심해져 갔다.

한번은 그들의 합동작전에 쫓긴 우리가 딴 마을로 가서
빈 집의 군불 나무를 하러 산에 간 일이 있다.
춥고 흐린 오후의 산골짝 긴 들 위에는
까마귀 떼가 까옥거리며 휘돌아 날았다.

우리와 함께 입산한 중학생이 앞장서 숲으로 접어들다가
어찌 질겁을 하고 내달았다.
내 주춤 서 버리고 살펴보니
핏덩이 같은 것이 황토 밖으로 드러나 있는…… 시체였다.
비죽비죽 나온 피투성이 옷헝겊이 얼어붙었는데
곁에는 손목이 하나 내밀었다.
손바닥은 허공을 향해 앙당그레 오므린
털 많은 손등인 것이 문득 내 고모의 시숙을 떠오르게 했다.
고모부와는 달리 덕성스러운 사돈어른이시고

---

⑭ 밤에 반동들 집을 털어서 식량 조달을 하는 일인데, 때로는 소를 끌어 오기도 하고, 악질 반동을 끌어 내어 처형하기도 한다.

한 집에서 옛날 함께 기숙한 바 있는 여고생의 아버지시다.

뒤따라온 털모자 신생호가 그 손목을 툭툭 차며 종알거린다.

"엊그제 깠다는 개놈 아녀?"
"글씨말여……, 여시가 파 논 것맨키로……."
누군가 뜨아한 목안말로 받았다.
모두 둘러서서 구경스러워하는데
웬 난데없는 기관총 소리다!
생호는 눈이 올롱해져 맞은편 산을 살펴본다.

"개놈들이 또……?"
"으흥! 지 목숨은 아까운 모양이지?"
"머라는 기여? 뉘더러?"
"……."

내 얼굴을 생호에게로 돌려
'니더러!', 하려던 것을 꿀꺽 삼켰을 뿐이다.
오랜 후일 나는 서사시 〈푸른 겨울〉에서
이 장면에 김하영이라는 인물을 등장시켜
극적인 픽션으로 꾸몄음을 밝힌다.
어떻든 내가 입산 생활에서 처음으로 느낀
책상물림의 갈등과 회의였음이 되새겨진다.

12. 사위의 죽음, '붉은 마후라'의 사나 이, 고깔봉 채광굴에서

내 70평생에서 죽음에 이번처럼 비통한 적은 없다.
어머니의 임종도 오랜 애조림 끝의 예상된 것이었고
내 자식의 사경에서도 한가닥 빛이 어린 통절이었지만
이번 사위 죽음은 느닷없이 통째로 덮쳐 든 것이다.

하기는 얼마 전에 딸과 외손주한테서
제 아빠가 술독에 빠졌다는 전화를 받고
어찌 불길한 예감이 들기는 했었다.

"아빠 회삿방에 술병이 두 개나 비어 있어."
"일이 잘 안 풀린다고 어디 그럴 수가 있어!"

이렇게 외손녀의 말에 제 어미도 한마디 보태기에
이런 때일수록 힘내게 하는 것은 아내의 몫이라면서
어서 다시 남편을 찾아가라고 내 역정을 내었다.

큰아들에게 전부 주기로 한 전주 집 대지를
딸·사위에게도 '내 집 마련'의 터전을 떼어 주려고
큰아들을 불러들였다가 날벼락 소식을 듣게 된 것이다.

"어차피 아시게 될 테니까 말씀드리겠는데요, 매형이… 죽었어요."
"엉? 매형이라니? 내 매형 말이냐?"
"저희들 매형이……."
"머여! 윤 서방이!"

익산 우석장례식장으로 달리는 아들 승용차 안에서
내 허퉁함을 신음으로 토해 내곤 했다.
공고 출신답게 솜씨가 뛰어나서
내 새 살림의 잔일 중에 그의 손길 안 간 것이 거의 없다.
아니 이럴 수가! 그토록 아낀 외동딸 두고 가 버리다니!

숨 거둔 얼굴이나마 보려고
도착하자마자 시체실부터 찾으니
기다려야 한다고 상주인 사돈(망인의 형)이 얼버무린다.
외손녀 정현이가 안 보였다.
어린아이에게 죽은 아빠의 얼굴 안 보이려고
제 엄마랑 전주 셋방에 그대로 있다고 했다.

한 시간이 넘도록 기다리다가 겨우 보게 된 사위 얼굴은
거무스레하니 평소 그대로다.
숨을 못 쉬게 입을 솜으로 막은 형국인 대로
이마와 볼은 겨울 대리석처럼 차가웠다.

이 날 밤 집에 돌아온 나는 신음 소리를 토해지곤 했다.

버거스병(동맥경화증)에 손가락이 아렸기 때문이기도 하다.
이튿날 병원을 가게 되어 한 보름 후에 퇴원했지만
정현이 목소리라도 듣고 싶어져
입원중에 전화를 걸었을 때 내 딸은 그냥 울기만 했다.
'내 새끼 가족주의'를 내가 껄끄러워해 온 벌이 아닐까 싶다.

어찌 문득 입산 생활할 때의 한 사나이가 떠오르기도 했다.
이름은 잊었지만 붉은 머플러를 두른 지도원이었는데
키가 늘씬하고 광대뼈 내민 얼굴이었다.
어느 입산자가 여성 동무에게 지분거리다 덮치는 것을 보고
그는 눈 하나 까딱 않고 총살해 버렸다는 소문이 나돌았다.

이를 나는 서사시 〈푸른 겨울〉에서 '한중걸'로 등장시켜
걸출 인물이 되게 꾸며 보았는데
어쨌든 우리가 하산 지령을 받고 총회수에 항명했다가
그는 군관한테 총살되었다는 말을 내 듣고는
더 한번의 충격이기도 했다.

한때 평택까지 밀고 온 중공군의 인해 전술로도
전선은 38선에 되밀릴 무렵이었던 것으로 기억된다.
군관을 비롯한 무장 부대는 깊은 산골짝에 작전을 편다고
우리에게는 총도 없이 내려가 지하투쟁을 하라니
모두들 말은 않았지만 절망적 반항심이 꿈틀거리며
내 환멸의 그늘도 깊어져 갔다.

군·경·민 합동 소탕 작전에
우리는 지하투쟁을 할 엄두도 못 내고
어떻게 살아남느냐는 궁리에 쫓기면서
오봉리 고깔봉 채광굴에 숨어들었는데
나 역시 면당 간부들과 함께 여럿이 굴 생활을 하게 되었다.

"흰 쌀밥 한번 먹고, 요대기 깔고 한번 자다가 죽으면 원이 없겠구만."
"갖고 온 서속·수수도 메칠 안 가서 떨어질 텅게 큰일이고만! 사업 나갈 제제도 못 되고……"

작은 눈이 더 폭 꺼진 송영래 어른의 말을
빨강코의 인위 부위원장이 받았다.
한곳에 여럿이 숨어 살기란 그 수효가 많을수록
들킬 확률도 높을 수밖에 없어 흩어져야 했고
깊숙한 그 채광굴에는 간부급만이 남게 되었다.

13. 내 다시 토굴 속으로

내가 숨어 든 곳은 우산리 이정식이네 토담집이다.
우리 집 작은 머슴인 정식이는 나와 동갑내기라서

서로가 스스럼없이 어울릴 수 있었을 뿐더러
그 집 뜰 가의 짚벼눌 밑 고구마 굴이 떠올랐기 때문이다.

이 굴을 그가 다시 ㄴ자로 한참 파들어 갔고
나는 그의 뒤에서 파 낸 흙을 처리하고 있는데
웬 구멍이 펑 뚫리면서 메케한 곰팡내가 풍겨 왔다.
구멍 안쪽을 호롱불로 살피던 그는 흠칫 놀라며 물러났다.

"이것 참!"
"뭣이간데?"
"한번 볼라는가?"

건네받은 호롱불부터 구멍 안에 디밀고 들여다보니
해골이다. 입·코와 눈구멍이 펑 뚫렸고
어깨와 팔다리도 큰 뼈만이 남았을 뿐이다.
여기 황토밭 언덕은 옛날 묘지였던 셈이다.

"이것 참 어떻게 헌다?"
"어떻게 허긴? 구멍을 막고, 그대로 조금만 더 파 나가면 되겠구만.
다행히 굴 옆벽 구멍인게 말여."
"자네 무섭지도 안혀? 해골박이랑 함께 있는 것이?"
"내 걱정 말어. 사람도 죽으면 그냥 뼈다귀인 것뿐인게."

내가 학교 공부로 머리 굵어지면서부터

귀신은 곧 미신이라고 믿어 온 터이고 보니
기분은 좀 언짢았지만 무서운 느낌은 도통 없었다.
어쩌면 생사를 건 은신이었기 때문인지도 모른다.
무덤 구멍을 냄새가 안 나게 흙을 이겨서 막고
해골과 엇비스듬하게 누워서 밤낮을 함께 지냈다.

내 밥은 한꺼번에 저녁에만 넣어 주었는데
내가 밤중에나 굴 밖을 나가서 뒤를 보도록 버릇들이며
한 열흘이 지났을 때다.
모처럼 정식이가 밥을 내려주고 굴에 들어왔다.
고깔봉 채광굴에 숨은 면당 간부들이 잡혔다는 것이다!

"귀동양반(내 숙부)도 거기서 여러 사람과 함께 잽혔는디, 어즈끄
말이네, 김제 경찰서로 넹겨졌대여."
"내일 아침 우리 집 가기 전에 내게 좀 들려. 우리 할아부지께 편지
써 놀 텅게. 꼭 좀 들려. 부탁허네!"

우리 논밭을 헐값에라도 서둘러 팔아서
목돈 챙겨가지고 새멀 고모부를 찾아가
매달릴 수밖에 없다는 내용의 편지를
내 간곡히 할아버지께 적어 올렸다.
이남 정권은 난리통일수록 돈이 판쳤기 때문이다.
김제경찰서에는 고모부 조카사위가 있었다.

이 편지를 전한 정식이가 다시 알려 준 소식은
논밭이 쉬 팔릴 것 같지 않아서
식구들의 걱정은 이만저만이 아니고
전선이 더 한번 크게 밀치락거린다는 소문이란다.
무엇보다는 이자들의 빨갱이 수색전이 더욱 극성이니
새로 숨을 곳의 작업을 시작해야 한다고도 했다.

이 토담집 골방 구들에 굴을 팠는데
정식이 형제가, 더러는 그들의 아버지도 나도 거들으며
우리는 사흘 밤을 헐떡거렸다.
굴파기가 끝나고는 본디대로 구들을 놓기에 앞서
굴바닥 구석에는 뒤를 볼 항아리를 묻고
굴속에서만 견딜 채비를 하자니
짚을 깐 바닥에 우리 집 담요도 펴지고
책과 펜이랑 호롱불도 갖추어졌다.

내 숨통은 모퉁이 ⑮'토방 굴뚝'으로 뚫어
하루의 끼니가 저녁에만 그 굴뚝으로부터 디밀어진다.
이것들은 작대기 끝에 매달려 들어오거나 나가기에
되도록 바가지통이어야 하는 셈이다.

산언덕 길 너머 우리 집 소식은 정식이한테서 듣게 되고

---

⑮ 이제는 산골에서도 볼 수 없는 굴뚝이지만, 당시에는 구들방 고래보다 조금 높직한 토방 끝으로 뚫어 놓은 연기 구멍인데, 옛 시골 초가에는 흔했던 굴뚝이다.

되읽고 싶은 작품도 챙겨 읽을 수 있어
처음은 이거 웬 호강이냐도 싶었다.
이는 겨울 냉방의 자취 생활을 해보았기 때문일 터이다.

한데 논밭이 쉬 팔리지 않는다는 소식에
숙부의 생사가 문득문득 박혀 들고
전쟁은 오래 끌 것 같아 내 머리를 움켜쥐게 되곤 했다.

한꺼번에 세 끼니의 밥통을 디밀어 줄 때면
누가 들을세라 숨 죽인 말소리만으로도
전황은 밀고 오는 것인지 밀리는 소문인지 짐작이 간다.
시무룩히 뚱한 목소리가 잦아져 가더니
밥통 넣어 주는 날짜조차 건너뛰기도 했다.
이틀만의 찬밥을 우적거리자면
거꾸로 매달려 살아도 이승이 낫다는
속담이 생각나 한숨겨워진다.

어느덧 굴뚝 밖의 어딘가에서는 종달새가 운다.
굴벽에서 연기가 새는 곳을
넣어 준 진흙으로 메워 놓은 거기에도
풀이 파릇하게 돋아 있는 것이다!

되읽게 된 〈부활〉의 첫머리에 톨스토이는 말한다.
하고많은 인간이 수풀을 깡그리 쓰러눕힐지라도

새와 짐승을 모조리 쫓아 버릴지라도
거기에 반석을 깔아 석탄 · 석유 연기를 아무리 뿜어낼지라도
봄은 역시 봄이라는 것이다.

오늘 이 나라에 그가 살고 있다면,
한갓 서민으로서 살고 있다면
무엇을 말하고 어떻게 행동할까?
끝내 신앙적이었을까?
한 가지 분명한 것은 죽음 앞에 내 모양새가 아닐 터라서
내 굴욕스러움이 더 비참해졌던 기억이다.

호롱불 불빛으로 굴벽에 어린 옆얼굴 그림자
불거진 광대뼈와 더부룩 머리통이 거지꼴 그대로다.
하지만 나가서 맞아 죽느니
굴 벌레로 죽을 때까지 굼틀거리고 싶었다.

굴속의 기온이 높아져 똥항아리 뚜껑 새로
기어 나온 구더기와 굴바닥 볏짚 벌레를
내 손으로 잡아 병에다 주워 넣어도 넣어도
잠잘 때는 오버를 꼭꼭 둘러써야 한다.
코와 귓구멍에 스멀스멀 기어드는 꿈을 꾸다가
내 그만 소스라쳐 벌떡 일어나서는 밤을 새웠다.
구더기는 어느덧 파리가 되어 횡 날아들고
볏짚 벌레는 멸구가 되어 소리없이 날고 있을 무렵이다.

굴뚝 구멍 너머로 어디 먼 개구리 울음이 수선스러워지고
뻐꾸기 목청은 더 한스러이 늘어지는데
수수깡 울타리의 둔덕이 온통 푸르렀다.

울안의 감자밭을 매던 정식이 어머니가 총 소리에
이날따라 한숨을 땅이 꺼지게 뿜어 낸다.
이른바 '국민병 사냥'을 하는 공포 소리라고 들었다.

내 숨통 굴뚝을 정식이가 들여다본 지는 열흘이 넘었다.
이틀 만의 숭늉이 사흘거리가 된 지도 오래다.
하기는 반년이 넘었다.
무엇보다는 구린 항아리가 이제 찰 대로 차 버렸다.
내 그만 나가야 한다!

문득 좁아지는 굴속에 하루 해가 한결 더 지루한데
드디어 끼니를 들이미는 진안이가 왔을 때다.

"니 성 오지 않았냐, 우리 집서?
"요새는 통 오지 않어라우. 사랑방서 자는지……."
"니 아부지더러 방독 뜯어 달라고 혀. 부탁헌다. 오늘 밤 말이다.
우리 집도 좀 다녀와라. 내 집으로 가겄다고."

무덤 속처럼 괴괴한 세월 속에서
손때 묻은 책들과 태워 없앨 종이 글발들을 챙겨 놓고 보니

기다리는 마음은 타도록 조마거렸다.

마침내 드르륵! 투두둑! 소리 속에서 구들이 뜯겨졌다.
손이 손에 잡혀 끌어 올려졌을 때는
서로가 깊은 한숨만을 몰아 쉬며 헐떡였다.

"고 고생 많으셨지?"
"볼 염치가 없습니다······."

14. 뒷광과 골방 속의 세월, 조부께서 떠나시다

우리 집 쪽 산언덕 길의 달빛 보리밭에 후들후들 이르자니
눈 앞이 휘우뚱하여 털썩 주저앉아 버렸다.
숨 막히도록 휘영청 누우런 보리밭인 것을!
눈바람 속 앙상했던 가죽나무들도 이제 검푸른 녹음이다.
저만치 웅덩이에서 맹꽁이가 울고
산언덕 아래서는 개구리 울음이 홍수처럼 아우성인가?

숨을 헐떡이며 어찌어찌 집에 이르런 호롱불 앞에서

어머니는 울었다. 내 손을 잡고 소리 죽여 울었다.

"이게 꼴이……! 눈만 감으면 꼭 무엇맨키 으흑!"

집에 돌아와서 어머니의 정성에 얼마 후에는
새 기운이 뻗치는가 했더니
오히려 점점 잠 못 이루는 낮과 밤을
흐물흐물 무너져 내리는 시늉으로 땀을 흘렸다.

뒤 모퉁이 광 속에서 하루 낮을 허깨비처럼 어정대다가
어디에서 총소리 나거나 개 이름 '워리'를 부르면
광 구석 항아리 틈새로 허둥거린다.
'워리' 소리는 곧 '경찰 왔다'는 우리끼리의 암호였기 때문이다.
밤에는 방에 들어와 잠을 자자니
식구들도 피 말리는 불안에 떨게 되어
내 신경은 밤낮없이 곤두서 버린다.

한번은 한낮에 방안에서 지내다가
어머니의 '워리' 소리에 그만 장롱 틈새에 박혀 들었는데
긴 시간이 지나도
어머니는 여느 때처럼 나타나지 않으셨다.
무슨 볼일이 있고서야 방에 들어오신 어머니
내 이름을 소리 죽여 부르는 게 아닌가?
장롱 틈새에서 둘러쓴 모기장을 걷어 내며 얼굴을 내미니

어머니는 의아스러운 눈을 휘둥그린다.

"니 웬일로 거그서?"
"웬일이라니? 놈들 인제사 갔어? 개 이름 부르드니……?"
"머라고? 나 그런 일 없는디?"

불끈해져버린 나는 방문을 쾅 열어젖히고
등잔이고 요강이고 할 것 없이 마당에 내동댕이쳤다.
아이고오! 가슴 미어지는 어머니의 비명에 이어
부엌에 있던 누이동생이 쫓아 들더니 방문부터 닫아 주었다.
허옇게 놀란 어머니가 속울음으로 부들거린다.
"내가 죽을라고 귀신 씌었는가 부다. 쉰밥 개 줄라고 개를 불러
놓고도 그냥 깜빡혀부렸은게……. 이 에미년 노망기가 니 헛고상
시켰지만, 지발 참어라…… 참어라…… 내가 잘못했다……."

이런 일이 있고 나서 우두커니가 되어 버린 나는
처음으로 '자살'을 곱씹어 보곤 했다.
그리고 목을 매는 올가미를 떠올렸다.

어느 날 한낮에 집이 텅 비게 되었을 때
이미 마련한 광목 올가미를 들고
잿간으로 뛰어 들어 대들보에 그것을 매어 내렸다.
한데 문득 '흰 뱀'이 굼틀대는 게 아닌가?
저 뱀에 내 목을 매단다? 아니다!

죽어도 한번 햇빛이나 실컷 쐬어 볼 일이다!
내 올가미를 와락 끌어 내려 똥통에다 내동댕이쳤다.
눈부신 석류꽃 햇빛이 옛날 꼬마 시절처럼 빛나고 있었다.
하지만 이런 일 있고서 나는 절망의 시늉이 된다.
자살할 용기조차 없는 놈이라고 말이다.
제대로 먹지도 못하고 우두커니 앉아 있기 일쑤이곤 했다.
여러 달을 이발하지 못한 내 모양새도 어린이에게는
무서운 낮도깨비였던지, 벙어리 형관이는 얼씬조차 않는다.
무심결에 이쪽으로 오다가도 주춤 돌아서 버리곤 했다.

한번은 내가 뒷광 문을 열고 앉아 있을 때다.
어제 온 누님이 툇마루 끝에 걸터앉아 있는데
방을 나와 짜박거리던 젖먹이가 나를 말뚱히 건너다보더니
앙 울면서 되돌아 달아났다.
방에 들어가서도 겁먹은 울음을 다시 운다.

"엄마! 이와(이리 와)! 이와!"
"니가 이리 와. 아나 젖 주께……"
"무서(무서워)! 무서!"

제 엄마가 웃으며 아무리 꾀어도
놈은 오지 않고 말았다.
누님이 놈에게 준다고 복숭아를 깎을 때는
형관이가 누님에게로 서두르다가 주춤 서 버리더니

뒷광 가까이는 더 오지 못한다.
내가 손을 까불어 보이니까
놈은 부엌 안으로 숨어 버렸는데
문틀 틈새로 한쪽 눈만 빼꼼히 내밀곤 하다가
마침내 해글해글 웃는 것이다.
내 오랜만에, 참으로 오랜만에 벙글 웃음이 나왔다.

어둡게 깔아든 나날이 다시금 이어지는 동안에도
세상살이 고달픈 피붙이들 인정은 그래도 진해서
누님이 담배 장사를 시작하면서 내 담배를 챙겨 주고
우리 재봉틀이 팔린 돈으로 내 고기 반찬이 차려지기도 했다.
누이동생 치맛감을 뜨려고
어머니가 쌀을 감추는 것도
나는 보게 된다.
할아버지가 돌아가셨을 때는 울음도 나오지 않았다.
막내숙부네 집으로 옮겨 거기 골방에 박혀 있었다는 것만 밝힌다.

이렇게 봄이 두 번을 오가고 여름이 왔다.
뒷광 뒤 모퉁이에 웅크려 앉아 햇빛이나 듬뿍 쬐고 있느라니
수수깡 울타리에서 스르륵 소리와 함께 황구렁이다.
햇살 눈부시게 빛나는 놈이 나를 보고 혓바닥을 널름대며
느릿느릿 비켜 나간다.
저 구렁이만도 못한 놈이다.

15. 드디어 햇빛 길인가?, 햇볕 정책의 어제 오늘

어둠발을 기다려 어머니가 주신 미숫가루만 들고
솔밭 길 따라 더듬더듬
봉남 대송리의 임대택 형을 찾아갔다.
미리 알리지 못한 만큼 놀란 부부는 나와 함께 밤을 새웠고
이튿날은 이발사를 데려와서 내 더벅머리를 깎아 주었다.
이틀을 거기서 묵으며 내가 자수하기로 굳힌 것은
첫째는 햇빛 보면서 안 잡힐 수는 없었기 때문이었고
둘째는 자수가 곧 전향은 아닐 수도 있었기 때문이다.
친구는 이를 반대하는 이유로서
한번 자수하면 모든 게 헛고생이 된다는 것이며
두 해도 훨씬 넘게 버텨 온 바엔 기다리는 게 좋을 거라고
배부른 지조론을 내세우는 것이었다.

"임 형은 세상이 곧 뒤집어진다고 믿는 모양인데, 암튼 임 형이 입산 체험을 했다면, 그런 말헐 기백이 남지 않았을 거여. 사실 그려. 내가 망설여지는 건 자수했다가 국민병에 끌려가지 않을까 그게 걱정이지. 나 같은 사람은 독자 혜택도 없을 텅게 말여."
"허기사 요즘은 '국민병수첩'이 있어야 나댕길 수 있은게."
"'양민증'이 아니고?"

"물론 그것도 있어야 허지만…… 양민증은 도민증으로 바꿔졌어."
"어쨌거나 자수허기 전에 잡히기 말어야 헐 텐데……"

무엇보다는 임 형의 숙부(임호) 또한 일찍부터 수배자라 하니
언제 이 조카 집을 덮칠지도 모를 일이다.
새멸 사돈댁에는 이준원 선생 내외분이 와 계신다기에
이른 아침부터 나는 그리로 서둘렀다.

"내 자전거 타고 가라. 이 선생 혹시 학교 나가실지도 모른게."
"부역자로서 그냥 쉬시고 계신다메?"
"오래 됐은게 말여. 너 걸어 가기도 좀 힘들 게고, 가깝지만……"

하기는 수상쩍게 안 보이기 위해서도
자전거편이 좋았다.
이 선생께서는 당신의 동서 ⑯조 과장 덕에 자수할 것도 없이
복직의 날을 눈앞에 두고 계셨는데
내 '자수'를 반기시며 인공은 분명 실패작이라고 하셨다.

"벼 농사 현물세 수납에, 낟알을 시시콜콜 세다니? 민심이 확 돌아
설 수밖에……"
"공평한 징수려면 그게 되레 과학적이 아닐까요?"
"달리 과학적이래야지. 추곡 검사 등급을 3등급만이 아니라 더 좀

⑯ 조인걸 사찰과장으로서, 앞서 밝힌 내 숙부의 감형을 도와 준 사람이다.

세분화한다든지 해서……"

하지만 나대로의 좌절감을 토로할 심경도 아니어서
자수서의 양식을 묻고는
미리 생각해 둔 말을 몇 줄 적어가지고
김제경찰서 조인걸 과장을 자전거 끌고 찾아 나섰다.
이 선생 내외분은 나를 모정까지 배웅해 주셨다.

"자수하고는 고향에 가지 말고, 다시 한번 여기 들르게."
"녜, 그러겠습니다."

이 때만 해도 마을에는 전화 한 대 없어
조 과장은 처족의 부탁 한마디 없었는데도
친절하게 담배까지 권하며 내 자수서를 마무리해 주었다.

물러 나오자니 거뿐한 한숨이 내뿜어지는데
내 자신의 변절이 자꾸 곱씹어지기도 했다.
그렇다, 진짜 코뮤니스트는 아무것도 가진 것 없는
밑바닥 태생만이 될 수 있음을,
무슨 연줄이나 살 구멍 있는 자는 들쥐새끼 꼴임을
내 햇빛 보면서 무참히 되씹곤 했다.

이 글을 쓰는 오늘은 '6·25' 53주년이란다.
⑰'특검 수사' 마무리짓는 소리가 방송으로 울려댄다

'햇볕정책'의 대북 송금에 대한 진상 규명인데
이 정책으로 하여 '6·15남북공동선언'이던 것을
이제 와서 어쩌자는 위법 트집인가?
특검 수사 기한을 다시 연장하자는 야당과
더는 그럴 수 없다는 여당이 팽팽히 맞서고 있는 꼴이다.

미국의 부시 정권이 들어서면서부터
이 땅의 반공 세력도 후끈 달아 오르고
큰 주먹 제멋대로 '북핵' 압박을 몰아세우니
미국은 옛날이나 이제나 우리의 골칫거리가 아닐 수 없지만
되레 은인으로 믿는 동족도 적잖다는 데에 문제가 깊다.
오늘따라 어둡게 심란스러워진다.

16. 시골 친척 집에서, 숙부네 농사 거들기, 고향 집 가장이 되다

한동안은 고향 집에 돌아가 있을 처지가 못되어

---

⑰ 2000년 6월15일 남북정상회담 성사에 즈음하여 북쪽에 비밀 불법 송금한 경위와 액수(5억 불)에 대한 진상 규명으로서, 그 방법을 두고는 여야가 논란 끝에 '특별검사제수사'를 하기에 이르렀다.

이모네 집에서 머물렀다.
거기 이모는 내 자수하기 전에도 와 있기를 바랄 만큼
나에 대한 걱정이 유달랐기 때문이다.

5남매 자녀를 거느린 농가인데다 시어머니도 모셨는데
이모부는 각기병에 실성기조차 있어
살림은 키 크고 선들선들 억척스런 이모가 맡아서
내 동갑내기 장남과 같이 꾸려 가고 있었다.
매부리코에 다부진 체구의 이 아우는 인공 때
문화선전부 교습을 나와 함께 받은 부역자지만
자수 않고도 무탈할 수 있었음은 인척 국회의원 덕이란다.
일찍부터 내 소식 걱정한 모양으로
뒤늦게나마 찾아온 것을 무척 반겨 주었다.

온 식구가 다 그렇게 더 좀 눌러 있어라 붙잡을수록
더구나 두 살 아래 누이의 정성이 두드러질수록
하릴없는 공밥이 너무나 염치없어지던 차에
둘째 숙부가 고모네 마을로 이사했다는 소식이 왔다.
내 한 달 만에 숙부네 집으로 옮겨서
어영부영 이따금씩은 고향 집에도 들러 보았지만
언젠가처럼 총소리는 나지 않은 대로
찾아 든 순경이 내 행적을 확인하기 일쑤이곤 했다.
두려운 국민병 사냥은 아닌 것만이 다행이다 싶었다.

하기는 38선에서만 밀치락거리며
'휴전협정'의 고지高地 찾이에 피 몸부림치는 전선이고 보니
'뱃속 붉은 자'에게 총질 훈련을 시킬 생각은 없었을 것이다.
어쩌다 구해 보는 신문 보도에는 '휴전선' 긋는 문제인데
놀라운 것은 유엔(UN)군의 담판 상대가 오직 인민군이다.
되밀어 준 중공군이 아님에 후끈해진다.

하지만 이내 나는 좌절의 쓴웃음을 짓고
누구에게 모를 노여움이 굼틀거렸다.

기죽은 겨울과 꽃철이 시들하게 지나고
보리누름에는 숙부네 농사일을 거들어 허우적거리자니
고향 집에 남은 열두세 마지기 벼농사를
내가 한번 직접 지어 보고도 싶었지만
고향 생활은 휴전 뒤에야 숨통이 트일 것 같았다.

고향 논을 팔아서 새로 장만한 숙부네 논 열여섯 마지기에
숙부가 품앗이로 안간힘쓰시는 것을 보자니
내 꾀부릴 틈도 없이 ⑱'만도리' 일꾼 뒷마무리에 땀을 뺐다.
이런 저녁 그늘이 내 처음으로 몽땅 거뿐해지던 기억이다.
오늘 하룻일도 다 끝났다는 시원스러움이
매미 울음으로 울려 퍼지기도 했으니 말이다.

---

⑱ 벼 포기 둘레의 풀을 호미로 뒤엎는 마지막 흙손일인데, 제대로 뒤엎지 못한 풀은 발로 뭉개어 놓는다. 이 일은 대개 주인 측 몫이다.

이런 여름이 갈 무렵에
내 마침내 고향으로 돌아와 살림을 꾸려 나갔다.
이 해 흉년 수확이나마 숙부네가 조금 도와주기로 하고
내 어머니와 누이랑 함께 제금나게 되었기 때문이다.
겨울이 오자 임대택 선배로부터 뜻밖의 쌀 닷 말을 받고는
내 평생을 죽만 먹고 산대도 양식 걱정 안한다면
오히려 얼마나 행복하랴 싶었다.

이때는 모두가 현물 수득세에 부대끼며 살았는데
우리 집안 아저씨들도 잡혀 들어갔다.
누구나 수득세보다는 목구멍 풀칠부터가 급했기 때문이다.

내가 알거지 되었다는 소문이 나돌던 봄에
안채를 헐어서 목재를 팔고
모시밭을 헐값으로 팔아넘겨
보릿고개를 견뎌 내는 속에서도 일손이 달렸다.
두 해 전부터 사랑채에서 피난살이하고 있는 이동현이를
한 식구로 맞아들여 살림을 같이 꾸리기 시작했다.

나보다 너댓 살이 아래인 그는 '흥남철수' 때
유엔(UN)군에 내몰린 피난 길에서 어버이를 잃고 떠돈 끝에
두 어린 남매와 셋이 우리 사랑채에서 머물다가
굶주림에 두 동생을 고아원에 보냈고
저는 줄곧 품팔이로 끼니를 때우느니

우리와의 더부살이를 택한 셈이다.

둥근 머리에 까풀진 눈, 작은 체구나마 강단지고 영리하다.
이북에서 중학교를 나와 말귀도 밝았다.
내 뜻대로 그는 나를 '형이성'이라 불렀고
끼니 때는 나와 겸상을 한다.
무슨 차별이 없게 내 어머니와 누이를 타이른 것이다.

우리는 사랑채 외양간을 부엌으로 고쳐 살게 되었는데
세 개의 방과 하나의 광이 따른 건물이라서
네 식구가 살기에는 그리 불편하지 않았다.
어머니와 어린 누이는 부엌 컨 방을 쓰고
새 식구 동현이는 쓰던 방에 그대로 있게 했다.

부산스런 모내기 철이 되었을 무렵
외종형한테서 취직 알선 기별이 왔다.
이력서를 써가지고 정원호의 ⑲숙부부터 찾아가야 한단다.
이 외종형은 인공 때 부역한, 옥살이도 한 신분이고,
죽은 원호가 이분의 처조카이고 보니
내 취직 문제는 원호 아버지의 주선이기도 했다.
어떻든 내가 한 달 후에는 전남의 외진 시골중학교에서
내 고향 멀리멀리 타향살이의 선생 노릇을 하게 된다.

---
⑲ 광주 금남로의 '동인치과의원' 원장인데, 나와는 일면식도 없는 이분의 처남이 전라남도 교육국 학무과장이었다.

Ⅳ 교단에서 30년 〔ㄱ〕 장년기(1)

1. 고향 멀리의 초임지, 새 친구들, 내 '96' 내력 ·················153
2. 첫딸 탄생의 밤, '3·15'에 이은 '4·19' ·······························157
3. 입똑똑이 대통령, 김빠진 '4·19', 인사 발령과 선거는 이렇게 ······159
4. 개꽃 바람 속 '5·16', 끓다 만 헛사랑이 ·························164
5. 문제아와 문제교사, 방북의 개천절 ·······························174
6. '6자회담'을 놓고, 제3공화국 탄생에서는 ·······················178
7. 자식들과 연 날리기, 문병, 은사의 후예들 ·····················180
8. 내 시골 꿈이, 대통령 탄핵 반대 시위 ···························183

1. 고향 멀리의 초임지, 새 친구들, 내 '96' 내력

이렇게 훌쩍 먼 객지의 직장임을 오히려 반긴 것은
국민병을 비켜날 수 있게 ①호적초본을 마련할 수 있었고
내 취직을 방해받지 않을 수도 있었을 뿐더러
우리 집 농사에는 동현이가 있었기 때문이다.

시골 작은 학교인 것이 좀 아쉬운 대로
부푼 초임자로서의 열정이 발휘되기에 앞서
교재敎材 준비에 진땀부터 흘렸다.
내 전공 과목 이외의 영어까지 맡아야 했었다.
한 시간 가르치려면 두세 시간쯤 공부할 수밖에 없었는데
신통찮은 영어 실력조차 반미 심술로 곰팡이가 슨 지도 오래다.
하지만 중학 2년 수업이라 이내 곧 수월해졌고
학기말 고사가 시작되어 한결 여유로워졌다.

두 학급 중 한 학급은 남녀공학이다.
시험지 위에 열심대는 그 꼬막손들이 귀여워
비로소 '우리 학생'이라는 실감이 새삼스러워지기도 했다.

---

① 전란 직후의 당시 호적은 등·초본을 호적계장의 의향에 따라서 출생연도 바꾸는
   것쯤은 무슨 사례금 없이도 떼어 주는 경우가 적지 않았다.

쉽게 정들자마자 헤어질 수밖에 없었던 것은
두 달 만에 뜻밖의 전출 발령을 받았기 때문이다.
시골 버스 정류장에서 울먹이던 학생 얼굴이 새삼 안타깝다.

이래서 내가 생계 수단으로 시작된 선생질은
다시 곡성 중학에서 길들여진 것이었는데
비로소 크게 한숨 돌려지는 타향살이의 낭만과 함께
새로 사귄 이동규와 정동렬은 오랜 세월을 줄곧
서로가 질긴 우정을 이어갔다.
하나는 수학 선생이고
정동렬은 나처럼 국어 담당이다.
둘이 다 나보다는 키가 훤칠했지만
어찌 내 고집에 비위를 맞춰 주던 것이어서
우리는 셋이 잘도 어울려 든 것인지 모른다.

한데 내 아픈 속내를 그들에게 벙긋도 내비치지 않을 만큼
더불어 미국식 쾌락 풍조에 빨려 들어간 셈이다.
술판도 자주 떠벌리며 거들먹거렸다.
그럴 때마다 내 오기는 두 덩치들을 압도하곤 했다.
엉뚱하게 개판 세상을 응얼대기도 하면서 술독에 빠지는 일이 잦아졌다.
언젠가는 이튿날 일어나기도 힘들 만큼 식은땀만 흘렸다.
결근하고 진찰을 받아 보니 결핵 2기란다. 휴직원을 냈다.
고향 집에서는 의사의 말을 금과옥조처럼 ②약을 꼭 챙기고

아침 햇살 쐼질도 거르지 않았다.
무슨 '격리'는 아니어도 내 독상이다 보니
내 친족과 겸상하게 된 동현이도 독상일 때가 많아졌다.

이래서만은 아니지만
동현이가 우리 집에서 나가게 된 것은
그 나름의 꿈이 컸기 때문인데
제 보따리 짊어지고 떠나는 그를 버스장까지 배웅하러
우리 둘이서 뒤안길을 걸을 때 그는 울먹였다.

"형이 성, 미안해요.……아프실 때 나가게 되서……"
"……꼭 성공해야 헌다……" 이러는데 눈물이 났다.

훗날 그가 우리 집에 찾아왔을 때는
국세청 감사원이 되어 있었고
고아원 보낸 제 동생은 경찰공무원이라고 했다.

다시 곡성중학 이야기로 돌아간다.
누구보다 수학선생은 내 끌리던 친구다.
거무스럼한 얼굴에 씽긋 웃고 제 이마를 주먹으로 탁 치며
'아이, 두야! 으흥!' 이런 껄렁기마저도 모두를 웃긴다.
우람한 몸집 구성진 품이 꾸밈없는 말투와도 잘 어울렸다.

---

② 파스와 나이드라지트 등의 복용약인데 스트렙토마이싱 주사는 1주일에 한 번씩
  금구의원으로 나가 맞곤 했다.

이래서 뒷날 그는 내 신혼의 질투심을 뒤끓게도 했는데
무엇보다는 아내의 편지 필체가 그의 것을 닮아 갔고
방학 때 그가 우리 고향 놀러 오면
아내는 어찌 활짝 피어나곤 했다.

하지만 한참 훗날 그가 심장마비로 죽었을 때
내 그토록 허퉁한 슬픔은 한밤이 지새도록 저려들었다.
그게 어느덧 20여 년 세월인가?
두 해 전에는 또 하나의 친구도 파킨스병으로 가 버리고
고향 친구 임 형 또한 작년에 떠났다.
이제는 내 차례인가 싶다가도
속내는 96세까지 버텨낼 것을 다짐해 본다.
왜 하필 96인가? 100수가 아니고 말이다.
96을 뒤집은 69가 시각적으로 색정적인 데 반해서
96은 서로 등돌린 형국인데
이 무렵 내가 새로 사게 된 허리띠의 쇠고리에
어쩌자고 96이 새겨져 있었다.
이 해의 내 나이가 69이고 보니
무슨 암시라도 받들 듯이 내 장수의 목표치로 삼은 셈이다.

2. 첫딸 탄생의 밤, '3·15'에 이은 '4·19'

내가 전남에서 고향 가까운 전북으로 옮겨올 만큼
세상이 그렇게 바뀌기도 했지만
무엇보다 결혼했기 때문이다.

함열농고의 신혼 시절에 첫 소생을 얻었는데
산모는 자간중 산고로 사경을 헤매게 된 밤이다.
피 말리는 친족 죽음의 체험을 내 처음으로 겪게 되었다.

셋방살이 주인 집 손수레(니어카)에 실린 아내를 무릎 위에 눕혀
간질 발작을 지켜보며 달리는 오릿길은 천 리만 같았다.
동지산 중턱의 병원에 다다라서도 발작은 멎지 않아서
산모의 혀가 물리지 않게 내 두 엄지로 버틴 그 괴력은
의사도 놀랄 만큼, 그래 한 밤을 같이 하얗게 지새웠다.

이런 사경 난산이나마 모녀 다 무사한 탄생의 아침을 맞는다.
이제 나도 '아빠'가 되었다는 희열에 앞서 아, 살아났구나!
눈물나게 터지던 감격이다.

이때의 의사는 수원으로 옮긴 뒤에도
내 찾아가 만나는 정을 이어나갔고

우리 타향살이에서 누구보다 진한 도움이던 ③유홍렬 선생과는
서로가 평생 친교를 나눈 터이다.

우리 고을의 김제중앙중학교로 내가 전출되었을 때는
이승만 정권 연장의 '4사5입 개헌 파동'이었는데
집권당은 어제의 '부역'보다는 오늘의 '반역'에 눈불을 켰다.
해서 나는 고향에서도 더 좀 자유로와졌던 셈이다.
무슨 부폐가 심해질수록
내 어서 곪아터지기나 바랐을 뿐이다.

눈먼 ④'구국 선거 운동'에도 수굿하게 따랐다. 그렇게 비겁했다.
놀랄 것 없는 여당 후보 왕창 승리에 세상이 술렁거리더니
드디어는 '4·19'가 터져 버린 것이다.
이에 앞서 야당의 신익희가 급사하고
뒤이어 조병옥이 떠나 버렸을 때
세상 민심 따라 나도 한숨지어 보였지만,
속으로는 '그놈이 다 그놈인걸!' 중얼거리곤 했었다.

하지만 '4·19'에 이르러서는 가슴이 후끈거리도록
밤잠을 설치며 담배만 피워댔다.

---

③ 수학 담당·훈육주임으로서 '호랭이 선생' 별명으로 되레 전교생의 존경을 받은 이분은 지방 유지이기도 했는데, 우리 부부의 셋방도, 자간증 소동 때의 손수레 인부도 이분이 다 주선해 주었다.
④ 이른바 '공무원 부인 동원령'과 '3인조 공개 투표'를 하라는 지시가 거국적으로 이루어졌다.

새 분발을 다시 해보는 시늉이기도 했는데
이 '4·19'가 '5·16쿠데타'의 빌미가 되리라고는
내 되통 짚어 내지 못했다.
이승만의 동상이 거꾸러지는 것만 통쾌했을 뿐이다.

3. 입똑똑이 대통령, 김빠진 '4·19', 인사 발령과 선거는 이렇게

내 7순을 한참 더 넘긴 이 가을
노무현의 '재신임'과 '이라크 파병' 문제로 세상이 시끄럽다.
우리 서민층에서 밀어 주고 바란 것과는 달리
노무현은 제 본색조차 의심스러워질 만큼 물렁외교다.

부시가 어깨 쳐 주며 '친구'라 불러 주니
헬레레해진 시늉으로 이라크 파병에 앞장서고도
이는 우리 한반도의 안전을 위해 부시를 달래는 '투자'란다.
미국의 패권은 딴 나라 생존 따위는 아랑곳하지 않음을
이번으로 ⑤세 차례나 만천하에 까발린 터인데도 그렇다.
이렇게 세계 질서의 역학 관계란 오직 힘의 서열인 것을

⑤ 첫 번째는 베트남 침공이고, 다음은 부시 2대에 걸친 이라크 침략이다.

어쩌자는 시골 똘마니풍의 비위 핥음인가?

어제 나는 통일연대 상임대표에게 전화를 걸어
파병 반대 시위의 절박성을 다우쳐 보았다.
북핵 문제를 두고 북·미의 힘겨루기가 마음 조리게 한다.
'4·19'에 이승만이 하와이로 쫓겨나는 그 소용돌이에서도
내 벙어리처럼 식구들 밥상만 지킬 뿐이었음이 꿀린다.
젊은 가슴들은 그때 서울 거리거리에서 아우성쳤었다.
'가자 북으로! 오라 남으로!' 그랬었다.

이제 꿈만 같은 이야기가 쑤근대기 시작하고
여기저기 중·고등학교에서는 교장 퇴임 운동 데모였지만
우리 학교는 시골 학생의 암띠 덕분에
쉬쉬하며 교장 눈꼴만이 휘둥그래지곤 한다.
'3·15부정선거'에 내몰린 선생들도 내몰아야 한다는
도시 학교 학생들 목소리마저 우리 학교는 비켜 가는 셈인가?

이 무렵에 내가 처음으로 쓴 장시는 〈유혈 전후〉였는데
몸으로 피나게 부딪친 실감이 아니라서
후일의 첫 시집에도 끼지 못했다.

이렇저렁 학원가의 데모 불꽃도 사그라들고
갈아든 민주당 정권 역시 신·구파 싸움질이라서
무슨 혁명과는 일찌감치 멀어져 버렸다.

이것이 공무원 '인사'에서부터 제멋대로인 것이
내가 뜻밖의 이동 발령을 받아 항의 방문을 갔을 때다.
학무과에는 아홉 시 문턱인데도
과장도 담당자도 나오지 않은 채
서너 명만이 의자에 비스듬히 앉았거나
그렇게 한가로이 신문을 보며 '또 데모인가?' 중얼거린다.

"무슨 놈의 데모여? 새퉁빠지게……"
"전주여고서는 이동 발령받은 선생의 유임 운동을 했다며? 그 선생의 뒷조종일지도 모르지."
"어디 그러기사 했을라고? 선생들도 배척운동을 받는 판인데……"

콧부리 길게 처진 또다른 장학사가 하품하며 받아 굴렸다.
이렇게들 자기네와는 오불관인 듯 느긋하니 한가로웠다.
내가 이런 사람들 앞에서
통사정해야 한다는 것이 새삼 굴욕스러워져
한구석 소파에 머리를 떨구고 앉아 있던 나는
학무과장이 들어서자 일어서서 인사부터 올렸다.

"아니 웬일인가?"
"드릴 말씀이 있어서요……"

후리후리 키 큰 과장의 뒤를 따라가 앉게 되었다.
이분은 내 고교 시절 기하를 가르쳤다.

내가 김제로 옮기게 된 것도 이분 덕인데
내게 관심이 크셨던 것은 이분의 담당 학과에
내가 두각을 보였기 때문일 뿐더러
학급 성적 수석이 이듬해엔 낙젯감 '문제아'였기 때문이다.

내 무슨 말썽을 부렸거나 내가 희망한 것도 아닌데
느닷없는 이동이 억울하다니까
눈을 휘둥그리며 어디로 전출이냐는 것이다.

"한 울안 학교인 김제농고입니다."
"그렇다면 영전 아냐? 중학에서 고등학교루…… 자네 실력은 고등학교 근무 경험두 이미 있으니까 말야."
"김제농고는…… 선생들 ⑥후생비가 전혀 없습니다……"
"아아니, 후생비가?"

내 어찌 좀 멋쩍어지는 대로
두 학과밖에 없는 이 농고는 해마다 지원 미달인데다
무슨 독지가도 없어 보인다고 어물거렸다.
이러는데 인사 담당자가 들어서니
학무과장은 그를 불러 내 일 부탁한다기에
나는 담당 장학사를 따라 자리를 옮겨 앉았다.

---

⑥ 당시의 교사 월급은 국비 이외에 후원회 지원금이 가산되는 것이었는데, 이 '후생비'의 지역·학교별 후박(厚薄)이 영전 기준의 하나이던 것도 사실이다.

내 말을 들은 그는 허황스레 놀라 보이고
곧 있을 추가 인사발령 때를 기다려 보자며
숱한 사람 잘 얼러 낸 사람답게 나를 쉬 따돌렸다.

여름이 가고 가을이 저물도록
내 문제는 무소식인 채로 묻혀 버렸다.
이 무렵 트랜지스터 라디오를 하나 사들였는데
이는 내 세 살배기 딸애 때문이었지만
마을 사람들이 더 좋아라 하는 바람에
이를 동네 모정에 들고 나가기 일쑤이곤 했다.
〈전설따라 3천리〉와 〈황금 달팽이〉는 인기가 좋았다.

한여름의 도의원·참의원 선거에서는
5리 밖의 청운국민학교 투표 마당에서조차 나에게
누구를 몇 사람을 찍어야 하느냐고 물어 왔다.
마을 아낙네의 선거 수준이 새삼스러워져
이날 밤 나는 마을 청년들의 '4H클럽'에 나가서
우리 농촌의 미래에 대해 한바탕 웅얼대어 주었다.

이튿날 선거 덕에 일찍 돌아와서 뒷동산에 나가 있노라니
세 살배기 딸애가 밀짚모자를 쓰고
제 키보다 큰 풀잎을 헤치고 짜박거리며 올라온다.

"아빠이! 아빠이!"

"어이꾸, 우리 아기!"

이 여름철이 내 결혼 생활에서 가장 행복했던 시늉이다.
이 해 가을 아들이 태어났을 때는 기쁨에 앞서
가장으로서의 중압감부터 감겨 들었다.

4. 개꽃 바람 속 '5·16, 끓다 만 헛사랑이

우리 집 겨울은 유난히 썰렁하고 어두웠다.
그뿐더러 한 20분 걸어야 하는 버스길이라서
내 시간도 가질 겸 하숙을 하게 되었다.
술깨나 다루던 때라 호탕스런 동료가 술병 들고 찾아 들면
소주 한 되를 한밤에 바닥내곤 했다.

"4·19가 무슨 혁명이여. 벌써 틀렸어."
"내 진작부텀 농고에 그냥 주저앉기로 혔어. 술친구 자네들과는 어차피 한 교무실인게 말여. 어허허!"

이렇게 술꾼끼리 호탕을 부리기도 했다.
서로 뜻이 통하던 그 친구도 승진에는 관심도 없이 살다가

어찌 일찍 가 버린 것이 새삼 허퉁해진다.

무슨 잡기가 멋으로 통하는 흐름이다 보니
한길에 결혼 축하 현수막 트럭이 지날 때마다
꼬마들은 이렇게 소리치곤 한다.

"어얼래, 암내붙이러 간다아! 헐레붙이러 간다아!"
개꽃 바람 든 봄이 가고
신록이 빛부실 즈음 느닷없는 '특보'에
세상눈들이 더 한번 휘둥그래졌다.

⑦"5 · 16군사혁명위원회입니다. 혁명위원회는 장면 정권을 인수
하고 다음과 같은 혁명 공약을 선언하는 바입니다……"

무엇보다 소리 높인 것은 군사 정부의 집권 기한이다.
질서가 새로이 회복되는 대로 새 민간정부에
이 정권 이양하겠다고 거듭 강조했다.
올 것이 왔구나 싶은 기대감이기도 한 것은
개살구빛 '4 · 19혁명'에의 배신감이 컸던 탓일지 모른다.
쿠데타의 두목이 '여순반란사건'에 가담했다는 뒷소문도
내게는 되레 한가닥 빛을 보태게 했다.
하지만 빗나간 빛살이었을 뿐이다.

---

⑦ 이는 얼마 후에 '국가재건최고회의'로 개칭되고, 박정희 소장이 그 의장에 오른다.

한 열흘도 못 되어 내 은사 이준원 선생이 검거되었고
한 동료 최일섭 선생도 잡혀 들어갔다.
'교조教組' 관련의 A·B급이란다.
'6·25'때의 부역도 한몫 끼여 있어 보였고
내 부역 자수서가 코앞 경찰서에 있다는 사실이
문득문득 조바심과 불안을 불러일으키곤 했다.
내내 어수선히 주눅 드는 심기를 추스르기에 힘쓴다.
'내게는 다섯 식구가 있다!'

'반공을 국시의 제1로 삼는다'는 보도와 함께
박정희 정권은 재건복을 입혀
새벽마다 '새마을 노래'를 마을 확성기로 욱작거렸다.

"잘 살아보세, 잘 살아보세. 우리도 한번 잘 살아보세……"

제자리 지키기에만 부산스러운 상관들이
무슨 인사말과 격려사를 써 달라 할 때면
내 한 몫을 거들어 주곤 했다.
뭇 공무원은 먼 거리 통근 말라는 지시에도 수굿이 따랐다.

한데 내 하숙 이웃집 제자의 형수를 처음 보고는
어찌 후끈 울렁거렸던 가슴이다.
세상에 저런 아름다움도 있는가?
무슨 미인이라기보다는 떨림 같은 끌림인 것이

주근께의 샛노란 얼굴에 허전하도록 해맑은 눈빛
가냘픈 몸매와 까스스한 손길마저도
거기 초가지붕의 박꽃 같은 고움이다.

이렇게 나 혼자 시(?)를 쓰는 시늉이었는데
놀랍게도 저쪽에서 되레 더 호끈호끈 다가들었다.
제 집 잔치의 과일을 몰래 디밀어 준다든지
내 양말을 빨아 준다든지로 울타리 샛문을 들랑거렸다.

꼬리가 길면 밟힌다던가?
이것 안되겠다 싶어 만나자는 쪽지를 건네 주었다.
둘이서 만나는 그 유혹이 없었던 것도 아니지만
들통났을 때의 내 꼬라지가 더 겁났기 때문이다.
우리는 휴일을 비켜 어디 멀찍한 산을 택했는데
기껏 아내와 약혼 시절에 만났던 전주 완산칠봉이다.
젖먹이 업고 나온 그녀와 계곡 가에 나란히 앉았다.
서로가 멈칫거린 끝에 내 먼저 웅얼거린다.

"우리가 좀더 일찍 못 만난 것이 한입니다. 서로 아이가 따를 만큼
늦어 버리고……"

내 곁의 아기 엄마는 꿀먹은 벙어리처럼 앉아서
겨우 가냘픈 목소리로 이랬다.

"선생님은 아이 몇이나 두셨어요?"
"둘…… 딸 하나와 젖먹이 아들…… 중매결혼이었는데요……"

묻지도 않은 말까지 보탠 것은
그녀의 결혼 첫고리를 새삼 짚어 보고 싶었던 것같다.
이미 내 하숙집 주인한테 들은 바로는
이 고장 국민학교에서 근무하다가 눈이 맞은 총각 선생이
학교 용인의 아들인데도 아랑곳하지 않았다는 이야기다.
제 아버지가 거기 교장이었는데도 그랬단다.

"저는 연애결혼이죠…… 부모들 반대 무릅쓰고…… 서로 사랑하는 것 같았거든요……"
"지금도 그렇겠죠?"
"…… 손찌검을 해요…… 시를 퍽 좋아하는 사람이었는데요……"
어려운 살림의 국민학교 선생이 시도 읊어 주는 바람에
한 영녀의 꿈은 철없이 부풀어지다가
철 이른 서리를 맞은 셈일까?
내 첫사랑 행각이 빙빙거렸다.

오늘의 아내를 내가 맞아들이기 전에
어떤 병색의 여학생한테 반해 버린 일은 이미 밝혔지만
고향 후배가 중매한 첫 맞선에서 실망했다가도
이런 나를 못 잊은 채 약봉지 들고 절로 들어갔다는 소식에
거기 산사에서 다시 만난 그 규수와 약혼하고 말았다.

하기는 이 무렵 나는 '결핵' 진단을 받고 있었다.

내 스승의 말씀대로 '감상적 선택'이던 꼴인데
우리는 꿈도 성미도 엉뚱하게 달랐거니와
어찌 빳빳한 자존심과 '팩성'만은 서로 닮은 내 '버럭성미'다.
그녀가 떠보듯 이렇게 묻는다.
"중매결혼이 되레 행복할 수 있다고 하던데요?"
"그건 소박한 사람들에게나 통하는 말일지 모르죠."
"저는 애기아빠가 자꾸 싫어지고 무서워요······"

우는 아기에게 젖을 물리며 하는 소리다.
변덕 많은 연정은 '나만이 그대를, 영원히' 어쩌고들 하지만
이른바 '예술 바람기'까지 있고 보면
젊을수록 한눈팔게 마련인가?

"선생님을 처음 보았을 때 어디서 꼭 만난 것만 같은······ 어찌 둥실 뜨는 것도 같았구요······"

이 사람 역시 첫눈에 떨림이었음을 속으로만 되새기면서
순진하도록 너무 솔직한 여자에게 뜨아해지는 기분으로
발목 밑 계곡의 낭떠러지를 굽어보았다.

"저에게도 유다른······ 그런 만남이지만······ 이런 말 할려고 만나자던 건 아닙니다. 둘이 이대로 가다가는 구설수에 올라서, 내 경

우는 학생들 앞에 꼴사나워지고, 더구나 요즘 혁명이다 머다 하는 터에……"
"부모를 모시고 계시는가요?"
"노모와 누이동생이 있습니다…… 제가 바라고 싶은 건…… 그냥 이웃처럼…… 그런 사이가 되었으면 해요…… 하숙집 아주머니가 눈치챈 모양인지, 나를 보는 눈빛이 다르드만요…… 부탁입니다, 이젠 덤덤하게 대해 주십시오. 속이사 어쩔 망정……"
잠든 아기를 다시 업을 때 도와주려고 나도 일어서자니
어찌 문득 가슴이 짜릿해지면서도
헤어질 때는 손조차 잡지 못하고 말았다.
서로 보는 눈길만이 안타까웠을 뿐이다.

"먼저 내려가시죠."
"그럼…… 천천히 오세요."

구부러지는 오솔길에서 뒤돌아본 얼굴에
내 손을 들어 흔들었을 뿐이다.
이런 두어 달 후에는 생각지 못한 벌을 받기에 이른다.

누그러진 통근 규제로 고향 집에서 다니게 된 얼마 후다.
한가한 휴일을 혼자 어정대고 있는데
하숙집 주인 정 선생이 찾아 들었다.

"석우네 집이 요즘 난리났어……"

"왜요?"

"최 선생 문제 때문이죠. 석우도 눈치챈 모양입니다……"

석우는 문제의 여인 시동생이자 내 제자이기도 했다.
이 키다리는 이 고을 의회의 야당 의원인데다
성미가 서글서글 소탈해서
우리 ⑧하숙인들과도 허물없이 친했다.

"무슨 난린데요……?"

"철부지 여자가 제 친구더러 허는 자랑이, 애기아빠는 그냥 남편일 뿐이고……"

"얼마 전에 내가 석우 형수를 불러내가지고 내 하숙집 출입 말어달라고 부탁헌 일밖엔 없지만…… 이걸 남편이 알고 있겠구만?"

"글쎄, 알었는지 모르죠."

"어떻게 정 선생이 한번 남편을, 손 선생을 내가 만날 수 있게 해 주시죠."

"그룹시다! 그게 제일 좋은 방법 같어요."

이튿날 오후 손 선생을 김제 성산에서 만나게 되었는데
그는 광대뼈 내민 얼굴빛이 희푸르둥했다.

"어찌 만나자는 건지……?"

---

⑧ 내 옆방에는 김제고등학교 교사인 권구형 선생인데, 그의 부인이 내 아내와는 김제 여자중학교 동창이다.

첫마디가 이랬다.
내가 이름을 밝히며 손을 내밀어도
이글거리는 눈으로 그냥 훑어만 보더니
저만치에 혼자 앉아 버린다.
내 따라 앉아 담배부터 꺼내 물었다.

"무슨 말씀부터 드려야 할지…… 용서하세요. 지나친 오해만은 없으시기 바랄 뿐입니다."
"오해라니요!"
"흔히 생각할 수 있는 일은 없었은게요……"
"듣자면 시를 쓰신다더니, 그래 소위 정신적 간음은 떳떳하다는 말인가요?"
"그게 아닙니다, 이번 제 경우는…… 그래요, 무슨 쾌락을 꿈꾼 것도 아니구요……"
"그렇다면 그래 어떻게 이해해 드릴까요?" 분명 이죽거리는 말투로 물었다.
"미안합니다. 상처를 드리고도 번좋게 변명같은 헛소리가 되어서……"

누가 먼저 문학 이야기를 꺼낸지는 모르지만
손 선생은 포우와 랭보의 시를 좋아한다고도 했다.
이렇게 둘이는 '정상正常'에서 벗어난 시늉으로
서로가 헤어질 때는 악수까지 나누었다.

한 보름 뒤에 나는 문제의 여자한테서 만나자는 전화받고
할 말을 그냥 전화로 하라며 피해 버렸다.
다시 한참 뒤에 여자의 '언니'라는 여자로부터
입원해 있는 자기 동생이 나를 찾는다는 소식 듣고도
내가 끝내 만나 주지 않고 만 것은
들통이 두려웠기보다도 더 비열한
'인간적 배신'을 않으려던 오기였을지 모른다.
이로부터 한 열흘 지났을 때다.
손 선생이 학교로 불쑥 찾아 들었는데
'자살 미수 사건을 당했다'는 그의 첫마디다.
누구한테냐는 것은 내 물을 것도 없었다.
제 아내가 입원 중에 과량의 수면제를 먹고
이제 겨우 회복기에 들어서기는 했지만
오랜 입원비가 걱정이라는 이야기다
무슨 책임 문제에 앞서
내 도덕적인 징벌을 벗어날 수 없는 일이다 싶어
손 선생에게 그냥 잘라 물었다.

"입원비는 얼마나…… 도와 드리면 될까요?"
"제 얘기 듣고 부담이 되신다면…… 알아서 하시죠……"

이래서 내 진짜 부담이 되는 큰(?)돈을 마련해서
누구도 모르게 손 선생에게 부쳐 준 것으로 '사건'을 묻었다.
새삼 쓴웃음이 나온다.

5. 문제아와 문제교사, 방북의 개천절

이따금씩 써 온 일기장을 뒤적거려 보니
새벽기도에 다시 나가 본 일도
이 무렵의 내 몸부림이었던 것 같다.
영화 〈벤허〉를 본 감동 또한 깊었다.

이 해에 나는 카운슬링 강습을 받고
연구부장에서 교도교사로 자리를 옮겼는데
자살 미수 학생에게 말로의 〈왕성王城에의 길〉을 빌려 주었다.
어쨌든 죽지 않고 졸업을 했었다.

한 학생은 어느 수업 시간에 질문 아닌 질문으로 대들고는
끝내 묵비권으로 선생을 깔아뭉갠 그 처벌 문제에서
내 ⑨그의 '반성'을 책임지고 나서기도 했다.
심히 난감한 '혼자서 학생 편'이었던 셈이다.

어쩌면 내 성미까지를 헤아린 장영만 교장의 배려로
현관에 새로 마련한 상담실에서 내 시간을 가지다 보니
시도 끼적거리게 되어 '현대문학'지에 응모해 보았지만

---

⑨ 이 문제아 윤춘택은 지금 천안농고의 상담실 교도 교사로서, 소설가이기도 한데, 나와는 기나긴 세월 사제간의 정리를 이어오고 있다.

보기 좋게 낙방을 맞은 뒤로는
두 번 다시 내 자존심만 뭉개질 것이 두려웠을 뿐이다.

여름 방학이 되자 2급 정교사 자격 강습을 피하기 위해
절로 숨어 들어가 소설 〈기지촌 일기〉를 쓰게 되었다.
무슨 응모작이 아니고
내 좌절감의 보상행위였던 것인지 모른다.

지난 봄 전주고교에서 김제고교로 옮긴 신석정 선생과는
한결 친숙해진 것도 이 무렵이다.
함께 퇴근 버스를 기다리다가 선술집에 들르기도 했었다.
서로 취한 둘이만이면 밀담도 나누었다.
이분 역시 '6·25' 때는 부역했음을 내 알고 있기 때문이다.

"여순반란사건에 박정희도 가담했다고 허던데요. 일제 때는 일본
군 장교였구요."
"그래서 '반공'에 극성이겠죠. 반공을 국시로 내세울 만큼……"

걸걸하게 툭툭한 선생의 목청이 좀더 낮아지고
내 간덩이도 부어오르는 시늉이 되어
이른바 출세가들을 건드리기 시작했다.

"세상 약빠리 관리들은 '혁명'에 맞장구쳐 준답시고, 학년초 전보
인사에서 국시에 껄끄러운 사람을 솎아낸 셈입니다. 선생님 경우
만 보드래도 그래요."

"늙은 놈 새벽 바람 쐬고 정신채리라고 여기 김제로 빼돌렸죠. 학무과 최 계장이 얼마 전 장학 지도차 학교 와서는 나보고 죄송허다 드구만…… 뭐가 죄송허다는 건지…… 허허허!"

한데 나는 앞서 밝힌 김영재 은사가 학무 과장인 덕분에
함열에서 고향으로 오게 되었을 뿐더러
한 울안에서나마 고등학교로 영전(?)인 셈인가?

어떻든 신석정 선생과는 같은 버스 통근의 연유로
내가 훗날 전주 문인들과 어울리게 된 것도
이분의 배려가 크셨다.
언젠가 누가 들려준 말은 이랬다.

"내 장인께서 최 선생 얘기 많이 하시더구만……"

이분과 나는 부역자로 기죽어 지내면서도
찢어진 '붉은 깃발'에 등돌려 버리지 못한 채
무슨 안정보다 시끄러워질수록
엉뚱하게 뒤끓어 오른다는 데에 문제가 깊다.
내 경우는 이지러지기 일쑤이기도 했다.

한여름의 무더운 날씨였던 것으로 기억한다.
어머니와 아내의 다툼질에 신경이 곤두선 나는
쉰(?) 음식 자식들 먹인다고 아내에게 버럭 소리치고
출근길을 서둘렀으나 버스를 놓쳐 버렸다.

이발이나 하려고 정류장 옆의 이발관 의자에 앉았노라니
거울 속의 내 모양 번대머리가 문득 혐오스러워져
빈약한 머리털을 박박 밀어 버린다.
거기 이발사도 종업원도 내 삭발을 말리더니 히죽거렸다.

"어디 쓰겄는기라우? 형무소 갔다 나온 사람맨키로……"
"흐흐흐!" 이발사의 말에 종업원도 웃었다.

하기는 차중에서도 모두 나를 몰곳몰곳 건너다보았고
학교 동료들은 웃는다기보다 눈부터 휘둥그래졌다.
교실의 학생들 웃음소리에는 나도 웃고 수업을 했지만
퇴근 길의 버스를 기다리고 있을 때다.
두 경찰이 내게로 다가서더니
파출소까지 좀 가실까요 했다.
내 속으로 웃으면서도 '부역'의 과거가 찔리어 왔다.

"너무 불쾌하게 생각지 마십쇼. 관례법상 취조하기로 되어 있으니까요."

역파 주임에게 내 삭발 이유를 더위 핑계로 둘러대며
신분증 확인을 받고 곧 놓여 나왔으나
이런 뒤로 나는 모자(도리우찌)를 쓰는 버릇이 생긴 셈이다.
지난해 가을 ⑩개천절 기념행사로 방북할 때도
내 버릇대로 도리우찌를 쓰고 갔었는데

김일성 주석 전자 초상화 앞에서는 탈모 하라기에 벗었고
김정일 장군의 자수 초상화 앞에서도 순순히 벗어 들었다.
이 방북 기행문은 정주환 교수가 발행하는 '대한문학'에
'초대석' 기고로 발표한 터인테
내 딴은 본 대로 생각한 대로를 간추린 글이다.
새삼 가슴이 어둡게 스산해진다.
너무 가난한 북녘이었기에 그렇다.

6. '6자회담'을 놓고, 제3공화국 탄생에서는

어제 오늘은 '6자회담' 보도 성화다.
북조선과 미국만의 협상이어야 하는데도
한국이 일본에 업히고
제대로라면 중국과 러시아는 저희 실속을 저울질한다.
외로운 싸움일랑 북조선 몫이다.
지난 2천년 남북 정상은 '6·15공동선언'에서
'자주통일'을 하자던 그 약속은 물건너가 버린 꼴이다.

⑩ 2003년의 개천절은 남북이 공동으로 기념식을 열게 되어, 남측에서는 300명이 4박 5일의 일정으로 이에 참가했었다.

오늘 보도에 북조선이 중국을 통해서
핵의 '완전 폐기' 의사를 밝혔다고 한다.
미국의 각본대로 강자의 논리에 힘이 실리면서
혼자만의 주먹은 주먹질만에 그치는 터이다.

이런 북조선과 옛날 '7·4공동선언'을 한 박정희를
내 한때 윤보선보다 웃길로 보던 것이 새삼스러워진다.
제3공화국 대통령 선거 때의 일이다.
시골 투표소는 2·3개 마을 단위로 분산되었다.
한 마을의 투표율과 지지율에 대한 공갈인 셈이다.

누구를 찍을까? 우리 식구들은 이미 박정희로 정했지만
두려워서라기보다는 야당이 그를 빨갱이로 몰았고
박정희는 미곡 정책에서 도시민이 반발하자
땀 흘린 농민이 쌀밥을 더 먹어야 한다며 호통을 쳤다.
내 통쾌했다. 그만큼 감정에 기울어졌던 셈이다.

투표의 결론은 박정희 당선에
바짝 뒤쫓은 윤보선의 낙선이다.
이래서 '정신적 대통령'이라는
윤보선의 꽃방석은 더 좀 푹신해졌지만
총칼 아닌 선거로 세 번 권좌에 오른 기세는 도도했다.
이렇게 빛나던 철도 지나 겨울이 왔다.

7. 자식들과 연 날리기, 문병, 은사의
   후예들

이 해 겨울에 내 둘째 아들이 태어나고 나서다.
동생을 본 호성이가 좋아라 했는데
현심이는 '꺽정시럽다'고 했다.

다섯 식구로 불어난 나로서는
살림에 조금은 속차려지는 시늉였지만
술값을 뺀 월급봉투를 아내에게 디밀 때마다
싸움이 벌어지기 일쑤이곤 했다.
이즈음 내 누님은 보따리장수를 하며
친정 출입이 잦고 보니 아내로서는
축난 봉투 액수를 따질 수밖에 없었을 것이다.

무엇보다 충돌의 근본은 돈을 쓰는 쓰임새에서
내가 즉흥적이었던 데 반해서
아내는 이지적이었던 탓이다.
하지만 이런 부부싸움도 이내 풀어지곤 하던 것은
어린 자식들의 놀란 토끼 눈이 끼어들 뿐더러
지난번에는 이랬다.

"오늘 아빠, 연 맨들지 응?"

"그려요 아빠! 연 맨들어 준다 혔은게."

네 살짜리 첫아들이 졸라대니,
여섯 살 난 딸도 이렇게 거들었다.
한나절을 꼬빡 부산떤, 색깔 연을 만들어내어
3부자가 뒷동산에 오른다.

비로소 연이 솟아 솟아오르자
꼬마들은 환성을 질렀다.
그리고 연자새를 둘이 함께 잡고 풀어 주며 좋아라 한다.
내 문득 까마득한 어린 시절이 새로워졌다.

이 때 나는 선악 문제에 대해
일깨움 비슷한 하나의 기준이 떠올랐다.
무엇이 선이고 악인가?
어느 것이 옳고 그른가의 기준은
내 자식 내 사랑이 그리되기를 바라는가? 아닌가?
이것이 이 땅의 윤리적 척도가 되어야 하려니 싶었다.
이른바 양비론적 비정적 '관념 유희'에 빠지지 않고 말이다.

내 딸이 학생이 되고 나서
한번은 이 애의 담임을 만나고 돌아오는 길에
내 은사인 장현목 선생을 뵈려고 면사무소에 들렀다.
이분은 이미 면장으로 전직되셨기 때문인데
지병(결핵)이 도져 휴직중이시라기에 댁으로 찾아갔다.

스승은 여윈 손으로 내 손을 잡아 쥐고 반기신다.
두 해 전에 면민 순시차 우리 집에 들르셨을 때
나에 대한 당신의 기대는 중등교사 정도가 아니라 하시며
함께 온 김초수 의사에게 나를 두둔해 주신 일이
그리고 내가 진학 시험을 보러 갈 때
당신의 회중시계를 채워 주시던 일이 새삼 저려 왔다.
이제는 아 절망적인 용태이신가!
내 코허리가 시큰해지고 있는데
이분이 숨을 헐떡이며 하신 말씀이 이렇다.

"혈육의, 천륜天倫도, 한계가, 있어, 바쁜 세상, 살자니……"

얼마 뒤에 스승의 부음을 듣고
문상 다음날에도 장지까지 내 따라갔다.
두 아들 상주는 그 코흘리개들이 어느덧 장년인가?
큰아들 성원은 동아일보 기자이고
둘째 아들 임원은 대학 강사라고 들었다.

이제 내 나이 70대에 이르고 보니
장성원은 2선 국회의원이 되고
장임원은 진보적 교수로서
우리 운동에 나온 일도 있어 나를 후끈거리게 했다.
제 아버지의 '우경'은 아들의 '좌경'으로 바뀐 세월인가?
새삼 제행무상諸行無常이 되레 반겨질 뿐이다.

8. 내 시골 꿈이, 대통령 탄핵 반대 시위

오래 두고 아내가 전주 전근을 부추길 때면
딸애의 시골 학교 졸업이나 마치자고 했다.
아내의 성장지는 농촌 아닌 읍내라서
시골의 기쁨을 같이할 수도 없었다.

하지만 아내가 이웃들과는 잘 어울려 드는 것이 신통했다.
'6·25' 때 처가는 불이 나서 살림을 거들내고는
한때나마 시골살이를 했기 때문인지 모른다.
한번은 눈 쌓인 날 우리 꼬마들과 함께 눈사람을 만드는데
손재주가 있는 아내라서
근사하게 숯검정 수염을 붙인 눈사람 보고
아이들이 좋아라 하기도 했다.

내 어린 시절의 기쁨이 새로워진다.
섣달 그믐날 밤 여기저기에 등불이 밝혀지면
집집마다 돌아드는 풍악 소리가 흥겨웠다.
새옷 설빔에도 몽땅 신바람난다.
이런 옛 추억거리들에 발목이 잡혀
어디 도시 변두리의 강과 숲이 있는 집터를 줄곧 물색해 왔다.

"별만 보고 걸어가다가는 물구뎅이에 빠지는 법이다."
"……"

한 친구의 충고에 할 말이 없으면서도
하루는 전주천 하류의 임야지 땅값을 알아보다가
간첩으로 신고되어 파출소에서 경찰이 나오기도 했다.
같이 간 친구가 선술집에서 눈치 채고 달아난 바람에
좀더 의심이 깊어졌던 모양이다.

"술 기분 망쳐서 안됐지만, 뭣 땜에 거기 어칠거렸어?"

어느새부터 경찰은 그냥 반말이다.
불끈해진 나는 주용酒勇까지 보태져 콧김 사나워졌다.

"물 가 어칠대는 놈은 다 간첩으로 뵙디여? 요즘 ⑪'인혁당사건'에
경찰들 처지 모르는 바 아니지만 말입니다. 당신 이름이 머지?"
"……?"
내 이렇게 되잡듯이 나가자
그는 어물어물 제 이름을 대고
내가 그의 코밑에 드리대는 신분증만 보고는 돌아서 버렸다.

---

⑪ '인민혁명당사건'의 약칭으로서, 박정희 정부는 1964년 8월과 1974년 4월, 두 차례에 걸친 사건이라고 떠들었지만, 이 사건은 74년 유신헌법 반대 시위가 절정에 다다랐을 때의 정권 유지용으로 조작되었다는 것이 한참 훗날에야 드러났다.

오래 정실·배경으로 찌든 세상 덕을 한번 본 셈이다.

이로부터 30여 년이 지난 뒤에 비로소
숲과 강이 있는 집터를 얻게 되고
거기에 아들이 지어 준 집에서 살게 되었는데
전주에 가야 할 때는 버스를 세 차례나 바꿔 타게 된다.
오늘도 노 대통령의 탄핵 반대 시위에 참가하기 위해
오후 세 시 버스로 서둘렀지만
행사장에 이른지는 다섯 시가 넘어서다.

한길 가운데의 높직한 무대 위에서는
환경운동연합의 사회자가 무대 앞의 풍악놀이가 끝나자
마이크로 이렇게 외친다.
"시민 여러분! 이번 대통령 탄핵 쿠데타는 야당 도둑질을 음폐하자는 음모인 것입니다! 구호 하나 외칩시다!"

"탄핵은 무효다! 부패부터 청산하라!"
"청산하라! 청산하라!"

오래 썩은 20세기의 해감 수렁이
새로이 솟구치려는 물줄기로 쿨쿨거리는 셈인가?

Ⅳ 교단에서 30년 〔ㄴ〕 장년기(2)

1. 도시 교직의 첫걸음, 문제아를 부둥켜안고는 ·················187
2. 한통속인 한·미·일인가? 3·1절, 영농 후계자(FFK) 마을의 홍수 190
3. 망해사의 여름, 〈해가 저문다〉를 ·······························196
4. 뒤늦은 문단의 뒷그늘, 봄 총선에서 ···························200
5. 재교육의 여름방학, 송대현 교수 ·······························202
6. 내 변신變身 시늉, 송광사의 거지는 ···························204
7. 개꽃 세상, 춤바람 문턱을 넘다, 골목길에서 ···············207
8. 오만한 출발, 제3공화국, 이런 배웅길 ·······················210
9. '7·4 공동성명과 '10월유신', 위장 귀농인가? ············214
10. 내 2중성격은 이렇게 ···218
11. 양녀를 내보내고, 명문고의 입시철 ···························220
12. 이라크 파병, 뛰어난 문제아들 ·································225
13. 절망의 어둠을 뚫고, 가족 소풍을 가다 ····················229
14. 명문 학교의 수난들, 두 수제자 ·······························231
15. 시집 〈두 빛살〉 펴낸 전후 ·······································235
16. 연구원 희망 꺾이다, 그 파장 ··································238

1. 도시 교직의 첫걸음, 문제아를 부둥켜안고는

무엇보다는 자식들 교육 때문이다.
내 부탁한 일이 전혀 없었는데도
①교장이 전주농고로 끌어 주셨기에
우리 살림은 도시로 탈바꿈이 되었다.

처음은 하숙을 하다가, 셋집 살림도 꾸리다가
마침내는 새 집을 짓기에 이른다.
숲이나 강이 없는 언덕이다.
직영直營공사가 아닌데도 입술이 다 부르텄다.
집 한 채 짓고 나면
10년 감수라는 말이 허풍만도 아닐 듯싶었다.

학교에서는 카운슬링을 맡아 수업 시간은 줄었지만
졸업반의 임업과 담임이 전출되는 바람에
내가 맡은 그 반에는 딴 학교에서 편입학한 문제아가 있어
내 번번이 속을 썩혀야 했다.
학급 조회나 종례도 아예 아랑곳하지 않았기 때문이다.

---

① 김제농고에서 1년간 모신 일이 있는 이분은 인공 때 부역한 일로 '9·28' 직후에는 한동안 은신도 했었다.

얼굴은 반반하고 옷차림도 감색 양복으로 멋부렸다.
한번은 타일러도 끝내 뚱하니 그냥 돌아서 나가는 놈을
내 불끈 붙잡아 후둘겨 패기 시작했는데
어찌 놈은 큰 덩치인데도 그대로 맞아 주는 것이다.
내 그만 놈을 부둥켜안고 운 일이 있다.

이후로 놈의 말썽은 싹 가셔
누구보다도 진하게 아끼게 된 김종문임이 새삼스러워진다.
하긴 교도 교사로서 폭력 지도의 효력을 자랑하는 꼴인데
이른바 문제아일수록 본성은 더 참하게 뜨거울지 모른다.

내가 문학의 꿈을 질겅거리는 데에도
카운슬링 직책은 의외의 보탬이었으려니 싶다.
문제아의 말에 귀를 기울이다 보면
내 끝내는 그를 끌어안게 되어
겉으로 거칠고 모질수록 속내는 여리고 부드럽다는 것을,
악에 세찰수록 선에도 세찰 수 있다는 실감을 해보곤 했다.

한데 '시범학교'로서 장학 지도의 시찰이 잦다 보니
수업도 거르고 법석을 떠는 일에는
그런대로 수긋할 수가 있었으나
학교장의 브리핑 자료에 학생 결석률을 줄이라거나
이런저런 실적률을 높이라는 데는 내 불끈해져
'배은망덕'의 꼴이 되어 버리곤 했다.

이래서 더 어설픈 '정의파' 소리를 듣게 된 시늉이다.

언젠가는 체육 선생이 숙직실의 때 낀 이불을 들고 나와서
교장에게 보라는 듯이 직원회 때 공개했다.

"장학지도 받고는 학교 환경이 아주 깨끗해졌는데, 당직자 이부자리는 이 모양입니다······"
"요대기 실밥이 타진 지도 꽤 오랩니다······"

이렇게 나도 한마디 거들었더니
교장은 더 참지 못하신 모양이다.

"할 말이 없어서 아침부터 분위기 망치는 일은······ 인간성 문젭니다! 자, 직원 조회 그만 끝냅시다!"

이날 교장은 나를 숙직실로 불러 마주앉더니
첫마디가 자기를 쫓아낼 셈이냐고 했다.
어이가 없었다. 멍해져 있다가
저 때문에 쫓겨나신다면 그날로 학교 그만두겠다고 하니
왜 교장의 허물을 공석에서 떠벌리는 저의는 무엇인가?
둘이만의 조용한 직언이 있을 수 있지 않느냐고 따지셨다.

"친교라는 게 뭡니까? 험집은 덮어 주면서, 고칠 것 고치게 하는 것 아니겠어요? 누군가도 말했죠, 칭찬은 공개적으로 하되, 충고는

은밀히 허랬다고…… 직접 말씀해 주시면 고맙겠어요. 내가 최 선
생을…… 욕심낸 것으로 봐서도……"
"……"

학교장은 이내 누구러지신 악수로 웃으셨는데
내 한구석 찔리는 기분으로 숙직실을 나왔다.
무슨 분노를 못 삭였다기보다는
내 정의로움을 내붙이려는 속내가 불거졌을지 모른다.

이 교장이 비록 영달에는 덜렁덜렁 수선을 떨지라도
재물에는 욕심없이 헤퍼서 궁색한 집안 살림인 것이
내 그날 어찌 자꾸 되새겨졌었다.

2. 한통속인 한·미·일인가? 3·1절, 영농 후계자(FFK) 마을의 홍수

더러 부시와 노무현의 얼굴이 겹쳐지며 떠오른다.
이라크에 ②제2차 파병도 해 주어야 우리에게 이롭다고 했다.

---

② 전투병이 아니라지만, 정예부대 3천6백 명을 보내기로 2004년 2월 국회의 의결을
   보게 된다.

부시가 옴폭한 눈웃음을 웃고 있었다.
얼마 전에 미국을 업은 일본이 독도를 놓고 우겼을 때는
노무현이 기껏 한다는 소리가 '본디 아내'란다.
이에 일본은 ③'얼뜨기 본처 타령'이라고 웃었을지 모른다.

오늘은 2천4년 3·1절이다.
기념행사 관경이 텔레비전에 요란한데
올해도 서울시청 앞 광장에서는
보수 진영의 '성조기'가 태극기에 섞여 펄럭이고
파고다공원의 진보 진영에는 태극기 일색일 뿐이다.

제대로 찍혀 나온 사진 보도일 것이고 보면
보수 진영 쪽이 훨씬 더 많은 수효임이 한심하다.
이것이 거꾸로 되어 진보 진영에 더 큰 함성과 함께
'인민기'도 나부끼는 날이 곧 '통일'이 아닐지? 새삼 스산해진다.

다시 예전 이야기로 돌아가자면
이른바 민선民選을 업고 뻗쳐 오른 군사정권이
불붙인 근대화 바람에 농촌 인구 줄어들지 않기 위해
새마을 영농 후계자 양성에 힘을 쏟아 부는다.
이름하여 ④'에프에프케이'가 농고마다 조직되고

---

③ 일본의 진보적 지식인 와다하루끼(和田春木)는 일찍이 지배받아 온 한국 역사를
두고, '일본의 첩살이'와 '미국의 시녀살이'로 비유한 일이 있었다.
④ '영농 후계자 양성'이라는 영어 약자다.

전주농고는 그 시범연구학교로 지정받았다.

이 무렵에 박정희는 고속도로에도 욕심부려
한일협정을 서둘러 조인하자 학생들이 들고일어났다.
불어나는 데모 아우성, ⑤단식 농성의 학생만도 수십 명이란다.

하지만 나는 일본과의 국교 정상화를 바라는 마음이라서
한일회담의 내용에 대해 굳이 알려고도 하지 않았고
일제의 장교나마 새 도약의 분발에는 동조하는 쪽이었다.
우리를 짓밟은 왜놈도 나쁘지만
짓밟힌 우리가 더 나쁠 수 있다는 속내였기 때문이다.
오죽 못나게 썩었기에 통째로 먹히우랴 싶었다.

어떻든 학생 데모로 앞당긴 방학 기간은 두 배로 늘어났다.
긴긴 여름 방학 중에 전주농고 에프에프케이 학생들은
산골 마을로 10일간의 봉사 활동을 떠났는데
내가 참가하게 된 것은 그 홍보를 위해서다.
학교장의 희망에 따라 기자역을 맡은 셈이다.

제법 깊고 넓은 흐름 건너 산마을에 우리가 도착한 지
한 사흘 지나서 홍수가 났다.
흙탕물이 섬돌까지 차오르자 돼지들은 헤엄쳐 떠돌고

---

⑤ 서울 대학생 64명은 200시간 단식 농성을 시작했다는 보도다.

닭들은 섬돌 위에 몰려들어 꼬꼬댁거렸다.
한 시간이 넘게 장대비로 쏟아졌기 때문이다.

비가 그친 뒤 뒷동산에 올라온 마을 사람들과 함께
홍수가 할퀸 누우런 들을 보았다.

"올 농사 진탕 망쳤어. 제기랄. 저그도 둑이 터져뿌린 것 아녀?"
"그런게비여. 물이나 빠지야 알겠지만……"
"논 가운데 둔덕 흔적도 없어져 뿌렸네."
놀랍도록 덤덤한 말투인 것이
엄청난 재난이고 보면 어안이벙벙하기 때문일까?
'천재지변'이라서 그냥 그저 수긋해지기 때문일까?
거덜난 농사를 보는 농심이 저럴 수도 있으랴 놀라왔다.

이튿날과 다음날도 영농대원은 마을 사람과 함께
복사더미에 묻힌 벼 포기를 추스르고
무너진 밭두렁 논두렁 쌓기에 땀을 흘렸다.
하지만 복사밭 그대로 둘 수밖에 없는 곳도 적잖았다.
일손이 달렸기 때문이다.
이런 홍수가 북녘 땅의 경우라면 어떨까? 되새겨진다.

시냇가의 우리들 천막 살림터도 깡그리 쓸려 나가
새로 돌을 주워다가 밥솥을 걸고
새로 뒷간을 만들고

천막을 다시 쳐 놓은 지도 한 1주일 되었을 때다.
본도 학무국장을 비롯해서 담당 장학사와 학교장이 왔다.
모두가 새마을 제복 차림이다.

어느 결에 작성해 놓은 차트 너댓 장을
지도교사 민병호가 내걸고 브리핑을 하기 시작했다.
첫장의 내용은 활동의 개관이다.

"지도 교사의 숙식 문제는 어떻게 해결하죠?" 학교장이 묻는다.
"학생들과 같이 식사를 하지만 잠만은 마을 이장네 집에서 잡니다.
엊그제 폭우가 쏟아졌을 때는 학생들도 벨수 없이 취사 용구를 마을로 옮겨야 했습니다만……"

이런 지도교사의 평소 성실성은 유별나서
학교 화훼원 슬레이트 집에서 살림을 꾸렸고
원예 작물 돌보기에 밤이슬깨나 맞았을 그다.
내가 이번 그와의 동반을 반긴 것도 친분에서만이 아니다.
시냇가 천막에서의 브리핑이 끝나고는
4H클럽 회장 성의로 독지가의 점심 초대를 받았다.
학생들은 돼지고기에 포식을 하게 되었지만
우리 어른들은 진짜 '동동주'를 실컷 즐겼다.

누가 먼저 중농 정책을 두둔하기 시작했는지는 모른다.
한 방 안의 거의 모두가 맞장구치며

농촌의 활기, 농과 교사의 우대책 등을 내세웠다.
술 기운에 간덩이 커진 나는 입바른 소리를 내고야 배긴다.

'촌놈' 소리를 안 듣게 된 것이라든지
'새벽종이 울렸네'로 부지런떨게 된 것은 반가운 일이지만
농촌을 떠나는 사람이 는다는 게 문제다.
이런 나부터도 자식놈 키 가자니 도시 살림으로 옮겼다.
혁명 이후에도 학벌이 판치기 때문이라고 했다.
진짜 중농 정책이려면 농가 소득부터 끌어 올려 주고
이런 홍수 때는 농촌을 먼저 챙겨야 한다고 불퉁거렸다.

"말씀 듣고 본게 그러네요. 허지만 차차 좋아지겠죠."
"그려서 국장님도 여그 오신 것 아닌기요?" 독지가의 말씀이다.
"진짜 혁명이 아니고 보면 뒤끝이 벨로거던요. 선술집 가짜 동동주가 기분 한번 화끈거려 주다가도 술 깨면 골머리만 패듯이······"
"뜬금없이 입바른 말씀 허셔도 선생님 노릇 허실 수 있는 이 정권 무던헌 것 같네요. 너무 그러지 마시죠, 좋은 것이 좋은 것 아니겠어요?"
"옳소! 하하하!"

누군가의 맞장구에 모두가 웃는다.
이래서 나도 따라 웃는 시늉으로 진짜 술만을 더 벌컥거렸다.

이른바 보고문장(르포르타주) 형태의 이 글은

전북일보에 2회로 나누어 연재하기로 되어 있었다.
이 기사에 곁들인 현장 사진들 중에는
함께 찍은 누더기 옷 꼬마의 모양도 돋보이게 얹혀 놓았다.

3. 망해사의 여름, 〈해가 저문다〉를

이 해의 광복절 전날 한일협정 비준이 국회 의결을 보고
민중당의 총사퇴로 세상이 또 시끄러워졌지만
나는 쪼들리는 살림살이에 관심이 쏠릴 뿐이었다.

신문 보도에 '1당 국회 1사천리'라는
큰 활자가 나붙을 만큼 날치기 통과다.
이렇게 여름이 가고 나서도 나는 시골에서 통근을 했는데
하루는 꼬마 딸애가 제 해진 베신발 꿰매는 것을 보고
뭉클 출렁해져 새 신발 사 주고는 한동안 술도 끊었다.

이 무렵 내놓은 밭이 팔리게 된다.
전주 무랑물(중노송동)에서 셋집살이를 하게 되었지만
아내와의 불화로 나는 방학이 되자 산사로 떠났다.
이때 쓰게 된 중편 소설 ⑥〈이런 바람기들〉을 연재 발표한다.

무엇보다 절 생활을 하고 있노라면
이런 곳 이런 시간이 내가 숨쉴 자리구나 싶었다.
새롭게 꿈이 피어나는 시늉이기도 했다.
절에 들어간 지 한 보름 되었을 때
눈이 온 날 나는 아내에게 편지를 썼다.
여기 와서 비로소 내 옹졸이 되씹어진다는 둥
떠나올 때 이불짐을 머리에 이고
타박거린 당신의 모습이 눈에 밟힌다는 둥,
여기는 호롱불이 흐릿한 밤이면 부엉이도 울어
새삼 당신 생각이 나곤 하니 한번 다녀가라고
무슨 연애 편지 조의 새설을 늘어놓았다.

하지만 내가 집에 가는 것이 되레 즐거웠다.
내 어린 꼬마들이 쪼르르 나와 맞아 주는 것도 기쁘고
여섯 살짜리 막내가 아빠보다는 과자 봉지에
눈을 뚱실거리는 것도 몽땅 귀엽다.

"너 아빠보다 과자 기다렸지?"
"두(둘)따 다……"

놈을 두 손으로 번쩍 들어올려
머리가 천정에 닿도록 어으까! 어으까!

---

⑥ 처음 제목은 ≪해변≫이었는데, 전북의 첫 종합지인 '약진 전북'에 연재하게 되었다.

이게 곧 가정의 행복이구나!
새삼스레 아내에게 너그러워지기도 한다.

우리 셋집의 뜰 건너 별채에는
경찰직에서 물러난 송 씨 가족이 셋집살이었는데
두 남매 중 아들이 전주농고 학생이라서
훤칠한 키의 송 씨 내외는 사근사근했다.
우리 막내가 개천에 떨어져 이마가 깨졌을 때는
부랴부랴 놈을 보듬고 병원으로 뛰어가 준 송 씨였기에
우리와는 오래 두고 친교가 이어졌다.
진보주의자 고정훈의 옥중 수기 〈부르지 못한 노래〉에
누구보다 공명하는 송 씨이기도 했기에 더욱 그렇다.

시골집에는 어머니와 보따리장수의 누님이 있었기에
시골집을 어서 팔아 새집 마련을 서둘렀지만
서로들 떠나려는 시골 부동산은 팔리지 않았다.
봄도 그냥 가고
수선스런 선거가 시작되어
박정희는 '5·3대선'에서 다시 윤보선을 눌렀고
이어진 '6·8총선'에서도 '3·15선거'가 무색할 정도였다.
이른바 '개헌선'을 노린 안간힘이었는데
여기저기서 학생들이 들고 일어나자
박정희의 능사인 휴교 조치다.
이래서 이승만이 쫓겨난 지 7년 만에 다시

'장기집권'의 망령이 되살아난 셈이다.

학생 데모를 뒤에서 내가 부추긴다는 엉뚱한 소문 안 내려
여름 방학을 내내 망해사에서 보냈다.
어느 교회에서 찾아 든 청소년 학생들이 목사와 함께
경내 숲 속 놀이의 술래잡기로 빙빙 돌며 노래한다.

"나뭇잎 푸릇푸릇 여름이 오면
소나기 주룩주룩 여름이 오면……"

내 시와 수필을 쓰기도 하면서
대학 시절 읽다가 덮어 버린 〈파우스트〉를 겨우 읽어 냈다.
깊은 공명도 없이 일깨워진 것은 유혹의 무서움이라 할까?
영원히 아름다운 것은 '여성적'이란 말도 되새겨진다.

이때 썰물 뒤의 사막 같은 개펄이라든지
밀물 바다의 저녁놀이 나를 출렁 울리어
내 문득 써낸 시는 이렇다.

　해 저무는 바다는 가슴으로 운다.
　서러움을 저토록 피로 토해 놓은
　이 땅의 한일랑
　노을 속에 묻어 두라는가?

하늘의 바다이자고
바다의 하늘이자고
서로가 애터지게 부르다 보니
해가 저문다.

제목은 〈해가 저문다〉
내 시편 중에서 가장 순산형이다.
오랜 옛날 숨어살기와 기죽어 살 때의 밑바닥에서
내 동면이 길고 깊었던 만큼
피멍울도 깊었던 터이기에
정작 숨통이 틔었을 때는
너무 늦었다는 회한이 피멍울졌던 셈이다.

4. 뒤늦은 문단의 뒷그늘, 봄 총선에서

언젠가는 신석정 선생이 둘이만의 술자리에서
추천을 받는 것이 작품 활동에 편리하다고
이 지각생을 챙겨 주셨는데
내 새삼스런 등단을 하고 싶지 않다고 하면서도
일찍이 한번 응모했다가 낙방한 일은 벙긋하지도 못했다.

이런 나를 챙겨 주는 문인도 있어서
전북문단에나마 이름이 올려지고
여기저기에 작품을 발표하게 되지만
뒤늦은 분발의 뒷그늘은 썰렁하기 일쑤였다.

꿀리는 등단 서열에서 밀려나 버리곤 했다.
이래서 나를 챙겨 준 문우들과도 되레 더 부딪치게 될 만큼
내 어설프게 삐딱한 뒷그늘 속의 늦둥이던 꼴이다.

오늘은 2004년 4월15일 총선의 날이다.
'정체성' 내세우던 한나라당이 '차떼기'로 뒤집혔다가
이를 박정희의 딸이 추슬러 놓았다는 것은
두 동강난 이 나라 민족사의 웃지 못할 익살이다.
아비는 총칼로, 딸은 눈물로 역사의 판도를 뒤흔들 만큼
부녀父女가 다 잘난 셈이지만
문제는 똑같이 '진보'를 가로막는 데에 있다.

놀라운 것은 아버지의 독재 '후광'을 딸이 업을 수 있을 만큼
대한민국의 반동성은 뿌리가 깊다.
해서 '탄핵' 반대의 힘다리는 휘청거리고 있다.

싹이 트려다가 군홧발에 으깨져 버린
진보 정당의 새싹을 내 바라는 터라서
어젯밤에는 여기저기에 전화를 걸어댔다.

민노당이 솟아오른 것은 놀라운 반가움이지만
영남 표는 한나라당이, 호남 표는 열린우리당과 민주당이 휩쓸었다.

5. 재교육의 여름방학, 송대현 교수

이 해 여름 방학 때는 광주에서 재교육 강습으로
내 뒤늦은 정교사 자격증에 땀을 흘린다.
무슨 교양과목 '고구마' '감자' 때는 '받아쓰기'만 할 만큼
웃기는 강사가 졸음을 오게 했는데
어쩌다 드물게는 화들짝 정신나게 한 명강의도 있었다.
'거창한 말 한마디없이 폭넓은 새로움을
조근거려 준 송대현 교수의 경우가 그렇다.
한번 가 보지 못한 자본주의 총본산을 한눈에 보여준다.

"무한정 퍼어런 지평선으로 뻗친 고속도로, 무지무지하게 풍요로운 땅입니다. 그 나라의 강사는 어쩌다 애기도 업고 교단에 올라와서, 한다는 첫마디가 이래요, 나는 얼마짜리 강사로 두 시간을 맡게 되었는데, 잘 이용해 주시기 바랍니다…… 이른바 '걸 플랜드' 삼는 경우도 그래요, 무엇보다 재빠른 자가 먼저 달려가서 덮치는 놈이 장땡을 잡아요. 어물어물했다가는 천신도 못합니다. 이

런 일도 있어요. 내 후배 연구생이 벤치에 다리를 꼬고 앉았는데, 불쑥 존경하는 강사 한 분이 나타났어요. 벌떡 일어나 머리를 숙였더니, 무슨 할 말인가요?' '아닙니다. 그냥 그저……' "그냥 그저라니요?' '어른에 대한 저희 나라 예절입니다.' '아하 그래요. 조금도 그럴 필요가 없는데……' 이러면서 씽긋 웃고 지나치더라는 거였어요…… 무지무지하게 푸짐한 나라, 철두철미한 효율과 경쟁의 질서, 그런 문명인 셈입니다."

"송 선생님! 애기 업고 강의해도 쫓겨나지 않습니까?" 누군가의 우스개 질문이다.

"쫓겨날 수 있다면, 그런 멍청이 짓거릴 왜 하겠어요? 제일 약삭빠른 지식인들이고, 홀애비가 아니라도 제 아내에게 급한 일이 생겼다면, 애기 보는 일도 으당 남편 몫이죠. 누구에게 돈 주고 애기를 맡기는 것보다 업고 강의하는 게 훨씬 더 실리적이거든요."

"하하하! 아하하!"

"미국식 사고에는 무슨 체면이나 위신 따위는 끼어들 여지가 없어요. 눈치볼 것도 없고…… 개척 정신의 신개발인 거죠. 우리가 헛기침 헛소리 지르는 것보다 그들은 쪽쪽 빠는 실속이 더 중요하거든요……"

"으흐흐! 아하하!"

우리는 웃으면서 '새 실속'을 챙긴 셈인데
이런 청중의 수준을 뛰어넘은 명강의를 듣고 나서
내 자신의 수업이 새삼 되짚어 진다.
이분의 '지성적 슬기'가 부럽도록 곱씹어지곤 했다.

이는 해학이나 풍자 이상의 끌어당김이다.
무슨 열정만으로는 교육의 효율성을 높이지 못한다.

무더위 속의 '자격증'을 내 얻어낸 덕분에
봉급도 조금은 올랐다.
내 술도 덜 먹게 되어
우리 부부의 삐거덕거림은 한동안 잠잠해졌다.

6. 내 변신變身 시늉, 송광사의 거지는

오래전에 두어번 새벽기도에 꿇어앉아 보기는 했는데
이 때 '유물사관'에 기울던 나로서는 엉뚱한 짓일지 모른다.
이에는 톨스토이의 영향이기도 했을 터인데도
무엇보다 내 좁은 속을 너그럽힐 수 있으면서
내 가정의 구름장을 걷어낼 수 있을 것 같아서다.
코앞만의 실속에 아등거리는 아내에게 소곳해질 수 있는
'너울'을 씌우고 싶었던 것도 사실이다.

내가 오래 절간 밥 먹었으면서 망설인 끝에
천주교를 택한 것은 불교권의 가난이 싫었고
개신교는 유별난 편파성이 껄끄러웠기 때문이다.

이 때만 해도 천도교나 원불교에 대해서는
내 아는 바도 별로였기에 그랬다.

"니가 다 종교를 갖다니…… 그래, 이데올로기는 폐기처분한 게
냐?" 임대택 형의 이죽거림이다.
"폐기처분 않고도 아편은 먹을 수 있거든. 마르크스·레닌의 종교
아편 말여."
"허, 아편쟁이 하나 생겼구나!"
한데 영세받을 날짜를 어기면서까지 결단을 미루며
내세운 ⑦대부님께 옹색한 변명을 해야 했지만
우리 가족이 불교신자인 어머니만 빼고는
모두 영세받게 된 데는 보나 수녀의 열성이 컸다.

이래서 내 가정은 부부 화합도 찌그뚱 이루어졌는데
이제는 내가 품어 주어야 한다고 다짐하곤 했지만
못된 내 버럭성미는 쉬 고쳐지질 않는다.

두 해 만에 다시 나는 송광사의 겨울을 찾는다.
밤이 되어 놀라운 것은 이태 전에도 밤마다
내 방구들 아궁이에 기어들던 거지를 보게 된 일이다.
저토록 사람 목숨이란 모진 것이던가?
내가 아랫목에 누워 있노라면

---

⑦ 천주교에서 영세를 받을 때는 남자의 경우 대부(친지 남신자)를, 여자인 경우는
대모(친지 여신자)를 한 분씩 내세우게 된다.

내 등 밑 구들 아래 거지와 겹치는 셈이어서
'송장'에 얹혀지는 일이 없기 위해서도
내 담요를 들고 나가 그 아궁이에 드리워 준 예전이었지만
이번은 전혀 그러고 싶지 않았다.
끈질긴 목숨이 왠지 역겨워질 뿐인데도
실성든 거지는 끙끙대다가 구시렁거리며
무어라곤가 목안 소리를 뒹굴린다.
웬 방귀마저 연발탄으로 내갈겼다.
오래도록 잠을 이룰 수가 없어서
구들 아궁이 쪽 헛간으로 나갔다.

"어이 주상이, 이름이 주상이라 했지? 시끄러워 어디 잠잘 수가 있어야지! 자, 담배 한 대 먹고, 조용히 해요. 알았지?"
"예! 예! 알었시오."

하지만 실성기 발작은 또다시 이어지곤 해서
이튿날 나는 스님에게 하소연하기에 이르렀다.

"한번 타일러 보겠습니다만…… 이 동네서 사는 사람인데 '6·25' 때 실성들어가지고…… 사람은 착해서, 여러 끼 굶어도 남의 것 훔치는 일은 한 번도 없다고 해요……"

어떻게 스님이 설득했는지 광인 거지는 어디론가 사라져
한밤에도 나는 소설 〈구름빛〉을 쓰기에만 골몰할 수 있었다.

7. 개꽃 세상, 춤바람 문턱을 넘다, 골목길에서

이즈음 전북문협 지부장 선거를 외면하게 된 나는
해당 후보의 패거리들 술판에 걸려들어
꼭 만화 같은 쌈질을 벌였다.
오래 못 가서 서로들 웃었으니 말이다.

하기는 신석정 선생의 배려 덕도 분명한 것이
쌈질이 있던 이튿날 나는 선생 댁의 동백꽃 소식을 받고
놀러 가서 시누대와 호랑가시나무의 선물도 받게 되었다.
그 호랑가시는 이사 온 이 시골 우리 집에서
가정 우람하게 밑동이 한아름 될 만큼 자랐다.

예전에 선생은 산책길에 우리 집 들르시는 적도 있어서
내 열적은 '처사 취미'를 되레 '동양 취미'라 두둔해 주셨고
돈 방석에만 눈불을 켜는 반동들의 조사나 읽고 나서
죽었으면 한다고 아하 웃으셨다.

"자연을 좋아허는 것도 중요허지만, 역사 의식이 없는 시는 아메바와도 같은 것이여. 비록 서정을 읊되, 그냥 서정만이 아니고, 역사 의식을 바탕에 깔고 있는 시……"

내가 새 집 지은 지 한 해 만의 봄에는
아내와 함께 창고채의 회칠도 하며
우리 꼬마들과 생질 성규가 시중들어 주는 정원 가꾸기에
부지런도 피워대곤 했었다.

무슨 일에 한번 매달리면 그것밖에 모르는 내 성미다.
우리 막둥이가 밥도 안 먹고 불놀이에 신바람인 것을 볼 때면
옛날 내가 제기 만드는 납을 녹이려 어둡도록 골몰한 일이
어쩌면 저리도 '부전자전父傳子傳'인가 싶어진다.

이런 내 막둥이가 부모의 장점만 닮기를 바랄수록
못되게 돌아가는 세상에 물들지 않을까 걱정도 커서
이무렵 꼬마들의 큰 부러움인 텔레비전도 끝내 안 사 주었다.
이웃집 것 구경에 꼭 거지새끼 눈꼴라는
내 아내와 다투면서까지 그렇게
어쩌면 손바닥으로 하늘 가리기였지 싶다.

한번은 내가 목욕탕에 가는 골목길 삼거리인데
꼬마들 가운데 하나가 두 아가씨를 향해 무어라 종알댄다.
목욕탕 쪽에서 걸어 오던 아가씨들의 대꾸는 이랬다.

"머라는 거니?"
"나더러 나팔보지래. 내 신랑과 잘 아는 앤데."

큰소리로 생글거리면서 지났다.
내가 길을 접어들었을 때다.
한 꼬마가 아가씨들 뒤통수에다 소리친다.

"양갈보!"
"저 좆도 안 까진 쌔끼들이 까불어. 당장 안 꺼져!"

뒤돌아선 아가씨는 쫓아갈 듯한 시늉이었는데
꼬마들은 제 엄지손가락을 두 손까락 새로 촐랑대며 웃는다.

"헬로우! 씨비씨비!"

어른들도 이른바 '엔죠이 풍조'로만 흘러
내 친구들이 드나든다는 비밀 댄스홀 문턱을 넘어 보았다.
한 과부집의 널따란 방에 대여섯 명의 '단골'이 둘러앉았고
한 쌍의 남녀가 방 가운데서 초보 교습인 모양새로
댄서의 "슬로! 슬로! 퀵퀵!" 소리에 돌려 나간다.
이윽고 낮은 전축 소리가 흘러나오자
모두가 일어서 쌍쌍이 출렁대었지만
내 혼자 구석참으로 눈알만 굴렸다.
'별천지'라더니 가히 그렇구나 싶은데
쉬는 참에 댄서가 와서 '어디 한번 잡아 보실까요' 한다.

"내 전혀 못 춥니다."

"알아요. 김 선생님한테 들었습니다……"
못 이긴 체 일어나 댄서의 구호에 이끄는 대로 이끌렸다.
무슨 박수 소리에 나는 얼굴을 후끈거리며 땀을 뺐다.

"배우고 익히는 데 보통 한 달 걸리지만, 선생님은 열흘이면 충분할 것 같네요. 운동 신경이 대단하셔요!"

이렇게 초보자를 부추겨 주는 데에도 이골난 댄서다.
호들갑 꼬드김인 줄 알면서도 기분이 좋았다.
진짜 한번 배워볼까 하는 유혹이다가도
나대로의 딴 욕심이 더 컸다.
내 앞띠고 배짱도 별로인 태생이라서
들통났을 때의 아내 발악이 겁났던 것인지도 모른다.
하기는 나대로의 시간이 아깝기 때문이기도 했다.
무슨 티 나게 하는 일이 없으면서 그렇다.

8. 오만한 출발, 제3공화국, 이런 배웅길

첫시집의 서문을 신석정 선생한테서 받았는데
한마디로 마음 안 드는 내용에 술만 잔뜩 먹고 나서

어쩌자고 밤에 선생 댁을 찾아 갔다가
두 마리 개한테 쫓기듯 되돌아섰다.

내 푸푸거리며 집에 와서는 전화로 선생을 깨워
시인답지도 않게 무슨 맹견을 두 마리나 키우는지?
어디 무서워서 찾아뵐 수 있겠느냐며 망언을 내뱉었다.
주광증보다 더 못된 오만의 발작이었던 꼴이다.

무슨 천재성의 늦깎이 발견의 말이라도 얹혀 주기를
엉뚱하게 굼틀거리었던 것 같다, 첫시집이니 말이다.
한데 예술인의 특성에 대한 허두부터가 너무 길었다.
어떻든 나를 '남다른 고집과 긍지와 패기를 지녔으되
속된 증감이 없는 호수처럼 여력이 면면한 사람'이라고 했다.

이 이상의 찬사가 풋내기 첫출발에 어디 있으랴 싶어
내 후끈한 사죄의 글월을 올렸지만
첫출발의 아픔이었다면 미안하다.
'서문'을 빼 버려도 좋다는 답장인 대로
깊은 용서는 안 되셨는지 내 출판기념회에 안 나오셨다.
두고두고 후회로운 내 망언이다.

이 무렵에 창간된 종합지 ≪약진전북躍進全北≫에 앞서 밝혔듯
내 소설 〈이런 바람끼들〉이 연재되기 시작하고
지방의 신문·잡지에나마 늦부지런을 피웠다.

이때 쓰게 된 시 〈겨울 해〉가 되새겨진다. 옮겨 본다.

눈 덮인 허허벌판 바람 속을
까마귀 떼가 날고 있다.

아, 사랑하면서
차갑지도 뜨겁지도 않은 마음을
내 배워 익히고 싶다.

저 겨울 해처럼 혼혼히
눈도 꺼먹새도 녹여 줄 일이다.

하기는 착함이 망가져 버린 세상에서
내 하나의 수신 문제가 무슨 의미가 있으랴 싶을 만큼
학교에서는 책, 신발, 자전거 등이 도둑맞기 일쑤였다.
오늘날 국회의원들마저 굵직굵직한 도둑질로 줄줄이
'도둑질 공화국'이 되고 있는 터이니
한 세대 묵은 늪처럼 그 뿌리는 깊다.
일찍이 남북 교류 북측 대표가 워커힐의 환영 공연을 보며
'미제가 참 많이 버려 놓았다'고 개탄했다더니
자본주의 바람에는 사람 뭉개질 수밖에 없는 셈인가?

어제는 3월 초하루였는데
문득 내가 보고싶어졌다며

찾아온 수원水原 사촌이 돌아갈 때
내 함열역까지 배웅하러 나가 외식을 했을 때다.
서로 술을 나누다가 정치 이야기가 나왔다.
얼큰해진 동생은 다음 대통령감으로 박근혜를 내세운다.
이 나라 잘살게 한 대통령의 딸일 뿐더러
한나라당 건져 냈으니 빨갱이 세상도 막을 수 있으리란다.

우리 가정의 예전 수난 따위는 까맣게 잊어버린 말투다.
내 숨어 지낸 더벅머리 몰골이야 지워 버렸다 할지라도
제 생부가 빨갱이로 묶여 간 일조차 하얗게 빛 바랜 셈인가?
불끈해진 나는 숨을 몰아쉬며 뚫어 보았다.

"이리도 얼띤 자네니까 아부지도 친자식보다 나를 더 애끼셨던 거여! 어찌 손바닥 뒤집듯 이럴 수가?"
"지 의견이라기보다…… 수원 사람들 여론이 그렇다는 거죠."
"여론에 한번 잘도 물든 꼴이구나!"
"물든 것이 아니라……"
"관둬! 술맛 떨어지게!"
식당 주인은 딴 손님이 없어 우리만을 자꾸 흘금거렸다.
오랜 옛날 이 사촌이 내 근무지로 돈 얻으러 온 일이라든가
한번 오면 여러 날을 뭉싯거리더니
한번은 위장병 진찰까지 받게 한 일 등이 되씹어졌다.

이제 와서는 핏줄이 이토록 적개심일 수 있으랴 싶어진다.

서로 늙판에 무슨 사상병이라도 걸린 것처럼.

언젠가 대학 동문인 친구가 내 '운동'의 극성을 두고
철 좀 들라고 한 말이 곱씹어진다.
이 모두 철이 안 든 탓일까? 철부지의 끈질김일까?
내 시골 역두에서 늙은 동생 보내는 스산스러움!
손을 흔들어 주지도 못한 채 돌아섰다.

9. '7·4 공동성명'과 '10월유신', 위장 귀농인가?

'잘살아보세'의 북소리가 커질수록
이제는 빈부의 거리가 한결 더 벌어지고
서로들 못 믿는 인심은 야박스러워만 갔다.
불어난 고학생 중에서 우유배달 같은 벌이를 하려도
보증인 인감증과 재산 증명서를 갖추어야 했다.

내 근무 학교에서도 비담임인 나에게까지
이런 보증을 해 달라는 학생이 있을 만큼
여러 학생이 우유배달 품팔이를 하고 있었다.

이듬해 봄에 나는 전고로 전출되었는데
얼마 후 대선을 앞두고 교장실로 불려갔다.
내 고향에 통정할 만한 사람이 있느냐는 물음에
떠나온 지 오래되어 없다고 했더니
교장은 더 묻지 않으시고 그냥 나가라고 했다.
상부의 은밀한 득표 공작임을 내 짐작하면서도
쉽게 발뺌을 한 것이 무슨 배신처럼 찜찜했다.
내 고교 시절의 은사였기 때문이다.

하지만 공화당 후보 박정희의 유세장에 동원되기 위해
대기하라는 것을 나는 두통을 핑계로 빠져 나온 것은
어쩌자고 다시 이승만의 망령인가 싶어서다.

한데 '반공 영화'라는 북녘 기록영화는
'일사불란의 보무'를 다지는 거기 군인·학생들이라든가
'6·25'의 폐허를 딛고 우뚝우뚝 재건된 평양이라든가에
내 속 깊이 후끈해지던 것이지만
정부의 속내는 '독성 빨갱이 실상'을 보여 주려는 것 같았다.
너무 자유롭게 헐렁했다가는 먹혀 버린다고 말이다.

"정신차려야 합니다. 여러분! 데모다 뭐다, 정신 빠진 짓거리 하지 말고!"

이렇게 한 고관은 방송으로 외쳤다.

어느 날은 느닷없이 ⑧이후락이 김영주를 만나고 왔다는
⑨'남북공동성명'에 나도 그만 새 희망처럼 놀랐다.
세상이 휘둥그래지던 '중대 발표'인 것이다.

하지만 ㉑'10월유신' 선포로 영구집권 터전닦기에
통일주체국민회의와 유신정우회가 앞장서는 모양새로
이 해 겨울 박정희는 대통령에 '추대'되었다.
단독 출마에 99퍼센트의 득표율이었으니 세계를 웃겼다.

오늘은 2004년 7월21일, 저녁 텔레비전 보도에
㉒송두율 교수가 무죄 판결을 받아 풀려났다고 한다.
'유신' 이후 세월도 많이 흘렀지만
세상도 참 많이 바뀌었다.
박정희의 2세가 야당 대표가 되어
'대한민국 정체성'을 지키겠다며 발끈대고 있다.

공산주의권이 깨진 지도 10여 년인데
마르크스의 이상만은 누구의 말처럼 인류가 이어지는 한

---

⑧ 남한의 중앙정보부장 이후락이 북조선의 로동당조직부장 김영주을 극비리에 만나고 왔다는 톱뉴스다.
⑨ '7·4남북공동성명'으로서, 1972년 7월4일 서울과 평양에서 남북 당국이 공동으로 발표한 성명인데, 통일 문제에서는 그 3대 원칙 ① 자주, ② 평화, ③ 민족 대단결이다.
㉑ 1972년 10월17일 박정희 대통령이 단행한 대한민국 정치 체제의 일대 변혁으로서, 군대를 동원한 헌법 기능의 정지와 함께, 반대파의 정치 활동을 전면 봉쇄했다.
㉒ 독일 체류의 해외 학자로서 2003년 역사바로세우기연구회 초청으로 귀국했다가 얼마 후 국가보안법 위반 혐의로 수감되어, 상고심에서 '무죄'로 석방되었다.

'두루 잘 살아야 하고
두루 행복해야 한다'는 소망은
이 땅 모든 사람의 꿈일 터이다.

한데 '인간악'은 좀더 깊은 데에 도사리고 있어 보인다.
내 한번 ㉓귀농자를 도와주기도 하려던 것이
사람을 잘못 들이게 되어
'타인이 곧 지옥'이라는 말을 비로소 절감해 보는 시늉이다.

내 이제 '사회정의'를 내세워
'가짜 귀농자'를 어서 내쫓아 버릴 궁리를 굴리곤 한다.
놈한테 까다롭게 군다고 '씨팔 것' 욕을 먹은 뒤로는
놈이 그냥 미워졌기 때문이다.
이러다가는 내 선뜻 빌려 준 오토바이 값도 떼일 수 있고
쫓겨 난 뒤의 앙갚음이 얼핏거려질수록
내 불끈 더 오기스러워지는 꼴이다.

㉓ 거처와 양어장과 채소밭을 무료 대여하고, 솔밭 관리를 맡기고자 했었다.

10. 내 2중성격은 이렇게

하기는 앞서 말한 내 오기스러움도 내 2중성의 하나다.
여느 때는 새각시처럼 얌전둥이라는 말을 듣지만
어쩌다 마음에 든 친구 앞에서는
새설꾼이 되어 버린다.
문학에 미친 뒤에 2중성은 더 두드러졌다.

숨막히는 〈죄와 벌〉의 라스콜리니코프가 색마에게 대들어
구해낸 소녀를 마침 지나던 경찰에게 넘겨주고 나서
멀어져 가는 그들의 등 뒤에다 외친다.

"어어이! 순겨엉! 그 소녀 내버려 두어! 색마한테 먹히게에! 아하하하!"

이 대목은 나에게 묘한 끌림으로 감겨 왔었다.
이 작품을 쓴 그는 제 이중성격에 고민했다더니
그런 병적 갈등이 주인공에게 투영되었으려니 싶다.

내 젊어서는 술 기운에 호탕스러워져
시큰둥한 애교를 부려 직흥 춤으로 멋스러워진다.
갑자기 딴사람 되어 버리는 것이 스스로 놀라워지곤 했다.

어디 먼 길의 버스를 탈 때면
중간쯤의 좌석을 잡는 조심쟁이면서
무슨 행패짓거리 앞에서는 불끈해져 물불 가리지 못한다.

한번은 시내버스 안에서 희롱당한 여학생이 내게로 달려왔다.

"아저씨! 저 깡패들이…… 저기요……"
"아니, 이놈들! 니들에겐 누이도 없냐? 못된 놈들 같으니! 꼼짝 말고 있어! 넘겨 버릴 테니!"

세 놈 중 두 놈이 도중하차하려는 것을
내 뒤쫓아 내리려 하자
내 허리 붙들어 당기는 아주머니.

"내리셨다간 큰일나요! 요샛것들 칼 안 가진 놈 없어라우!"

한사코 끌어안듯 말렸다.
언제나 젊은 줄 알고 불끈대는 시늉이지만
내 겁 많은 태생이다.
한눈에 들어서 어쩌다가도 이것 틀렸다 싶으면
싹뚝 돌아서 버릴 만큼 변덕쟁이면서
한번 믿거나 끌린 사람과는 긴긴 세월 이어가는 것도
이 또 다른 2중성이거니 싶다.

11. 양녀를 내보내고, 명문고의 입시철

어느 해 겨울 송광사에서 부지런한 심부름 소녀를 보고는
부엌일이 힘에 부친다고 되뇌던 아내의 말이 떠올랐다.
내림의 심장병이 도지곤 하는 아내를 불러 내어 아이를 보였다.
눈에 든다는 아이는 여기 주지 스님의 외손녀라서
이야기는 수월하게 풀려 나간다.

"이 애는 조실부모했구요. 제 누님 슬하에서 자랐습니다. 이 애의 고모할머니가 키우셨는데 지금 속리산 직지사 보살이십니다. 선생님 같은 내외분의 양녀라면 반기실 겝니다. 누님한테 전화허겠어요……"

이래서 아이는 '가사를 돕는 우리 집 양녀'가 되었는데
우리 호적에 입적한 이듬해에는
영생고교 야간부에 입학을 시켰다.
학벌 세상의 고등 교육은 기본이라는 데에
아내도 선뜻 동의해 준 것이지만
갈수록 시키는 일에 건성이라며 아이에게 핀잔이 잦아졌다.

이 해 겨울 불행의 빌미는 달리 터졌는데
아내가 양녀의 일기장을 훔쳐보고는

대놓고 터뜨리지 못할 분통을 소리 죽여 내게 내뱉았다.

"고년 일기 쓴다는 풍신이 내 욕이여. 머 양엄마란 사람이 눈길 한번 곱지 못한 풀쐐기라고? 현심이만 챙긴다는 거여. 지까짓 게 머러고 친딸에 비겨! 분통 터지는 건 아빠한테 멸시받아 싸대! 썩을년 같으니! 진작 바래져가지고 연애깨나 헌 푼수여. 성병까지 얻어 걸린……"
"관둬! 어짓잖게 남의 일기나 훔쳐보면서……"
"당신이 날 멸시헌게 고년까지 덩달아 멸시허는 거여!"
"……"

거실 건너 큰방에 어머니와 함께인 양녀가 들을까 싶어
이내 밖으로 나와 버렸지만
한번은 양녀 이선이가 설거지하다 내 밥그릇을 깼다.
이에 아내는 뱃속 깊은 미움이 터지고야 만다.

"왜 해필 대주의 밥그릇을 깨어! 집안 망허라 오기라도 부리듯이."
"누가 오길 부려요? 누구는 실수 한번 안한 것처럼……"
"아니, 이것이 누구에게 말대답이여? 이뿐 것이 이뿐 짓만 골라서 허네. 영 한 집서 못 살라나바!"
"저도 그래요!"
"그만들 못해! 너 이선인 어서 밖으로 나와!"

내가 버럭 소리를 지르고서야 이선이는 나왔다.

얼굴이 벌개져서 여느 때에 없는 앙칼스러움이 미웠다.
이래저래 며칠 뒤에는 양녀의 고모할머니가 다녀가고
'최'이선은 '공'이선으로 되돌려졌다.

이튿날은 함박눈이 내리는 공일이었는데
내가 집 모퉁이 벤치에 앉아 담배를 피워대고 있노라니
이선이가 소리 없이 나타났다. 다가선다.

"아빠! 죄송해요. 잊지 않겠어요…… 엄마한테 미움받게 된 일기 관계…… 들었어요……"
"일기장 하나 간수 못허면서…… 적을 소리가 따로 있지! 그걸 읽게 되고 세상 어느 여자가 가만 있겠냐? 다 끝난 일이지만…… 졸업 못 시키고 만 것이 무엇보다 마음 걸린다……"
"제 힘으로 마치겠어요. 제가 가지고 온 돈도 엄마가 돌려 주셨구요…… 아빠껜 무어라……"
울고 서 있는, 한식구이던 아이의 얼굴을 쳐다보고
일어선 나는 그 어깨에 손을 얹었다.

"어디에 가 있든 부디 건강허라. 희망을, 꿈을 잃지 말고…… 자 그만 울고…… 어서 돌아가!"

내 소리죽여 웅얼거리며 놈을 돌려세웠다.
이 모퉁이 옆창 서재에서 인기척이 들렸기 때문이다.
같은 시내에서 셋방살이로 고학하는 그 애를

내 딸 현심이는 예전처럼 '언니'라 하며 찾아다녔고
훗날 멀리에서 청첩을 받은 나는 축의금만 보냈다.
내 자식 결혼식 때는 용케 알고 제 신랑과 함께 왔었다.

이제 9년이 넘도록 끊긴 소식이 새삼 궁금해진다.
언젠가 내게 독수리 모양 철제의 둥근 벽시계를 선물해 준
이선이 고모할머니는?, 그리고 스님은?
한번 뵙고 싶은 분들이다.

오늘은 우리 학교 입시 채점을 하는 날이다.
무슨 일을 나는 미적미적 미루거나
오래 꾸물거리는 성미인데도
여럿이 입학시험 채점이라도 하게 되면
누구보다 빨리 끝내 버리기 일쑤다.

이른바 명문 학교의 입시 전형 때는
여러 언론사의 정보 취재 경쟁도 유별나다.
누가 먼저 합격자 명단이나 발표 시간을 알아 내느냐는
언론사 기자의 능력 문제인 셈이다.
내 잘 아는 기자는 교장을 찾아왔다가 싹뚝 거절당하고
돌아가서 전화를 했던 모양인지
이튿날 나는 등교하자 교장실로 불려갔다.
새로 온 지 1년도 못 되는 전 학무국장이시다.
"누구보다 최 선생님은 기자들과 어울리는 일이 많으실 줄 압니다.

글을 쓰시니까. 어제 온 기자는 선생님 출판기념회 때도 본 사람인데, 저에게 오해가 있는 것 같아요. 합격자 명단이나 발표 날짜에 대해 이것저것 묻기에 얼굴을 돌렸더니, 대단히 서운했던 모양입니다. 그때사말고 본교 출신 유지들한테 시달린 끝이었거던요…… 어제 걸어온 전화 목소리부터가 예사롭지 않았고, 도중에서 짤깍 끊어 버리더군요…… 다시 전화를 걸어도 받지 않고, 서무과장을 그 댁으로 보내 보았지만, 만나 주지도 않더래요…… 오늘 최 선생님이 한번 힘써 주시죠. 오해를 풀 수 있게……"
"예, 알겠습니다."
"만난 결과는 집으로 전화 주시구요. 내 오늘 출장 예정이었지만…… 집에서 기다릴게요……"
"아니, 그러실 것까진 없을 것 같습니다. 출장 다녀 오시죠."
"혹시라도 내가 합석해야 할지도 모르니까…… 전화로 연락 기다리겠습니다."

엉뚱하게 파인 골이 내가 끼어들어 메워지기는 했는데
지체 높은 사람일수록 언론에 꼼짝 못하는 셈인가?
해서 큰 언론사 사장을 '밤의 제왕'이라 이르는가?

군사정권 시절 언론부터 휘어잡아 '보도지침'이 생겼지만
정작 쓸어내야 할 야바우 협작꾼은 그대로 판치고 있다.
무슨 진실과 정의감 따위는 문들어진 지 오래다.

이래서 민주화 길목의 통치자들은 언론을 때리려다

눈만 흘기는 꼴이 되곤 했는데
노무현 대통령은 그래도 진득스러워
후보가 되기 전부터 '언론 개혁'을 내세웠기에
이곳 참여연대 초청의 전주 나들이 때는
내 무엇보다 이 싸움 의지를 두둔해 주었다. 환영사에서 그랬다.

12. 이라크 파병, 뛰어난 문제아들

언제부터 노무현 대통령은 꿍꿍이속 파병을 한 것인지
지난달, 그러니까 2004년 9월 중순의 보도에
모든 시민운동 단체가 놀라고 노여워했다.
이라크행 병사의 안전을 위해 극비리의 결행이었다지만
그의 언론 개혁이란 그래 '알 권리'도 빼앗는 셈인가?
크게 잘못된 파병을 더욱 욕되게 하는 졸수다.

새 '행정 수도' 기반 또한 실컷 다져 오다가
엊그제는 헌재憲裁한테 숨통 찔린 꼴이 되고 말았다.
이래저래 '개천의 용'은 굼틀거리기만 하는 시늉이다.

이런 노무현이 쿠데타 두목의 딸과 맞수가 되고 있으니

이것도 분단 민족사의 익살인가?
하나는 빨치산의 딸을 아내로 맞은 진보 진영의 총수이고
다른 하나는 친일파를 아버지로 한 보수 진영의 대표다.

한데 내 이율배반은 재일교포 문세광의 총탄에 죽은
육영수의 빈소(도청내 빈소) 조문을 거부하고서도
유신 독재를 규탄하는 제자들에게 사르트르를 팔았다.
"제2차대전 때 홀어머니를 모신 젊은이가 출정 여부를 놓고 고민 끝에 사르트르를 찾아갔던 모양입니다. 출정하자니 어머니가 굶어 죽게 되고, 안하자니 사명감을 저버리게 되고…… 어떻게 해야 좋겠느냐고 물었습니다. 이에 사르트르는 '네가 마음 내키는 대로 하면 된다. 어느 길을 가든 그것이 너에게 절실한 선택이면 옳은 것이 될 뿐이다.' 이렇게 그는 후회되지 않을 선택을 말한 셈입니다…… 여러분에게 지금 절실한 것은 배움일 것이고, 깊게 배워야 크게 항거할 수도 있다는 것을 잊지 말았으면 합니다……"

내 옹색한 논리로 자신의 비겁성을 덮으려는 것이었는데
수제자들은 이를 뚫어본 듯 들고일어났다가
줄줄이 처벌당하기에 이른다.
이을호, 채수찬, 오용식 등이 주모자로 퇴학맞고
이 외에도 정학당한 학생들 중에는
내가 서문을 써 준 〈3인 시집〉의 지은이도 끼어 있었다.

이에 훨씬 앞서 내 문예부에 뜻밖의 일이 생겼는데

한 학생의 소설 같은 자살이다.
파스칼의 〈팡세〉를 끼고 다녔다는 그의 친구 말대로
너무 말이 없던 그는 제 어머니도 눈치채지 못할 만큼
오랜 일기장과 소지품을 여러 날에 걸쳐 태우고 나서
제 애인을 만나고는 속리산에 들어가 목을 매달았다.

내가 가정방문을 했을 때 채소 장수인 홀어머니는
부자 영감이 사 준 뒷골목 삼칸 집에서 목놓아 울었다.

"오직 아들 하나만 믿고 살았는디…… 으흐흑!…… 저 마늘밭 머리서 가끔씩 웬 쓰레길 태우는가 혔더니…… 죽을라고 그럴 줄은 꿈에도 몰랐어라우…… 아이고오! 아이고!"

이 무렵 내 친지 한 분은 아들의 두문불출을 호소해 왔다.
문과 2학년이란다. 담임에게 알아보았더니
너무 말이 없는 우등생인데 왜 결석하는지 모르겠더란다.

무더운 날 내가 찾아 만나 본 그는 웃통을 벗은 채였지만
묻는 말에는 그런대로 선선했다.

"열심히 산다는 게 우습고 시시해졌어요……"
"누구의 무슨 영향이라도……?"
"아닙니다. 배워서 열심히 점수 딴다는 것 자체가 부질없는 짓이라고 느껴졌을 뿐입니다. 벨 볼일 없는 세상인데 말이죠. 유신 독재

가 판치는……"
"그래 인생을 거부하자는 건가?"
"철저히 거부하고도 싶지만, 자살할 용기는 없구요. 그렇다고 무엇을 새로 배우고도 싶지 않고…… 이 나라에선 많이 배울수록 큰 사기꾼이, 왕도둑이 되거나, 총칼로 때려 엎어 버리거나…… 그래서 그냥 타락해가지고 되는 대로 꿈틀거리는 게 좋을 것 같아요."
"제 주변의, 특히 부모의 소망이나 기대를 무참히 뭉개 버리는 것도 죄악일 텐데?"
"누군가의 말이 생각나느만요. 진짜 정열은 자기 자신밖에 모른다는……"
"너도 그래 이 경쟁 사회에서 별수없는 이기주의로 굳어져 간다 하더라도 그건 좋다…… 무엇보다도 건전해야지, 정신부터가. 마음부터가 망가지면 몸도 망가지게 마련이다. 부모가 사랑하는 자식이 호되게 앓는 것을 보는 것처럼 더 큰 아픔은 이 세상에 없다……"

어찌 의외로 선선하던 그가 그만 입을 다물어 버렸다.
유별난 수재가 걸리기 쉬운 철학병이지 싶었는데
눈빛은 안으로 깊이 타고 있어 보였다.
내 일기를 들춰 보니 다음과 같은 논리로 마무리 되었었다.

"소박하게 깡질긴 생명력을 우리는 존중할 줄 알아야 헐 것 같다. 니 고민 앞에 더 할 말이 없다만, 니가 우습게 시시하게 보는 이 세상이, 이 지구의 인류가 수백억 년 이어져 왔다는 사실이다. 또 그렇게 이어져 갈 거다, 이 지구가 깨져 버리지 않는 한……"
"……"

웃통을 벗은 채로 그는 방문턱에서 나를 배웅했다.
제 부모의 애간장깨나 끓인 끝에
한 1주일 만에야 학교 공부 시작했던 것으로 기억된다.

13. 절망의 어둠을 뚫고, 가족 소풍을 가다

여러 달 신장염으로 입원해 있던 내 막둥이가
한때는 다시 병원을 옮겨야 할 만큼
의사의 절망적인 환자 증상을 듣게 되었을 때
눈앞이 캄캄했다.
우리 내외는 처음으로 끌어안고 울었다.
병원 모퉁이에서 흐느끼고 있는 애엄마를 보았기 때문이다.
환자 수발 멍청하게 한다고 겁으로 보대낀 아내임이
내 뭉클 일깨워졌던 시늉이다.

이튿날 출근한 나에게 전화가 왔는데
큰아들의 울먹이는 목소리가 이랬다.

"준열이가…… 아부지 찾아요……"

이미 옮긴 예수병원의 계단을 허둥허둥 뛰어 오른 나는
환자의 옆에 떠 있는 손을 잡고 무릎을 꿇었다.
한밤중에는 긴 복도 끝에서 다시 무릎을 꿇고 빌었다.
주여, 살려주옵소서! 아, 부디! 부디!

이 어두운 겨울에 민간요법도 곁들여서
㉔'참새구이'의 포장마차와 시장과 산골 집을 헤맨 보람인지
봄이 되어 완치의 퇴원을 하기에 이르렀다.

우리는 난생처음으로 가족 소풍을 갔다.
온 식구가 가까운 숲 속을 택시로 찾아가서
챙겨 가지고 간 도시락을 둘러앉아 풀었다.
점심을 마치고는 막둥이는 제 특기인 그림을 그리고
외동딸과 큰아들은 나리꽃 꺾기에 신바람이 났다.
이를 나무 그늘에서 흐뭇이 바라보시는 어머니
우리 내외는 내 술타령과 그 시중에 어느덧 한나절이다가
걸어서 돌아올 때는 어느 마을 앞 연못에 들렀다.
큰아들을 시켜 연뿌리 하나 캐게 해가지고
우리 집 대문을 들어설 때 큰아들이 제 엄마 손을 잡으며 이랬다.

━━━━━━━━━━━
㉔ 민간요법으로서, 신장염에는 참새구이가 특효가 있다는 말을 듣고 나는 한 달 동안 을 참새를 구하기에 이리저리 헤매었다.

"오늘이 우리 집 제일 행복한 날이네요!"

허구한 날을 내 시간만 챙기기에 바빴던 일이
비로소 아프게 때려 왔다.

14. 명문 학교의 수난들, 두 수제자

하기는 뒤처질수록 도태되는 경쟁의 사회다.
이런 몸부림은 명문 학교가 두드러져
어영부영 가르쳤다가는 학부모들에게도 말썽거리가 된다.
학교장의 느닷없는 수업 참관을 받게 되거나
제 수업 때의 학생들 태도가 유별나게 버릇없어져
너 하라 나 자겠다는 듯이 책상에 엎더 버리기 십상이다.

오랜 세월 실업학교에서 길들여진 나는
이 명문 학교에 와서도 흥미 위주의 문학담과 개똥철학으로
일류 대학 지망생들에게 반발심을 일으켰던 모양으로
옮겨 온 지 한 달도 못되어 교장실로 불리어 갔다.
"오늘 내가 불쑥 수업 참관도 해봤지만, 최 선생 수업은 입시와는
좀 거리가 멀어. 입학 점수 따기가 어렵다는 거지. 여기서는 점수

벌레가 되게 가르쳐야 혀."
"요즘 교육감이 내세우는 인간 교육은요?"
"거야 실업학교를 두고 헌 말이지, 우리 학교는 예외여. 서울대학에 몇 명을 집어넣을 수 있느냐에 우리 학교의 명운이 걸렸은게. 그리 알고 수업 방법을 바꿔. 학생들 요구는 달러. 알겄어?"
"예. 무슨 말씀인지……"

이런 나를 끌어들인 은사의 실망과 처지가 헤아려져
학원식 수업 준비에 열심대다 보니
교장에게 밀고한 학생부터가 나를 따르게 되었지만
제 목적을 위해서는 사제 관계 따위도 아랑곳하지 않는
이른바 명문고의 비정이 새삼 씁쓸하게 실감되었다.

학교장의 독단적 일솜씨도 입질에 오르내릴 무렵
한번은 도 장학진의 급습을 받은 일이 있는데
무엇을, 누구를 겨냥한 장학 지도인가는 짐작할 만했다.

새 학기의 인사에 교육국장이 본교로 오고
내 은사는 군산상고로 옮겨 가셨다.
한데 어찌 이·취임 인사가 따로따로였던 만큼
신임 교장은 환영 술자리에서 입바른 쓴소리를 듣기도 했다.

"최 교장 선생님은 떠나실 때 서운한 말씀 한마디 안하시던데, 왜 전임 교장에게 험담이신가요? 존경할 수 없는 분이시구만요!"

이는 수학 선생이었던 것으로 기억되는데
신임 교장은 앞서 밝힌 '기자 수난'의 장본인이기도 하다.
어쨌든 어거지로 들어오면 밀려 나게 마련인 경쟁 원리를
우등생일수록 쉬 익히는 집단이 명문 학교일지도 모른다.

이번 인사로 본교에도 여러 교사가 옮겨진 터라서
새 친화회장에는 뜻밖에도 내가 선출되고 보니
90여 명의 회비 관리·처리에서 학교장과 부딪히곤 했다.
회비 통장 명의가 학교장에서 회장으로 바뀌었기에
학교장의 해묵은 처리에는 따를 수도 없었기 때문이다.
이제 생각하면 내 어설픈 의기였음이 씁쓰레지기도 한다.

하지만 학교 현관 위의 현판에 'GNP 1000달러 달성 매진!'
교문에 들어서면 '내가 먼저 앞서 가자'류의 푯말 표어들이
학교 손님마저 눈에 거슬린다는 말을 듣게 되곤 했다.

이런 교육 환경이다 보니
학생들은 일류 바람에만 실리는 꼴이라서
너나없이 서울을, 서울대학을 꿈꾸며 버둥거렸다.

내가 아끼던 제자 정창균 또한 고민 끝에 나를 찾았을 때다.
제 아버지가 지방 대학만을 고집하시니
한번 나더러 만나 주시란다.
하기는 서울대도 합격하고 남을 수재라서

선뜻 승락하고 만나 본 바 가정 형편이 너무 어려웠다.

"어느 부모가 일류 대학을 바라지 않겠는가요? 지는 고학을 헌다 지만 우선 등록금만 혀도 큰 차이가 있구요. 지 동생들 학비조차 감당할 형편이 못 되죠. 제발 지방 대학이라도 댕길 수 있게 선생님이 잘 타일러 주시지요……"

한 농민으로서 교회 집사인 그 분 앞에 내 할 말을 잃었다.
그래 제자에게는 궁극 목표가 실력이 아닌가?
어느 학교에 들어가든 네 실력이면
이 못된 사회 헤쳐 나갈 수 있으리라는
내 옹색한 논리를 들려줄 수밖에 없었다.
한 사흘 뒤 그가 지방대학 가겠다는 말을 듣고
내 비감스런 악수만 굳게 흔들어 주었다.

옳은 내 훈수였을까? 전북대를 선택한 그의 해사한 얼굴이
서로 수석을 겨룬 이을호의 얼굴과 함께 떠오르곤 한다.
하나는 서울대 사회과학과에 수석합격했기 때문이다.
오랜 후일인 80년대 중반에 이을호는 사회운동가로서
감금되었다가 정신 이상(?)으로 병보석이 되었을 때
내가 그를 찾아갔다는 것만 미리 밝힌다.
정창균은 예수교 목회자로서
해외(아프리카 어디에)파견 수련 동안 편지를 보내 오다가
90년대 초에 나를 찾아 만났을 때다.

이국서의 가족 사진들을 꺼내 보이더니
내 민주화운동 사실을 듣고는
무척 의아해 하는 눈빛이던 것이 되새겨진다.

15. 시집 〈두 빛살〉 펴낸 전후

우리 가정의 불행이 컸던 만큼은
새 행복감이 진하게 휘감기던 70년대 들어
내 독서열도 더 좀 달아오르며
고정훈의 옥중 수기 〈부르지 못한 노래〉에 이어
이어령의 재치 있는 문장에 끌리기도 했지만
깊이가 없는 내용의 독서가 허전스러워질 즈음
쇼로호프의 〈고요한 돈강〉을 만난다.
고리끼와는 또다른 힘을, 그리고
부르주아 문학과의 미의식美意識 차이를 실감하게 되지만
톨스토이의 박력에는 못 미침을 새삼 느낀다.
어느 것이 진짜 1급 문학, 참 리얼리즘일까? 옳을까?
어떻든 예술성보다는 이념적 가치성 우선이
'진보'의 차원에서는 옳을지 모른다.

이 무렵에 펴낸 제2시집 〈두 빛살〉에서
책머리에 밝혔듯이 올가미에 끌려 가는 짐승을 떠올리고
좌절의 우울을 노래할 뿐으로 나는
크게 한번 소리치지 못해 온 것이 부끄러웠다.
내 나름대로는 무슨 승진이나 영전일랑 접어 버렸지만
하기는 그것도 '학벌'이 신통찮았기 때문이기도 했다.
우뚝한 명사들의 문학 강연에도 초연할 수 없어서
김동리·조연현이 왔을 때는 나가 보곤 했는데
⑭문세광의 첫공판 보도에는 나도 모르게 후끈해졌다.

언젠가 〈낙동강의 파수꾼〉 지은이를 내가 찾아갔을 때다.
이분은 반겨 동행해 주겠다고 하셨지만
내 혼자서 〈모래톱 이야기〉 속의 을숙도를 가 보니
거기 갈대숲에는 해가 저물도록 갈매기가 울어댔다.

이렇게 나는 낙동강 천릿길을 더러는 걷기도 하면서
여러 날 만에 집에 돌아왔다.
이는 꿈같은 내 집터를 더듬어 볼 수도 있었기 때문이다.

쉰 살이 코앞인데 '배산포수背山抱水'의 불꽃은 꺼질 줄 몰랐다.
하기는 훨씬 전에 신석정 선생도 우리 집에 들르셨을 때
도시 변두리에다 새 집을 짓고 싶어 하셨다.

---

⑭ 재일교포인 그는 박정희를 제거하려고 행사장에 잠입했지만 그가 쏜 총탄은 빗나가, 대통령 부인 육영수만을 쓰러뜨렸다.

어쩌면 시 쓰는 사람은 이런 헛꿈이 유별난 것일지 모른다.

이런 분이 고혈압으로 입원 중이실 때는
언어도 잃은 채 나에게 북녘을 가리키며 우시던 일은
내 두고두고 잊히지 않는다.
누구보다 통일의 염원이 뜨거우셨던 분이시다.

새 세대의 수재들 중에는 적잖은 사람이 분단 문제를
대수롭지 않게 여기거나 잘 살면 그만이라는 생각인데
내게 세배하러 온 수재자 하나도 그랬다.

미국식 향락 물결의 긴 머리가 군홧발에 밟히고
깡패들이 기를 펴지 못하게 된 것은 좋았지만
입을 잘못 뻥긋해도 잡혀 들어가게 마련이어서
내 대학 동창인 김동문 교사는 군사독재 운운했다가
골병들어가지고 놓여 나온 지 한 달 만에 죽어 나갔다.
쉬쉬 휘엉하던 출상 날에는 눈발이 흩날렸다.
문득 학교 그만두고 싶은 마음이 절절해졌던 때다.

하지만 궁색한 살림을 제대로 추스르지도 못하면서
꿈같은 집터에 열내는 스스로가 한심스러울 때도 있었다.

16. 연구원 희망 꺾이다, 그 파장

이미 승진은 단념한 터이고 보니
내 좀 더 집필 시간이나 짜내고 싶어서
과학교육연구원 쪽에 줄을 대 본 상대가 김재택 사업가다.

이웃 문화촌에 사는 그의 아들이 전고 편입생인데다
오래전부터 안사람들끼리의 친분이 유별났기 때문이다.
김 사장은 본도 교육감과 친한 사이였기에
이내 곧 학무과장의 연락을 받고는 기대에 부풀었지만
어느 다방에서 정작 만나 본 그한테서
엉뚱한 내 학력이 불거져 나왔다.

"동국대학 전문부 불교과를 나오셨드만요? 그 학력으로는 좀……
교육법상 위법입니다. 준교사 자격 취득 교육 연수는 마치셨습니
다만…… 대학 입학 응시 자격도 좀 석연치 않고……"
"……!"

내 두근거려진 가슴이나마 그를 쏘아보고만 있었다.

"교육감님의 말씀 잘 듣고 이모저모로 연구해 봤습니다만…… 고
등학교 근무하시는 것부터가 좀……"

"누가 근무 발령내셨는데, 이제 와서 새삼 약점을 들추시는가요?"
"학교장이 추천만 하면 발령은 내게 되어 있어요. 전고의, 명문고 특수성으로 봐서 그렇습니다. 오해허지 마십시오."
"잘 알았습니다. 오늘이라도 당장 사표 내겠습니다! 자격 미달인 저라서 되레 시원헙니다. 실로 그래요!"
"아, 아니……! 누가 들어요. 자, 나가죠."

눈을 휘둥그리며 일어선 그는 너무도 뜻밖인 듯
이내 앞장서서 허둥허둥 찻값을 치르고 밖으로 나갔다.
여기 올 때처럼 비가 내리고 있었다.

내가 참지 못하고 만 것은 이 새 학무과장이 본도 장학진에서
두드러지게 머리 잘 굴리기로 이름난 '삼바 가라스(세 가마귀)' 중의
하나임이 새삼스러워졌기 때문이다.
어찌 그답지도 않게 당황스러워진 모양새를 보인 셈이다.
둘이는 각기 우산을 받고 나란히 걸었다.

"우리 둘만이 아는 걸로 허고 덮어 둡시다. 모든 걸 없었든 걸로
허고…… 최 선생님은 무슨 연구원보다는 학교에 그대로 계시는
게 학생 교육을, 전북 교육을 위해서도 훨씬 낫죠.
최 선생님의 실력은 학생들이 다 말허드만요. 우리 아들놈이 전고
에 다니거든요……"
이름난 대로의 술수구나 싶어 대꾸도 안할 만큼
어이없게 으깨어진 기분으로 집에 돌아왔다.

이튿날 국어과 장학사가 딴일로 내교해서
우리 국어과 교사 모두(8명)를 불렀을 때도
장학진에 대한 내 반발심은 들끓는 시늉이었기에
그가 '전북 인문고 국어 학습 지도서' 한번 엮어 보라는 것을
내가 먼저 반대하고 나섰다.
오래전부터 친구처럼 사귀어 온 장학사인데도 그랬다.
여러 교사도 입시 지도에 줄곧 쫓기는 시간임을 내세우니
그는 헛걸음을 친 꼴이라며 쓴웃음 지었는데
돌아갈 때는 내게 같이 좀 나가자고 했다.
둘이서만 술자리에서 마주앉게 되었다.

"어찌 자네부터가 그럴 수 있는가? 다른 사람이 반대헐지라도……
도와주기는커녕……"
"섭섭했다면 미안허네만, 자네가 선뜻 실감이 가지 않을, 소위 명문고의 속사정은…… 보충수업 교재 연구까지 허지 않고는 못 배겨. 학생들에게 먹혀들지 못허니까…… 자네와 같은 실업학교 경험만으로는 여기 교사들의 고충을 이해허기 어려워. 내가 처음 그랬던 것처럼……"

이런 나를 맞바라보는 그의 눈살이 좀더 빳빳해지는데도
내 하고 싶은 말을 털어 놓았더니
문득 그는 화제를 돌려 버린다.

"이젠 전고 선생들도 새 학년도부터는 5년 근무 이상은 다 옮겨야

되는데…… 자넨 몇 년이지?"
"만 7년이네. 그래서 좀 어디…… 연구원 쪽을 생각해 봤지만……
통근 거리 가까운 실업학교로나 옮겨졌으면 허네…… 내 시간을
좀 가질 수 있는…… 자네 앞에 염치없는 소리지만……"

어제 저녁의 내 '사건'을 알고 있는 낌새는 없어 보였는데
어찌 그는 그냥 일어서 버리기에
내가 먼저 술값 계산을 치렀다.
관용차를 몰고 온 그는 우리 동네까지 태워다 주었지만
내가 하차하며 잘 가라고 해도 어금니만 앙다물었다.
비록 인사계 장학사는 아닐지라도
같은 과목의 장학사는 교사 이동에서는
큰 입김인 것이 되씹어지곤 했다.

Ⅳ 교단에서 30년 〔ㄷ〕 장년기(3)

1. 항도港都에서 누린 보람 …………………………………………243
2. 칼바람 속 2백리 길을, 보안법 폐지 촉구 농성 ………………247
3. 잘난 이름일수록, 다시 군고 상담실, 장학 지도의 날 …………249
4. 숙부의 서거, 옛제자 만나다 ……………………………………254
5. 〈날개〉의 연극 배역이, 목을 맨 학생들, 내 운동의 뿌리는? ……259
6. 중中·월越전쟁, 친상을 당하다 …………………………………262
7. 옮긴 하숙집, 수필집을 내다, 다시 군사 정권, 총선에서는 기세만이 · 264
8. 총칼의 논리, 전북문화상을 받다 ………………………………267
9. 문학과 나, 도둑질 학생, 큰아들 입영 후 ………………………271
10. 거장들의 이중성과 내 위선은, 막내의 가출 ……………………276
11. 내 시에 얽힌 인연들, 아웅산 테러, 늦바람과 퇴임식 날 ………279

1. 항도港都에서 누린 보람

학년 초에 내가 군산고등학교로 옮겨진 보도를 보고
한대 쾅 얻어맞은 참담함과 함께
처음으로 깊은 뉘우침이 우비어 들었다.
얼마나 막힌 큰소리였는가?
주제넘은 '정의'를 앞세워 상관이건 동료이건 가릴 것 없이
우습게도 저만 옳다고 불끈대어 온 꼴, 정말 웃기는 놈이다

언뜻 보아서는 나를 대접해 준 인사이동이지만
거기 교장은 전북에서 손꼽힐 만큼 '깐깐한 시어머니'다.
무슨 내 시간 따위는 아예 쓸어버림이 낫겠구나 싶었다.
뒤처진 새출발을 곱씹어 보게 되었을 뿐이다.

이런 나에게 그런대로 위안이던 것은
내 은사 이준원 선생 댁이 군산이었기 때문이다.
이분은 임지의 교장에게 나를 손수 데리고 가 주셨다.
같은 교육계의 장급으로서 친분도 두터운 것 같았다.

오랜만에 다시 하숙하게 된 마음이 좀 여유로워졌지만
수업 과목은 현대문 외에 고문과 한문까지 떠맡게 되니
교재 준비만도 만만찮았고

두고 온 막둥이의 병색 얼굴이 눈에 밟히곤 했다.

젊은 날의 하숙에는 낭만적 기분도 따를 수 있지만
늙어서는 하숙이 근천스러워 보이게 마련이다.
뿐더러 말 그대로 중숙中宿도 못 되는 하수下宿일 뿐이라서
집 환경이 괜찮은가 싶으면
밥상은 센찮기 십상이다.

내가 하숙한 산기슭 집은 무당살이인데다
'풋나물 밥상'에는 고기란 거의 오르지 않았다.
건넛방에 들어온 학생들은 두 달이 멀다고 옮겨 나갔는데
내가 두 해 가깝도록 붙어 있게 된 것은
채식주의자라 할 만큼의 내 식성인데다
무엇보다는 집 뒤 산언덕이 '월명공원' 길이었기 때문이다.
숲 속 넓은 황톳길이 널찍하게 휘돌아 나갔다.
이른봄 개나리가 점점이 화끈하고
신록 철이면 온갖 새들이 교향곡을 흐트린다.

거기에다 항구의 뱃고동 소리 뚜우하고 울려 울 적이면
항도로 쫓겨 온 내가 '전화위복'인 셈이지 싶었다.
새 평온과 오랜 귀전歸田의 꿈이 새로워지곤 했다.
이래서 장학사에 대한 내 앙심도 누그러진 시늉이었는데
하기는 군고 전출이 일반 '좌천'은 아닐 테니 말이다.
군고도 전고 다음의 '명문'으로 쳐 주기도 한다.

학교장의 그 이름난 깐깐함 역시 겪어 볼수록
오히려 후끈한 믿음으로 깊어지고
내 숱한 상관들 중에서 두드러진 의인義人임이 새삼스러웠다.

봄 소풍을 떠날 때의 일이다.
직원회에서 교장은 쐐기를 박는 것이
이른바 '우리 선생님'이 내 학급 학생들과 같이 걷는 것을
창피하게 여긴다면 선생 자격이 없다는 말씀이시다.
이런 직설은 때로 결재 과정에서도 퉁겨져
사들일 물품값이 너무 비싸다 싶으면
당사자들 앞에서 딴 상점에 전화를 걸어 확인한다.

"다른 상회 단가를 더 알아 보시오!"
"예, 알겠습니다."

이렇게 선선히 물러나는 부하도 뒷욕을 해댄다고 들었다.
누구나 못 믿는 독선을 아니꼬아 안할 수 없는 일이다.
한데, 한치의 야합이 없는 그를 상관으로 모시기에
누구보다 고달파하는 것이 서무과 직원들이고 보니
무슨 출장비 중에서 잔여금을 또박또박 돌려주기는
오직 이 교장뿐이라고들 뒷소리다.
저 혼자 깨끔떠는 꼬장뱅이 밑에는 국물 한 방울 없다는
우스개 익살도 오간다.
새로 온 독일어 여고사는 이와는 달리 교장 눈에 거슬렸다.

꽃병 물 한번 갈아 주는 살가움이 없을 뿐더러
젊은 미혼녀로서 야간학습 지도 담당이 아닌데도
교무실 밤 출입이 잦다는 것이다.
한창 나이의 남학생 집중력을 흐트릴 수 있다면서
한번은 나더러 타이를 것을 부탁한 일도 있다.

"최 선생님은 상담 교사니까, 설혹 내가 시킨 것을 알드래도 괜한
오해는 하지 않을 것 같고요……"
"예 기회를 보아 자연스럽게 한번 꺼내 보죠……"

이렇게 내 대답했지만 이때 전화벨이 울려 기다려야 했다.
이 여선생은 남학생 문제로 나만의 상담 비밀이 있었다.
한 학생의 선생에 대한 짝사랑인데
길게 검은 머리 해사한 얼굴, 후리후리한 큰 키에
갈색 가운 모양의 헐렁한 옷차림이
문제의 학생에게 수도사를 떠올리게도 한 모양이다.
수업받을 때의 그 눈빛이라든가
숨어서 지켜보는 것을 문득 발견하고
두려운 생각마저 들더라는 여선생의 고백이었다.

이윽고 전화통화가 끝나고 나서
내 하던 말을 이어 나갔다.

"꽃병 문제는 세대간의 시각차일 것도 같습니다. 요즘 젊은 세대는

여성이란 남성을 위한 꽃이 아니라고 보니까요?"
"남녀평등이래서 남자가 할 몫과 여자가 할 몫이 똑같다고는 할 수 없을 텐데요? 내 때전 머리 씻을려고 내 깜냥은 힘써 봅니다만……"

하기는 늙도록 길들여진 보수 성향임이 나와도 비슷해서
이분에게 나는 되레 호감이 가던 셈이다.
항도의 음악 담당 여교사는 기지촌다운 개방성이
내 안 좋아질수록 더 그랬다.

2. 칼바람 속 2백리 길을, 보안법 폐지 촉구 농성

이제 8순을 바라보게 된 홀애비 살림이다.
어제는 우리네 동지冬至라서
옮겨 나간 곁방살이 내외가 새알심죽을 끓여 왔다.
오토바이로 2백릿길을 둘이 함께 달려 온 것이다.
지난 김장철에는 새 김치를 그렇게 챙겨 왔었다.

이미 밝힌 것처럼 법에 제소하고 싶을 만큼

내 속깨나 끓인 '망나니(?)'였지만
그가 내 내용증서를 받고 무릎 꿇어 보인 뒤에는
손바닥 뒤집듯 고분거리게 되었다.
이에는 내 자식들의 단호한 경고도 그런 돌변을 다그쳤다.
이즈음 대전 변두리에 마땅한 전셋집이 생겨서
떠날 때 그는 대전 셋집을 사들일 생각이라며 웃었다.

이런 한 달 후 통일연대의 우리는 여의도로 달렸다.
전북시민사회단체 원로들을 앞세워
전북 출신 국회의장에게 압력을 넣기 위해서다.
이 폐지 문제를 놓고는
줄곧 엎치락거려 왔기 때문이다.
강경파 야당 의원은 폐지를 한사코 반대하고
여당은 여당대로 한 목소리를 내지 못하는 가운데
국회의장은 ①'지둘러'의 비아냥을 들을 만큼 미적거렸다

우리 일행 ②16명은 국회회관의 의장 사무실에서
사흘 동안 농성하며 의장과의 면담을 요구했지만
보안법을 끝내 상정하지 않은 채로
올해 국회 마감날에도 국회의장은 얼굴을 내밀지 않았다.

---

① 국회의장이 잘 쓰는 말버릇으로서 '기다려'라는 전북·충남 사투리다.
② 이번 항의 방문을 발의한 통일연대전국상임대표를 비롯해서 통일연대전국공동대표, 통일연대전북고문들, 장기수들, 전국농민회장·부회장, 전북농민회장들, 민주노동당전북본부장, 민주노총전북연합회장, 참여연대전북공동대표들, 6·15공동선언실천위원회공동대표들, 통일연대전북집행위원장 등이다.

우리가 농성 중에는 한 고장 국회의원들을 비롯해서
그들의 보좌관이 찾아와서
우리 모두의 식비도 그들이 도맡았는데
얼마 뒤에 찾아 든 국회의원들 중 하나는 나를 보자 놀랐다.

"아아니! 최형 선생님 아니세요?"
"채수찬?"
눈을 휘둥거리는 내게 큰절을 할 만큼 우리를 반겼다.
30년 만의 옛 제자다.
내 전고 재직 시절 그는 유신 헌법 반대 시위를 꾸미다가
퇴학맞고 한 해 뒤에는 서울대학을 수석 합격한 수재였다.
우리 항의 방문은 헛수고로 그쳐 버린 것이
보안법 문제가 다음해로 넘겨졌을 뿐더러
그때 가서 '처리한다'가 아니고 '다룬다'는
그렇게 늑장부릴 수 있도록 얼버무려 놓은 꼴이다.

3. 잘난 이름일수록, 다시 군고 상담실, 장학 지도의 날

한겨울 시위로 그믐날에야 집에 돌아와 보니

여러 우편물 중에는 '민족문학작가회의' 수첩도 섞였는데
거기 고문 명단에서 내가 털려 난 것을 보고
떠오르는 얼굴들이 있었다.

일찍이 공산권이 와그르르 무너져 버리고
노태우 정권이 들어서고 나서다.
이 작가회의 이사회에서 누구에게
젊은 이사들이 그의 인터뷰 기사 내용을 따졌다.
'까짓것!' 하며 씻어 넘기려는 것을
내가 젊은이들 편에서 거들었더니 '왜곡'이란다.
'왜곡'이라면 사과 기사를 받아내야 한다고 했을 때다.

"내 20년 간 운동에 어찌 오줌을 싸겠어요?"
"……?"

이런 그는 훗날 '통일 백년론'이시다.
하기는 누구도 더 일찌감치 '생명철학'을 내걸었던 것처럼
이렇게 우뚝한 이름들만큼이나 운동의 김을 빼냈다.
내 이야기로 되돌려 보련다.
내가 군고에 와서도 앞서 밝힌 교도교사 구실을 했는데
선임 상담교사가 학교 후배라서
서로 반겨 둘이는 친교를 이어갔지만
둘이서의 상담 활동에는 어려움이 따랐다.
헤아림이 있는 학생은 내 혼자일 때만 찾아 들었고

더러는 면담이 길어지다 보면
후배 상담실장이 들어왔다가 나가게 마련이다.

한번은 문제의 여교사가 학생 관계로 상담하러 왔다가
상담실장한테 싹뚝 잘렸다.

"학생 문제로 최 선생님께 어쭐 것이 있는데요……?"
"나도 이따 상담하기로 되어 있어! 딴곳을 찾아 봐요."
"……"

하기는 이 여선생이 상담실에 들러도 나와 이야기하기 일쑤고
내게 '학생과의 사연'을 하소하다가도
그가 들어오자 어물거려 버린 일도 있었다.
이런 처지가 된 실장으로서는
어쩌면 나까지도 매스꺼워졌을는지 모른다.
이에는 내 헤아림이 막혔던 탓임을 훗날에야 일깨워졌다.

둘이서 맡은 상담은 이렇게 어긋날 수밖에 없기도 했다.
"엊그제 상담실 이용하려던 것도 실은 그 학생을 불러들이고 싶었거든요."
"짐작은 했는데, 만나긴 했어? 학생과?"
"아니에요…… 미술실을 이용해 볼까 했다가…… 정작 학생 만나면 어찌…… 딴 얘기만 될 것 같아서요."
"그 학생 학업 성적은 어때?"

"학급에선 '중'급이더군요. 1·2학년 성적도 그렇고…… 제가 맡은 과목은 '미'에서 '우'로 올랐지만……"
"그렇다면 걱정헐 것 없어! '우리 선생님'께 달리는 마음이 그만큼 순수허다는 걸 뜻할 테니까. 다만…… 황 선생 자신도 모르게 그 애에게 쏠리는 관심을 안 보이는 게 좋겠어. 그런 관심을 뵌다면 그애를 되레 부추기는 셈이 될 텅게. 더구나……"
"더구나, 뭐예요?"

얼마 전의 학교장 부탁을 할 기회지 싶은데
의아해 하는 상대방의 눈빛이다.

"무슨 볼일이 있어도 밤에 학교에 오는 건 삼가는 게 좋겠어. 진학반은 영·수학 야간 수업도 있은게……"
"누가…… 무슨 말 하든가요?"
"아니, 나대로 해보는 기우겠지만…… 하도 험한 세상이라서…… 며칠 전에도 밤길 가던 여자가 폭행당했다는 뉴스 들었지? 황 선생 하숙은 학교와 가까운 거리긴 허지만……"
"시험지 등사할 일도 있었구요. 야간 수업 끝나면 그 학생이 교무실에 올 것 같은, 그래서 자연스레 충고도 할 수 있을 것 같은 생각이 들었구요……"
"무슨 충고보다는, '너는 대학에 꼭 합격하리라고 믿는다'는 그런 말만 들려주고, 관심의 내색은 전혀 허지 않는 게 좋을 것 같어. 내성적인 짝사랑일수록 모르는 체해 버리면, 그냥 낭만적 추억거리로만 남게 될 텅게…… 아무튼 축하해. 노래 속의 그 '섬마을 총각선생님'이 아니고, '항도의 처녀 선생님'……? 하하!"

이래서 둘이는 웃었지만
그런 뒤로 문제의 학생 이야기는 서로 피하게 되었다.
큰 문제없이 그 애는 지방대학에나마 붙었고
어떻든 문제(?) 여교사의 밤 등교 버릇이 없어져 버려
학교장은 더 좀 나를 챙기셨다.
'특활' 때면 문예반의 교외校外 활동을 권해 주기도 했고,
장학사의 수업 참관 소식을 내게 먼저 귀띔해 주기도 했다.

"최 선생님 수업이사 보겠고마는 혹시 모르니까…… 이따 종례 때
공개하겠는데, 주로 신임 교사들의 수업을 보게 될 모양입니다."

짐작한 대로 앞서 말한 장학사의 참관이었는데
수업 시간표에 따라 보게 되는 그 안내역은 교감이 맡았다.
내 교실에는 끝내 나타나지 않고 말았지만
이 평가회 때 나도 교무실 뒤쪽에 얼굴 가리고 앉았다.

첫마디부터가 도내에서 최고 교사진이란다.
수업 목표의 전개 방법이며 기술이며 흠잡을 데 없다고 했다.
좀 아쉬운 것은 흥미 유발이란다.
이런 칭찬은 국어과의 경우 5명 중 나만을 빼고는
이 장학사와 동문인 후배들에게 격려의 뜻이 컸던 셈이다.

"장학사님이 아까 돌아가실 때 최 선생님을 찾으시더만요.
수업 들어가셨다고 하니까 인사 말씀 전해 달라 하셨어요."

이렇게 말한 교무주임도 그와 같은 사범대학 출신인데
수업이 없는 직원 모두 현관 앞까지 그를 배웅한 모양이다.
내 오히려 수업중임이 잘된 구실이었지 싶었다.
하기는 이 날의 수업 참관이 교장의 예측대로
장학사 자신의 선별이었기도 하다.

4. 숙부의 서거, 옛제자 만나다

이 무렵 술을 자주 마시게 되어 간염 진단을 받고는
속차릴 수밖에 없었는데
내 담배까지는 끊지 못하고
숱한 '작심삼일'이 되풀이 되었을 뿐이다.

이 때만도 '무서운 폐병'이라서
'무서운 아해와 무서워하는 아해들'이라 했을지도 모를
〈오감도〉의 이상李箱은 약봉지 들고 산골에 들어갔었다.
어딘지 병적 대범스러운 웃음의 그 얼굴이 떠오르곤 했다.

언젠가는 한가한 참에 담배를 피우자니
내 어릴 때 떠난 숙모의 입관 전 화장 얼굴이 겹쳐 드는데
숙부가 복통 끝에 진달래 뿌리 민간 요법이다가
입원하고도 위독하시다는 연락을 받았다.

깜짝 놀라워지는 대로 수업을 마치고 달려가 보니
종합병원 검사실에 숙모(후처)와 아내가 지켜 보고 있었다.
숙부는 눈을 뜬 채로 의식불명이시다!
아니, 갑자기 이럴 수가?
손·발톱마다 시풀시풀한 발가락들이 안으로 구부러졌다!
소생 가망이 없을 때 그렇다던 말이 박혀 든다.

"병명이 뭔가요?"
"검사를 해봐야 압니다. 위장 검사부터 해야……"

녹색 가운의 의사가 이동침대 곁에 서 있었다.
이날 밤을 숙모와 나는 응급실에서 지새운다.
산소호흡이나마 좀 나아지시는 듯싶어
내 아내를 불러 놓고는 학교로 서둘렀다.
이날의 수업을 공치지 말아야 했고
공公과 사私에 엄격한 교장에게
미리 연가年暇 문제도 허락받아야 했다.

"…… 보통 숙부와는 달리 저를 기르고 가르쳐 주신 분입니다. 대

학 등록금까지……"
"알겠습니다. 연가는…… 언제라도 내시고…… 그런 일이 있어서
도 안 되지만, 만일인 경우는 3일 친상으로 허세요. 무어라 위로의
말이 없습니다."

이런 응락에 나는 마음 깊이 머리를 숙였다.
이날 전화로 알아본 숙부의 증세는 그냥 그러시다기에
수업을 오전으로 당겨 마치고
하숙으로 돌아온 나는 밤새운 잠부터 잤다.
이튿날의 수업도 미리 당겨놓고
서둘러 병원으로 달리자니
문득 내 막둥이의 입원 기억이 떠올랐다.
무슨 공쑈에 충실해질 수 없을 만큼 그냥 허둥거려졌음이
숙부 앞에 내 죄인일 수밖에 없음이 새삼 쿡 질러 왔다.

이런 이튿날 숙부가 숨지시고서야 내 울음이 터졌고
이내 곧 병원 영구차로 시신을 싣고서
꺼이꺼이 푸념 겨운 숙모와 둘이서 시골 길을 달릴 때
비로소 숱한 회억의 눈물이 흘러내리곤 했다.

이 무렵 '긴급조치' 또한 극성스러워지면서도
어찌 교화용의 기록영화는 동·서독 혈육들의 만남인데
서로 얼싸안고 우는 관경을 보고
내 덩달아 후끈해졌다. 전에는 없었던 일이다.

친상(?)을 마친 며칠 뒤에 옛 제자 정창균한테서 온 전화는
'서울대사건'으로 수감된 이을호가 정신이상이 되어
입원했다가 가석방이 되었다는 것이다.
이미 그가 민통련에 가담한 사실은 알고 있었지만
가석방 소식은 박헌영의 일화를 되새기게 했다.
검거된 그는 정신이상을 가장한 끝에
풀려나자 지하운동에 숨어들었다는
어쩌면 거물급의 두뇌를 내 수제자도 지녔을 것 같았다.
이를 한번 확인해 보고도 싶어서
내가 천릿길을 찾아 갔을 때다.
이미 전화 연락을 해 놓았기에
그는 제 어린애 안고 마중나와 있을 만큼
심신이 그냥 멀쩡했다.
내 부둥켜안는 시늉이 되고 말았다.

둘이만의 잠자리에서 박헌영의 연기력을 빗대었더니
그는 해긋이 웃기만 했다.

"어쨌든 활동할 수 있게 돼 잘했네만, 감시의 눈은 늘 따르고 있겠지?"
"예. 요시찰 대상이니까요."

이날 밤 이슥하도록 둘이서 긴 말을 웅얼거리며
내 사고思考는 빛바래고 있다는 실감과 함께

새로이 듣게 된 그의 논리는 공산주의의 우리식 윤색이다. 이른바 ③PD보다는 ④NL그룹이 더 그랬고 그의 지론은 ⑤PDR론보다도 ⑥NDR론인 것 같았다.

"'민통련'의 기본 이념을 묻고 싶네. 밑바탕에 깔려 있는…… 한마디로, 사회주의?"
"그럴지도 모르죠. 표방이야 민족이니 민중이니 내세우고 있지만…… 단체에서 제 소임은 번역·홍보인데요. 진보주의적 세계 석학들의 저서를……"
"아다시피…… 마르크스·레닌주의는 물건너간 지 오래여. 중·소의 그 적개심을 보라고. 소련과 미국의 화해 무드는 또 어떻고? 일찍이 후루시쵸프가 위험 천만한 핵무기는 유색 인종에게 가지도록 해서는 안 된다고, 미국에게 추파를 던지기도 했어. 저희들 강대국끼리 잘해 보자는 셈이지."
"쫓겨난 솔제니친의 말대로 소련 정권 거물급들 자신부터가 코뮤니즘 낙원을 믿지 않게 됐는지도 모르죠. 허지만 무너지지 않고 있는 한은 코뮤니즘이 사회 운동의 준거점이 될 수밖에 없을 것 같아요. 특히 평화와 평등사상이……"
"미국이 중공과 손을 잡은 걸 어떻게 보는가요?"
"미국이 발목잡혔다고들 허지만, 되레 사회주의권이 발목잡힌 꼴이겠어요. 10억의 시장을 개척허게 되니까요."

③ PD는 민중민주주의, 약칭이고
④ NL은 민족해방의 약어이다.
⑤ PDR론은 민중민주주의 혁명론이며,
⑥ NDR은 민족민주주의 혁명론이다.

겨울 밤이 이슥하도록 숱한 이야기를 나누다 보니
제 아내도 운동권 출신이라는 말을 내 듣고
둘이는 오히려 더 행복하겠구나 싶었다.

5. 〈날개〉의 연극 배역이, 목을 맨 학생들, 내 운동의 뿌리는?

꽃철이 지나고 신록철인데
개정간호전문대학 딸한테서 전화가 왔다.
학교 연극반에서 이상의 〈날개〉를 상연하기로 되어
저는 거기 여주인공 배역이란다.
무슨 기념 축제 자랑 삼아 알리는 것 같았지만
내 버럭 잘라 말했다. 반대한다!

자식들 중에서는 소설을 제일 많이 읽은 딸이지만
아비의 마음을 헛짚은 셈이다.
어찌 지도 교수의 작품 선택부터가 하필 타락 문학이고
거기 여주인공이 내 딸이라니?

학교에 전화를 걸었으나 지도 교수와는 불통인 채

내가 관여할 문제도 아니라서
〈날개〉의 축제 공연은 그렇게 이루어졌다.
휴일인데도 그 축제에 나가 주지 않은 것을
딸아이는 제 엄마 앞에서 울었다고 한다. 아내의 말이다.
그럴 만큼 딸의 연기가 돋보였다고들 하더란다.

"고쳐서 그런지 내용도 머 괜찮드먼그려…… 지 아빠 안 왔다고
얼마나 서운허면 울었겠어?"

이런 아내의 말에 내 어찌 짜안해지면서
옛날 미술대학 지망의 '재수'를 안 시켰음이 마음 저려 왔다.
내 자식들은 다 미술에는 특기가 있었는데도
더 좀 특출한 막둥이만에 그치자고 설득했었다.

새삼 떠오르는 것이 졸업반 학생의 자살이다.
어느 날 갑자기 목매달아 죽었다는 연락이 왔다.
말없이 그는 암된 성미이었는데
제 동생들을 위한 진학 포기가 빌미였을 거라며
큰아들 잃은 어머니는 흑흑 울었다.

내 교직 경력 20여 년에 두 차례 겪은 자살 사건이고
두 차례 다 목매달았다는 사실이 켕겨 든다.
수업 때 나는 '자살'을 두고 '목을 걸어 버렸다'
이렇게 말하기가 일쑤였음이 찔린다.

이즈음에 나는 흑인의 〈뿌리〉를 읽고
원주민 성인식의 미개스러움이 되레 호감처럼 와닿았지만
내 하숙의 '7월7석날' 푸닥거리는 너무도 수선스러웠다.
주인 아주머니 한패인 남자 무당의 꽹과리 장단 너스레다.

내 견디다 못해 청탁 원고를 들고 뒷산에서 땀을 빼자니
얼마 전 내게 등단을 권해 준 문우의 얼굴이 떠올랐다.
이에 앞서 누구도 등단 신청서를 건네 준 일이 있지만
내 주제넘은 자존심만 긁혔을 뿐이다.

어느 날 문득 내 불행의 뿌리가 아프게 박혀 왔다.
아집과 욕심, 무능한 주제에 유능한 체 두드러지고 싶은
자기 기만의 오만이 유별난 셈인가?
구제할 길은 그래 없는가?

내가 '운동'에 몸담아 온 지도 이제 20년이 가깝지만
내 자신에게 얼마나 진실했을까?
이른바 '행동하는 양심이나 지성'을 판 꼴은 아니었을까?
궁극적으로 남는 것은? 참됨(진실) 그것이라면?
열정이란 것도 야망의 변형일지 모른다.

내 문학을 더 좀 참되고 알차게 키워 보려던 '운동'이
운동 자체에 깊이 빠져 들다 보니 나도 모르게
두 마리 토끼를 쫓는 꼴이 되지나 않았는지?

이제 민주화도 한숨 돌려지고
우리 통일의 물꼬도 크게 터진 마당이다.
어서 운동에서 빠져 나와 한 우물을 파야겠다고 하면서도
이른바 '제2 운동의 법칙'이 내 발목을 잡는 시늉이다.
모래톨만 한 힘이나마 보태야 한다는 핑계로 그렇다.
어쩌면 내가 더 폭싹 늙어 버릴 때까지 가게 될까 두렵다.

6. 중中·월越전쟁, 친상을 당하다

일찍이(1979년 봄에) 중월전쟁이 터져
이를 두고 소련은 중공에 으름장을 놓고
미국은 그런 소련에 나서지 말라 응얼거렸다.
하면서 중공과 월남에 원상으로 돌아가라 소리쳤다.

이에 나는 이념에 새삼스런 환멸과 함께
미·소가 맞붙어 버리지나 않을까 두렵기도 했다.
'6·25'의 참상이 되살아났기 때문이다.
이제 꿈은, 이념은 찢겨져 버린 지 오래인데도
새로운 것에 대한 꿈만은 못 버리는 시늉이다.

내 이제는 누가 뭐라든 눈치보지 말자는 다짐인데
느닷없이 나에게 '효자상'이란다. '어버이의 날'이다.
끝내 거절했더니 교장의 말이 이랬다.

"왜 그리 서투른 처세를 허쇼? 모르쇠허고 가만 계실 일이지……"
"……"
"이 세상 누가 불효 자식이라고 안 느낀 사람이 어디 있겠어요……"
내 못된 버럭성미는 어머니이게도 부라리며 불끈대었다.
목숨을 건 '6·25'의 피신살이 때 일이 곱씹어진다.
무슨 '벌'이 아니고 '상'이라니!

훗날 어머니의 낙상은 대퇴골 수술로 의식을 잃으셨다.
밤 병원 복도 구석에서 내 무릎 꿇고 매달린 것도
'불효자' 한번 면해 보고 싶어서였다.
이 세상에 오직 한 분 당신의 목숨보다 더 아껴 주신 어머니!
눈물나는 참회와 함께 소생을 빌고 빌었다.

이런 두어 달 후에는 상을 당하고 장지에서
하관한 명정銘旌 위에 첫삽 흙이 덜푹 던져졌을 때
내 비로소 북받치는 울음을 터뜨렸을 뿐이다.
무더위 속의 문상객들 중에서도 이 죄인을
집에까지 따라와 위로해 준
김만곤 선배와 노문환·송재현 두 친구는 잊을 수가 없다.

7. 옮긴 하숙집, 수필집을 내다, 다시 군사 정권, 총선에서는 기세만이

오래 나가 살던 이 집 장남이 제 부모 모시게 되어
내 하숙을 옮겼다.
이번은 더 좀 변두리의 들머리 집이라서
산책의 들길은 계절감도 더 풍요로울 것 같았다.

거기 내 방은 개발 지구의 4거리 모서리다 보니
조각방이었는데도 2층이기에 전망이 훤했다.
중학생 아들과 내외만의 단출함인데
임대한 2층 건물 중 한 방을 하숙치는 것이란다.
건축업의 하청 목수인 듯했다.

"선생님이 기실 방 보일라가 고장났는디오, 언제 지가 손봐 드릴게요……"
"아직 여름인데 멀…… 2층이라 습기도 없을 거고……"

하지만 가을이 오고 가도록
첫눈이 내리도록
고장난 보일러는 끝내 인사치레뿐이고 보니 괘씸했다.
거므스레한 얼굴의 안주인마저 밉살스러웠지만

〈하숙〉이라는 제목의 글이 써진 것을 고마워하자며
내 첫수필집 〈해와 강의 숲〉을 펴내기에 이른다.

오래전의 만성 간염을 마침내 이겨 내고
모친상의 아픔 속에서도 이런 극성은
어머니한테서 물려받은 강단과 부지런이거니 싶었다.

내가 자원해서 옥구종고로 옮긴 까닭은
'강변 집터'를 탑천塔川 어디에 찾을 것 같았기 때문인데
버스 통근 길도 군산보다는 가까워졌고
예전 전주농고에서 나를 알아 주신 교장이 거기에 계셨다.

새 임지로 부임한 3·1절에는
재입원했던 막둥이도 퇴원하게 되고
딸아이는 전주삼양사 의무과에 취직이 되었다.
시를 쓰는 경찰이 알선해 준 덕이다. 박만기 경감이다.

이렇게 80년의 봄은 나에게 햇살처럼 시작되었지만
저 '서울의 봄'이 '5·16'에 뭉개져 버렸듯이
'5·18'의 총칼이 피바람을 휘몰아 쳤다.
한데도 한두 동료는 엉뚱한 소리를 내뱉는다.

"기관총으로 모조리 쓸어 버려야 혀! 그려야 딴 지방서 또 들고일
어나지 않을 텅게. 뽄때기로 아주 뿌리를 뽑아 버려야지!"

명색이 사회과 선생이라는 사람의 말이다.
가까운 거리인데도 승용차로 통근하는 그였는데
그의 까만 차는 학교 현관 앞에서 언제나 번들거렸다.
차 임자는 학생들에게 차를 닦게 하기 일쑤이곤 했다.

광주에서는 한 여학생이 도망치다 총탄에 고꾸라지고
젖통을 도려 내는 진압군이란 풍문을 듣고도
내 혼자 눈을 부라렸을 뿐이니

이 무렵 낮에는 반공反共 음악 경연대회가 열렸고
밤에는 방공防空훈련이 마을 단위로 수선을 떨었다.
겨울 공안 정국의 뒤안쪽 어디에는
혁신 정당이 꿈틀거리기 시작했지만
언젠가의 '통사당統社黨'처럼 반짝하고 말았다.

이듬해 봄의 총선 유세장에 내가 나간 것은
유홍철 선배가 출마했기 때문이다.
이승만 정권의 정체正體를 발가벗기는 배짱에
눈을 휘둥거린 청중이었고 보니
이 선배는 유세를 끝낸 직후부터 줄곧 숨어 지내야 했다.

전주고교 마당에서는 사회당 후보 임광순의 다기찬 기세다
어떻든 뒤엎어 버릴 듯한 기백에 나는 박수를 보냈다.

8. 총칼의 논리, 전북문화상을 받다

이로부터 23년이 지난 오늘날은
영·호남의 인구부터가 훌쩍 벌어지고
서울은 우글우글 세계 1위의 인구 밀도란다.
한데도 헌재憲裁의 판사들은 제 생활권이라서
행정 수도 충남 이전에 제동을 걸어 버리고
영남 출신 의원들은 얼씨구나 손벽을 쳤다.
이래서 이 나라는 자본주의 시녀답게 길들여진 셈인가?

하기는 박정희 나름대로야 정의롭고 결백해서
⑦비 오는 하늘 우러러 떳떳했을 터이다.
폭싹 썩은 이승만 정권일랑 '4·19'의 심판을 받았지만
박정희 눈에는 '가자! 오라!'가 빨갱이로만 보였을 것이다.
이를 강 건너 불 보듯하는 정치 패거리들도
배고픈 설움조차 못 털어 내는 주제들로만 비쳤을 터이다.

불끈 총부리 든 권력은 혁명을 외쳤다.
모든 입을 틀어 막고 보무도 당당히
황군皇軍 장교였던 그는 '한국적 민주주의'란다.

---

⑦ 통수권자가 되고 나서 그는 회고록 ≪국가와 혁명과 나≫라는 책에서 가뭄 끝의 꿀비에 하늘을 우러러 감사하는 대목이 나온다.

'우리도 한번 잘살아 보세'란다.
'근대화'란다. 이렇게 세월은 흘러서
'메이지(明治)유신'의 입김처럼 '유신헌법'이 태어났다.
찍소리 말고 따르면 된다는, '하면 된다'는 기세였다.

'새마을호 열차'에 실리듯 '총통제'로 내닫는 판인데
말썽꾸러기 호남의 ⑧'이무기'를 바다 깊이 수장해 버리려다
끝끝내 놈이 두렵고 미워서 호남 푸대접이 굳혀졌다.

이른바 심복들 중 누구 하나 쓴소리 않다 보니
제 스스로도 우뚝해진 '천하 애국자'를 뒤집어 보면
뿌리부터가 '친일'이요 '반란'이요 '배신'이던 박정희다.
미국 눈초리 돌리려 ⑨'여순반란'의 연루자를 잡아 으깨었다.
이는 오래도록 하늘만이 알던 일이다.

우리 분단의 두 뿌리인 미·일과 한통이 되며
엉뚱하게 통일을 내세워 '유신 체제'를 굳히고
'권불십년權不十年'도 무색해지게 오래 판치고 보니
끝내는 먹통눈이 되어서
박정희 내외는 제 출발처럼 투당탕 ⑩총탄에 쓰러졌다.

⑧ 박정희의 김대중에 대한 탄압을 두고, 이철승이 박정희에게 '구렁이를 자꾸 찔벅거리면 이무기가 된다'고 했더니, 박정희가 아주 좋은 비유'라고 했다는 일화가 있다.
⑨ '여순반란사건'에 박정희도 가담한 것이 사실이라 하거니와, 이것은 박정희의 집권 전후를 통해서 그에게 악재와 압력으로 작용했을 것이 분명하다.
⑩ 하나는 1973년 재일 교포 문세광의 총탄에, 또 하나는 1979년 중앙정보부장 김재규

제가 남을 우습게 본 만큼은
남도 저를 우습게 보게 마련인가?

한동안 기죽은 시늉이 되었다가도
내 욕심은 굼틀굼틀 되살아나서
한 친구가 부추기며 챙겨 준다는 핑계로
뒤늦게나마 번좋게 전북문화상을 받는다.
이 상은 당시 문학·미술·음악의 세 부문이었는데
내 문학 부문의 선정에는 전북일보 누구의 힘이 컸다.

이 해가 저무는 '새해 축시'에 내가 신문사의 대접을 받고는
무슨 비문·송사와 교가 등의 작사까지 부탁받기에 이른다.
이래서 모두가 '상'에 침 흘리는 셈이지 싶었다.

누구보다 내 수상을 반기던 것은 아내다.
오랜 세월 상금 한번 못 탄 남편이기 때문일지 모른다.

이번 상금은 자기 몫으로 목돈이 생겼기에 더욱 그렇다.
하지만 아내는 이해타산에 찐득거리지 않고
손끝이 야물어 일손이 빠르다.
노래 또한 정감 있는 목소리로 잘 부른다.

의 총탄에 쓰러졌다.

봄이다. 햇빛·햇살이다.
거리의 아가씨들 얼굴부터가 꽃빛처럼 밝다.
새 희망이 꿈이 가슴의 물방아를 돌린다.
이런 봄빛과 함께 풀려 난 공산권의 책들인가?
이는 마르크시즘이 깨진 데 대한 자신감일지도 모른다.

〈칼 마르크스〉를 다시 읽어 본다.
이른바 '악의 모랄'인가를 확인하고 싶었기 때문이다.
그래 '증오의 철학'일까?
어두운 바탕에 뿌리하고 있기는 하지만
그러기에 더 진한 '휴머니즘'이 깊게 깔려 있어 보였다.

내가 학교 방과 후에 혼자 남아서 독서하게 된 것은
내 상담실이 호젓한 3층이었기 때문인데
혼자 그냥 멍하니 앉아 있을 수도 있었다.
마르크스의 말대로 종교란 자기 기만, 인민의 아편일까?
종교인의 눈에는 마르크시즘이 붉은 마귀일 수 있을 것이다.

뒤엎는 투쟁은 오래 두고두고 값진 것일는지?
투쟁의 힘으로 세상이 뒤바뀌어도
평등과 평화의 낙원은 영 오지 않을는지 모른다.
사람은 모두가 다 싹수 있게만 태어나지 못했기에 그렇다.
종교적 성인의 가르침이 '환한 밝음'인데 반해서
마르크스의 가르침은 '컴컴한 일깨움'이라면

빛과 그늘이 어우러진 그림이 제대로인 것을 생각해 본다.

보내온 구상 선생의 시집 〈까마귀〉를 읽었다.
진한 사랑을 받고 자랐다는 점에서는 나와 같을지라도
이분은 이북에서 쫓겨 왔지만
내 이남에서 쫓겨났어야 할 빨갱이 집안이다.
김 샌 저항감이나마 비죽여 나올 수밖에 없음이 한숨겹다.
일찍이 박정희는 이분에게 '거사' 의지를 실토하고
거사 뒤의 한자리 꽃방석을 이분이 거절했다는 일화다.

어쩌자고 나는 〈마르크스, 그의 생애와 그의 시대〉
〈대륙의 붉은 별〉〈모택동 사상〉 등을 다시 뒤적거렸다.

9. 문학과 나, 도둑질 학생, 큰아들 입영 후

내가 평생 할 수 있는 일은 문학밖에 없음을 되새겨 본다.
내게는 걸출한 담력도 없고
쿠렁쿠렁 남을 끌어안을 덕성도 없기 때문이다.
비록 큰 그릇은 아닐지라도

예민한 감성의 직관과 함께
깡질긴 나대로의 고집이 유다르고
무엇보다는 문학에 대한 집념이 잠들 줄 모른다.
무슨 고독이나 허무라든지, 울분이나 비탄이라든지를
문학은 위안처럼 걸러 주곤 한다.
그래서 나는 서사시 〈푸른 겨울〉을
학교에서도 틈틈이 쓸 때가 있었다.

한번은 방과 후에 그렇게 고부라지고 있는데
한 남학생이 상담실로 찾아왔다.
3남매 중 외아들이라는 그는 가출한 지 사흘째라고 했다.
부모의 잔소리 '속차려라'가 듣기 싫어 뛰쳐 나왔단다.
친구 집마다 부모의 전화질이라는 하소연이다.
내가 내 자식한테서 겪은 아픔을 밝혀 타일렀더니
마침내 그는 눈물 흘리며 귀가를 약속했다.
이런 나인데도 내 자식을 제대로 가르치지 못함은 왜일까?
사랑이 너무 앞서기에? 그럴지 모른다.
이른바 '부자유친'이 안 되었기에? 그럴지도 모른다.
아니, 무엇보다는 아비의 말에 대한 자식의 믿음이 없어서다.
숱한 세월 아비의 말과 행동이 다름을 겪었기 때문이다.

내 막둥이가 가출을 하고
내 편지를 어떻게 전해 받고도 오래 돌아오지 않았다.
놈이 비를 맞고 헤매는 꿈으로 나는 밤잠을 설치며

일어나 앉아서 기도를 하기도 하고
내 자신 부모에게 불효한 일이 아프게 일깨워지기도 했다.
인과응보因果應報의 응징을 받고 있는 셈이구나 싶었다.

언젠가의 당직 때는 서무실에서 〈푸른 겨울〉을 쓰고 있는데
여학생 학급 쪽에서 웬 고함 소리가 들리기에 가 보니
교실내 도난 사건의 용의자 색출 투표에서
두 여학생의 이름이 적혀 나왔기 때문이다.
하나는 이미 하교했기에
남아 있는 하나와 부딪치고 있었다.

누구를 매장하는 투표 수난을 호되게 닥뜨려 주고 나서
모두가 흩어져 나간 뒤에 내 돌아와 있을 때다.
한 학생이 서무실로 들어와 내 앞에 덥썩 무릎 꿇고 울었다.
두 손을 모아 비비면서 너무너무 억울하다는 것이다.
"선생님! 죽고 싶어요! 투표에서 지 이름이…… 으흐흑!"
"죽고 싶다니? 죽으면 니가 훔친 게 되어 버려! 누가 머라 해도 나는 너를 믿는다. 용기를 내! 알았지?"

눈물을 씻고 돌아간 녀석은 이튿날 학교에 나오지 않았다.
둘 중의 또 하나도 마찬가지라서
담임 선생이 서둘러 가정 방문을 했다.

이런 며칠 뒤에는 내 자신이 도난당하고 충격이 컸다.

내 전용 상담실 가방 속에 넣어 둔 조의금이 없어진 것이다.
이를 나는 누구에게도 내색하지 못했다.

문득 학생들의 도벽성 실태가 궁금해진 나머지
문제의 학급부터 설문 조사를 하게 되었다.
놀라운 것은 도벽성 비율이 의외로 높다는 사실이다.
조사 대상자 42명 중 훔친 기억이 있는
학생수 비율이 83%다.
남학생 학급의 경우는 이보다 높은 86%나 되었다.
이는 '반성도와 정직성 조사'라고도 할 수 있어
내 한편 흐뭇하기도 했던 기억이다.

"우리가 구제할 길이 없는 것은 반성하지 못하고 끝내 제 자신을
속이는 일입니다. 하지만 여러분은 누구보다 진실할 수 있고, 얼마
든지 훌륭해질 수 있는 이 나라의 꽃송이들입니다…"

이렇게 시작한 설문 결과도 추워 주었다.
한데 왜 내 자식 내 식구에게는 칭찬에 인색한 이중성일까?
무슨 인기가 필요없기 때문이거나
이른바 가부장적 권위 때문일지도 모른다.

이 무렵 큰아들이 입영하게 되었는데
부디 사내차게 강인해져서 돌아오라며
내 처음으로 악수도 해 주었지만

누구나 하는 면회를 최전방 배치 후에야 갔을 뿐이다.
거기 휴전선 가까운 산골에서 뜻밖에도
'6·25' 때 우리 고을 지서 습격을 했다가 죽은
내 친우 ⑪정원호의 고모를 만났다. 휴전선 코앞에서 말이다.

어떻든 옛날 이 아비는 인민군 편에서 국군과 맞섰지만
오늘의 아들은 국군이 되어 인민군과 맞서는 꼴인가?
이 분단국가의 한은 언제나 풀릴 것인가? 한숨겨웠다.

이제 그로부터 50여 년이 흐른 2005년 봄이지만
미국 부시의 불망나니 짓에 남북 관계는 얼어붙고 있다.
발가벗고 손 내밀면 달러 주겠단다.

⑫'작전계획5029'라는 북조선 정권 붕괴 음모를
한국정부가 짚어 낸 것은 그런대로 속풀리는 일이다.
우선 눈앞의 '선제공격' 빌미 하나를 뭉개 놓았기 때문이다.

어제 나는 한상렬 목사의 전화를 받고 상경했다.
통일연대의 '고문·지도위원회의'를 비롯해서
'민통련창립 20주년기념행사'와

---

⑪ 한참 앞(Ⅲ 청년기③의 5)에서 밝힌 대로 내 대학 동창이자 사돈이기도 하다.
⑫ 북조신 정권이 무너질 내란이나 봉기에 대비해서, 주한 미군과 한국군이 군사적 조처를 한다는 '한미 작전 계획이다. 한데 이 유사시의 '작전권'은 전적으로 미군에 있다는 것이 함정이다. 붕괴 조짐을 과장하거나 부추길 수도 얼마든지 있기 때문이다.

'민주화운동공제회창립대회' 등에 참석하기 위해서인데
오늘따라 왠지 피곤하다.

10. 거장들의 이중성과 내 위선은, 막내의 가출

한 세대 전의 ⑬일기를 펴 본다.
이 해 여름 온 세계에 튀어 오른 솔제니친 이야기인데
〈이반데니소비치의 하루〉와 그의 중·단편집을 읽었다.
그는 쇼로호프의 〈고요한 돈강〉을 두고 표절한 가짜라 했고
저 자신은 공산주의자라 우기며 소련에서 쫓겨났다.
미국 하버드 대학 초청 강연에서는 그가 외치기를
미국은 도덕적으로 '파멸 상태'라고 했다.

어느 체제이든 억울하고 분개할 일은 있게 마련일 테지만
사회악의 비율이 어떠한지가 문제일 것 같다.
행복감의 비율 또한 외면하지 말 일인가 보다.

---

⑬ 옛날 추억거리를 비교적 현장감 있게 되살릴 수 있는 것도 (수십 권 노트를 포함해서) 내 일기장 덕분이다.

솔제니친의 작품이 나를 질러 준 것은
그늘진 도덕성과 작은 행복이다.
진짜 행복감은 그의 말대로 자잘한 것일지 모른다.
이른바 '잔정'이 많을수록 기쁨도 많을지 모른다.
우뚝 솟아 오른 위인적 높이라든지
도스토옙스키의 깊이에는 즐거움이 비껴들지 못한다.
내 오늘 집 뒤 언덕길의 풀을 뽑고 쉬면서
저물녘 붉은 해를 보는 그 흐뭇함과
저녁매미 우는 소리 들으며 목욕하는 시원스러움이란
어느 큰 즐거움과 바꾸랴 싶어진다.

이 밤에 나는 천재 작가의 〈이중 인격〉을 읽는다.
누구나 피 속에 도사린 독기와 훈기의 두 얼굴을
이렇게도 저렇게도 보이게 하는 것이 인간이지만
위선도 길어지면 선으로 돌아간다더니
어떻게 잘 길들이느냐가 교육인 셈인가?

내가 전남 곡성중·고등학교에 있을 때
거기 역사 교사는 구부정한 키다리였는데
술 마시면 아는 소리깨나 하는 '방안 도사'다.
한번은 나더러 '이중 인격자'라고 내질렀다.

내 오랜 후일에야 알게 된 일인데
도스토옙스키도 제 이중성격에 고민했음이

내게 위안처럼 감겨 왔지만
나도 별수없는 이중성격의 위선임이
쓰디쓰게 되씹어지곤 했다.

이 무렵 내 막둥이 가출에 따른 피멍울을 추스를 셈으로
내가 쓰게 된 시 〈구슬〉이 떠오른다. 옮겨 본다.

    두 주먹 울음으로 태어난 목숨이라서
    잃어야 하는 구슬을 쥐었나 보다.

    두 손에 하나씩, 가슴 깊이에도
    숨통만큼 소중한 구슬로 하여
    햇빛은 두 눈과 이마에 몽땅 부셨다.

    어느 날 문득 왼손의 파랑 구슬이 깨진 걸 보고는
    내 밤을 지새워 뒤치락거린다.

    어버이 된 후엔 오른손의 빨강 구슬이 금가 버린
    어둠 속에서 무릎을 꿇어 보는 기도에 웅크린다.
    손을 털고 가슴 속 구슬마저 잃은 뒤에는
    내 비로소 혼자 먼 산 보고 웃어 볼 일인가 보다.

이렇게 무슨 일깨움의 시늉이지만
오래지 않아서 눈을 흘깃거리며
세상 꾸정물을 뻐끔거린다는 데에 한숨이 깊다.

11. 내 시에 얽힌 인연들, 아웅산 테러, 늦바람과 퇴임식 날

이 봄에 읽게 된 마르케스의 〈백년간의 고독〉은
새삼 나에게 고독한 인간 운명을 실감케 한다.
어찌 그 대작에는 꿈도 시도 빛 바래어 있었다.

오늘은 브라질과의 축구 경기에 모두가 열광인데도
오래전 삿포로 동계 올림픽 때처럼
내가 후끈해졌던 것과는 달리
오직 나 혼자임이 적막했을 뿐이다.
눈 앞 텔레비전에서 소리소리 외치는데도 그렇다.
어서 학교 그만 두고 시골서 살고 싶은 마음이 바빠진다.

보리누름 철의 농번기 휴일이면
내가 소줏병 들고 아중리 보리밭을 찾아 드는 것도
어린 시절의 추억이 빛부시게 애끈해지기 때문이다.

이렇게 가라앉은 삶의 그런 풍경이나마
얼굴 모르는 독자로부터 내 시의 스크랩을 해 놓았다며
시집 구입처를 알려 달라는 편지가 왔다.
한번은 어느 작곡 발표회 초대장·프로그램에

제1부의 김소월·이육사의 시 작곡에 이어
제2부는 '어느 시인의 노래'라 하여 내 시만의 작곡이다.
이 또한 얼굴 모르는 뜻밖의 발견임이 반가워
전화 걸었더니 죽은 형의 서장에서 내 시집을 보았단다.
옛날 나와 근무한 동료의 아우, 이준복 교수라고 했다.
이해 1983년 처음으로 '시 쓰는 보람' 같은 것을 느낀 셈이다.

이런 기쁨에 수필 문학회 소풍에도 나갔을 때인데
느닷없는 보도는 서남아 순방 길의 대통령 일행이
⑭폭탄 테러에 죽거나 다쳤지만
대통령은 무사하다는 소식이다.

"그렇게 설치더니…… 당하고 말었어."

손전화를 귀에서 내린 누구의 말이다.
이어서 이렇게들 한마디씩 지껄인다.

"참, 불행 중 천행이구만!"
"허긴 대통령도 죽으면 김일성이 제일 좋아라 헐 거여."
"쳐들어올지도 모르지."
이런 대꾸에 누군가도 맞장구쳤지만
어찌 나는 브라질과의 경기 때처럼
혼자 외톨박이임이 새삼 썰렁하기만 했다.

⑭ 아웅산 순방 때 당한 테러인데, 사상자 20여 명 중 사망자만도 15명이라는 것, 테러
  범은 북한 기관원인 김현희라고 했다.

이즈음 내가 우리 문인들의 오랜 단골 술집에 빠져든 것은
거기 종업원이 내 시를 신문에서 오려 간직했기 때문이다.
이에 나잇값을 잃고 크게 한번 바람피우다 아내한테 들켜
이혼할 뻔한 위기를 겨우겨우 추스린 시늉이다.
이는 자식들이 내 편에 서 준 덕인지도 모른다.

이래저래 방학 때의 우리 부부는 처음으로 동반 해수욕을
딸아이 덕분에 '삼양사 가족 무료 해수욕'을 가게 되었는데
거기서도 우리는 나 혼자만의 수석 줍기에 골몰했다가
티거덕거리게 되어 한 밤을 등돌리고 세웠다.
이튿날은 서로 즐거운 체하고 회사 버스에 올랐고
모두와 함께 노래도 불렀다.

이 여름 방학이 내게는 마지막인 것이
'명예 퇴직자'로 최종 제가를 얻어 냈기 때문이다.
이에는 이종처남뻘인 도교육청 장학관과
전북일보 편집국장의 도움이 컸었다.
새 봄에 부임해 온 교장 또한 긴 세월 숱한 상관 중에서
손꼽히게 내 속내를 잘 짚은 분이시다.

이래서 나는 '퇴임식'을 그냥 '이임식'처럼 고집부렸는데
이는 시골 학교의 어려운 형편이 헤아려졌기 때문이다.
"제가 초청할 만한 사람도 없구요, 초대장 같은 건 일체 없는 것으
로 해주시죠. 그러찮으면, 그날 저는 나오지도 않을랍니다."

"싹 씻어 넘기면 교장이 욕을 얻어먹어요. 최 선생님 마음은 짐작합니다만……"
"제 못된 고집을 제가 공개허겠습니다. 이임식 수준으로 해 주십시오."
"허! 알겠어요 ……"

한데 퇴임식 때는 뜻밖에도 내 은사의 내외분이 오셨고
학교장의 권유대로 아내를 혼자만 나오라 일러 두었는데
제 친구를 떼죽으로 몰고 왔다.
내 눈만 흘깃거리며 속을 끓였다.
하지만 본교 졸업생이 풍문 듣고 여럿이 떼지어 온 것은
내 속으로 흐뭇했음을 고백한다.

언제나 제 고집대로인 막둥이가 온 것도 기쁨이었는데
퇴임식이 끝나자 제 어머니 일행과 함께 먼저 보냈다.
이어서 학교 가사실에서는 직원들만의 송별연이었지만
우리 졸업생들은 굳이 나를 밖에서 기다려서는
다시 익산으로 달려가서 꽃방석을 깔아 준 일은
오래 잊히지 않는 훈훈함으로 휘감긴다.
이로부터 21년이 흐른 2005년 6월이다.
저 '6월항쟁' 때는 나도 거리에서 쿵쿵대던 가스깨나 마셨다.
세상은 참 많이도 달라졌다.
지난 새 천년의 '6 · 15공동선언' 덕분에
이 사람도 북측 행사에 두어 번 다녀 왔음을 되새겨 보면서
내 교단 30년의 기록은 여기서 끝낸다.

Ⅴ 그리고 거리에서 〔ㄱ〕 노년기(1)

1. 퇴직 후의 고향 길, 아중리 들길, 이라크전 승리의 늪 ……………284
2. '해방신학'의 만남, 익명의 쪽지 받고, 영화 〈발렌〉 ……………287
3. 〈중국의 붉은 별〉, '50고지'에서, '6·15 공동선언' 제5돌 …………290
4. 모내기 철의 하루, 안기부의 옛제자 …………………………292
5. 이웃 마을 농민과는, 불꽃놀이, 내 그림과 공예품 ……………296
6. 개헌 추진 현판식, 미군기지 확장 저지투쟁, 개방과 주체사상 …299
7. 무개차의 젊은이, 추도회와 언덕길, 내 2세를 위해서도 …………303
8. 이한열 추도회, '영생학'의 교주, 시위와 물수건 ………………307
9. 내 항쟁과 식구들, 은사 내외분께는 ……………………………312
10. 총학생회장을 만나다. 전두환의 항복, '노태우의 웃음' 이후 ……317

1. 퇴직 후의 고향 길, 아중리 들길, 이라크전 승리의 늪

한 세대 동안 익혀진 생활 리듬이 깨지다 보니
거뿐한 해방감에 이어 생긴 것이 신병身病이다.
팔다리의 신경통으로 한의원에 드나들었고
한동안은 방안에서만 뒹굴며 지내야 했다.

내가 학교를 그만둔 큰 이유 중의 하나는
서사시 〈푸른 겨울〉 쓰기에 골몰하고 싶었기 때문인데
서너 달 만에야 그럭저럭 제3편을 마칠 수 있었다.

거기 한 주인공의 모델인 백산白山 선배 댁에 갈 수 있을 만큼
내 신경통이 나아져 가을에는 성못길에
여러 해 만의 고향을 찾아 가기도 했다.
코흘리개가 덜썩 커 버리고
내 또래는 백발로 쪼그라들었다.
'인생무상'을 고향만큼 실감시키는 곳은 없음이 저려 든다.

"베피떡맨키로 곱든 얼굴이 인자 헹姉이도 많이 늙었네, 아이고 시상에!"
주근깨투성이의 하목 대모가 나를 보고 반겨 준 말이다.

'장구잽이' 모산 아저씨는 앓아누워 있었고
내 연하 광식이 아재는 희끗희끗한 머리로 딴 얼굴이다.

내 저녁상을 챙겨 놓고 기다리던 안성 아주머니가
달빛 고삿길을 이리저리 누비며 나를 찾으신 모양인데
어린 시절 노는 재미에 빠진 나를 부르시던 어머니 추억에
내 가슴은 문득 찡해져 왔다.

이튿날 안성 아저씨 내외분의 배웅을 받고
집에 돌아온 나는 혼자 집을 보아야 했다.
이날 아내가 ①꾸르실료를 받으러 떠났기 때문이다.
어찌 여느 때 없이 횅뎅그레 느껴지면서도
글 쓰기에는 오히려 갈폿해서 좋았다.
이래서 나는 작품 정리를 할 때면 산사를 찾는지도 모른다.

내 밥상은 삼양사 다니는 딸아이가 보아 주는 터라서
이른 아침의 등산이나 들길 산책을 거르지 않았는데
한번은 짙은 안개가 산자락을 휘감아 돌아
신화 속의 그림처럼 푸른 봉우리들만이 붕 떠 있고
저만치 아중다리(牙中橋)에서는 한 사내가 뜀질을 껑정거렸다.
이럴 때면 나도 허리펴기운동을 하곤 했다.
돌아오는 산길에서는 버섯도 딴다.

----

① 천주교에서 신자와 성직자에게 베푸는 종교 교육, 일종의 신앙 수련이다. 3박 4일 간 외부와 단절된 공동체 훈련으로서, 이것은 평생 1회만에 그친다.

노랗게 깔린 솔잎들 사이의 송이버섯 싸리버섯들 위에
더없는 싱그러움이 햇살로 퍼진다.
해서 시간 가는 줄 모르다가 아침밥에 늦기 일쑤다.

이즈음 뒤늦은 훈장까지 받게 되었는데
명예퇴직자 모두에게 주는 국가 훈장으로서
교장급은 누구나 다 동백장이고
나 혼자만 더 좀 낮은 목련장이었지만
내 조금도 서운할 것도 자랑스러울 것도 없었다.

쿠데타 세력이 민심 다독이려는 포상 남발일 테지만
학원가는 다시 술렁이기 시작했다.
미국은 제 나라에 해롭지만 않다면
어느 나라에서 누가 정권을 날도둑질하든 말든 상관없다.
오직 빨갱이만 꼼짝 못하게 줄곧 한통속 협력일 뿐이다.

두 대에 걸친 이라크 침략은 석유전일 터인데
이제 더러운 승리의 늪에 허우적거리면서도
'북핵' 문제를 새로 뒤집으며 발톱을 세우고 있다.
서울대 학생들도 거리로 쏟아질 만큼 심상찮은 먹구름이다.

어제는 대통령이 5부 요인을 불러 대응책을 짜내려 했다.
하지만 뾰족한 수가 나올 수 없어 미국 눈치를 보아야 하는
이 종속국의 고민은 언제까지 이어질 것인가?

지난달 참여연대 모임에서 나는 반전 운동을 제의했지만
여직껏 감감무소식이다.

2. '해방신학'의 만남, 익명의 쪽지 받고, 영화 〈발렌〉

어느 초상집 마당에서 정치 이야기가 나왔을 때
내 한마디 불퉁거렸더니
한 친구는 이렇게 이죽거렸다.

"최형이가 학교 그만둔 건 알고 보니 큰 소리치고 싶어서였어."
"입은 삐뚜러져도 옳은 말 하랬다고, 최형이 말에 나도 개평으로
속이 좀 시원해지는구만."

이런 자리면 '장급長級'들은 슬금슬금 피해 버렸다.
이 무렵에 〈해방신학의 이해〉를 읽을 수 있게 된다.
내 아내에 이어 꾸르실료 받고는
지도 신부 중의 한 분한테서 빌린 책이다.
불행한 나라의 신앙일수록 짓밟힘에 맞설 수밖에 없음이
내 후끈 달아오르곤 했다.

새해(1985)를 맞고 받게 된 꾸르실료였는데
거기서 봉사하는 신자들의 숨은 열정을 보고 일깨워진다.
사람은 사람에 대한 봉사보다는 주에 대한 성심으로 하여
오래오래 변덕없는 보람을 누릴 수 있다는 사실이다.
한데 집에 돌아와서 나는 익명의 쪽지를 받는다.

'오래 전부터 당신의 행보를 지켜본 사람입니다. 한때는 존경
했기 때문입니다만, 언제부터 얼빠진 신앙에 들어섰는지 묻고
싶습니다. 실망했습니다!'

어찌 내 아픈 데가 긁힌 것처럼
내 스스로 신앙 동기를 곱씹어 보았다.
첫째는 중·소의 분열을 통한 이념적 환멸이요,
둘째는 아내에게 좀 정신적인 무엇을 깔아 주고 싶어서다.
굳이 셋째라 한다면 인간 능력의 한계다.
무슨 논리 이상의 가치를 추구하면서
진보적 인생관이고자 한 데에 내 모순은 멍울져 왔다.

집에 돌아온 이튿날의 산책 길에서는
저녁 해가 아중역 현관 유리문에 두 개로 얼비치어
하나는 밀감빛으로 둥그렇고
또 하나는 모과처럼 일그러져 나를 닮아 보였다.

이런 내 별수 없는 혼란상이나마 하늘 뜻을 우러르며
시새움과 부러움 없이 살고 싶었던 셈이다.

깊고 컴컴한 것만이 더 치열하고 더 진실된 것이 아니고
시원히 환한 데에 오히려 질긴 보람이 있으려니 싶었다.

한밤중의 텔레비전에서 본 영화 〈발렌〉이 인상 깊다.
에스키모인들은 무지한 행복을 누리면서
원초적 인정으로 사경의 문명인을 살려 주기도 하지만
일할 수 없는 늙판이 되면 누구나 빙원氷原에 버려진다.
제 피붙이를 곰 먹이가 되게 한다.
새삼 인간의 동물적 잔인성이 내 이면처럼 밟혀 왔다.
하긴 옛날 우리네도 늙어 버리자 ②고려장이었거늘
'6·25' 때의 잔혹함인들 일러 무엇하랴 싶다.
서로가 피웅어리진 발광이었으니 그렇다.

내가 퇴직했다는 소식 듣고 찾아와 준 ③옛 동료는
내게 느닷없는 '반공反共 강연'을 권해 왔다.
내 한마디로 사절하면서 그를 새삼 뚫어본다.
무슨 변절의 문제가 아니고
오랜 피멍울의 반사반응이었을 뿐이다.

---

② 늙은이를 산 채로 구덩이 속(壙中)에 넣어 두었다가 죽으면 그 자리에 묻어 버렸다
  는 고구려 때의 풍습이다.
③ 내가 전주농고에서 재직할 때, 그는 토목과 교사였는데, 목사의 아들로서 '대한반
  공연맹 전북본부'와도 인맥이 두터웠다.

3. 〈중국의 붉은 별〉, '50고지'에서, '6·15 공동선언' 제5돌

내가 읽은 〈중국의 붉은 별〉에서 되짚어지는 것은
모택동의 제 아버지에 대한 반항이다.
중농 집안의 아버지는 폭군다웠던 모양인데
한번은 소년 모택동이 아버지의 폭행에 내달아나며
짐짓 물에 빠져 죽을 듯한 시늉을 해 보인 뒤로는
아버지의 폭언·폭행을 한번도 당하지 않았다는 이야기다.
이렇게 그는 성미도 길들이기 나름임을 어려서 터득한 셈이다.

시골서는 되통 귀하게 종손 외아들로 자란 내 버릇은
쉬 수그러들지 못하는 모양이라서
듣기 좋게 '고고하다'든지 '데데하다'는 말을 듣기도 했다.
하긴 겁약怯弱과 과단果斷의 2중성은 모순 덩어리기에
누구에게나 혼란을 일으켰는지 모른다.

강철 의지를 지닌 레닌의 뛰어남이 박혀 들면서도
인간미와 서정성을 쓸어버린 그의 창조적 힘살은 그래
얼마나 오래 뻗쳐 나갈 것인가?
마르크스의 이상과 함께 되새겨지곤 했다.
지난여름의 남북적십자회담은 북측의 무용체조로

오래 논란거리가 되었다.
서로 약속했던 '평화'에 대한 시각차가 컸기 때문이다.

"아니, 느닷없는 집총 마스게임이라니! 약속 위반이 아닌가?"
"그런게 말이여. 그에 대한 우리 쪽의 태도 또한 어정쩡하고 말입니다."

이렇게 아침 등산의 ④'50고지'에서 신문사 주필의 맞장구에 내 한마디 반론하고야 배겼다.

"북한 쪽 처지에서 한번 생각해 봅시다. 자기네 바로 턱주가리 밑에서 팀스피리트 훈련하는 그런 위협이고 보면, 어느 누구라도 항상 불안한 방어 훈련을 할 수밖에요. 방어가 곧 평화인 셈이죠. 그래서 북한에서는 체조도 매스게임도 무기 응용이 일상화되었을 겁니다……. 그런데 많은 언론이 이를 공격적인 것이라고 오도하고 있드만요! 자, 그만 내려 갑시다."

내가 먼저 50고지를 뜨기 시작하자
내 등산 동반자인 오영 국장이 내 뒤통수에 한마디 내지른다.

"기분 나쁘다고 뭐 혼자만 가지 말자고!"
"아하하! 으흐흐!"
여러 웃음소리가 등 뒤에서 늘어졌다.

---

④ 50대 이상의 사람들은 대부분 이 봉우리까지만 올랐다가 내려간대서 붙여진 이름이다.

어쩌면 야유일 것이 후끈 노여워지기도 했다.

오늘은 6월 15일, '남북공동선언' 5돌 기념일인데
이 공동 행사가 평양에서 있게 되어
남측에서는 민·정 ⑤330명이 어제 떠났다.
서울에서만이 아닌 각 지방에서도 행사가 열릴 만큼
세상은 참 많이도 달라졌는데
시민단체 주관 행사에 관리들도 참가하고
내가 연락받고 나간 행사장(동학혁명기념관) 벽에는
'6·15공동위원회' 해외측과 북측에서 보내 온
현수막 문구文句임이 반갑다.
우리 민족끼리의 힘으로 조국통일을 이루자는 내용이다.
내 축시에 이어 김완주 전주시장의 축사가 있었고
모두가 일어서 손에 손 잡고 '통일의 노래'도 불렀다.

4. 모내기 철의 하루, 안기부의 옛제자

저녁 산책을 산이 아닌 들로 나가는 것은

---

⑤ 처음 합의한 인원은 남측 685명(민간 615명에 정부 70명)이던 것이, 미국의 북조선 폄하 발언으로 공동 행사 자체가 무산되려다가 남측의 요청에 따라서 겨우 참가 인원만을 대폭 줄여 330명(민간 300명에 정부 30명)이 되었다.

들녘 태생이기 때문인지도 모른다.
들녘에는 그만큼 내 추억거리가 많다.
해서 기린봉보다는 아중리 들이 나를 꼬드긴다.
〈보리누름 햇빛〉이란 시도 쓰게 될 만큼 그렇다.
들에서는 허줄한 차림의 농부 부녀도 스스럼없이
내 고향 이웃 아저씨와 아줌마로 다가온다.

언젠가는 젊은 농사꾼한테서 모내기 날을 듣게 되어
내 스스로 못줄 잡아 주러 간 일이 있는데
이내 곧 모두와 아울려 들어
모 심는 얼굴에 짐짓 못줄 흙물을 튕겨 주기도 했다.

"쪼메 천천히 못줄 띠기라우!"
"흙탕물 많이 맞을수록 농땡이 많이 치는 셈이오! 농땡이 일꾼은 이따 막걸리도 한 잔 없을기라요!"
"아자씨! 논두렁서 오라이 오라이만 허지 말고, 나와 한번 바꿉시다요!"
"그렇게 헙시다. 오늘은 그냥 끝내고, 내일!"
"하하하! 호호호!"
"듣잔게 선생질허셨다는디, 선생도 어째 슬쩍 사기질허신다요? 내일 또 올 것맨키로……?" 이를 또 다른 아낙이 받아 굴린다.
"아니, 이 집 농사 ⑥고지깨나 먹은 양반인게비여……"

---

⑥ 한 마지기당 값을 정하고 모내기부터 마지막 만두리(김매기)까지, 미리서 받아 쓰는 품삯을 뜻한다. 고지품이라고도 한다.

거의 다 여자 놉이다, 옛날과는 달리
거머리에 물릴 걱정도 없어 바지를 걷어 올렸다.
모내기 때 우렁이나 조개가 하나도 안 걸리는 것도
내 어린 시절과는 더 한번 다르다. 농약 탓이다.

이 해 병역을 마치고 복교한 큰아들이
제 친구 집 모내기에 여러 날 나간 것을
내 알게 되고서 '부전자전'이구나 싶었다.
둘째의 홍대 회화과 합격 소식과 함께 한종일 즐거웠다.

여러 해 동안 방학 때마다 찾아 헤매던
내 강언덕 집터를 양평균 아신리我新里에 발견하고
계약까지 했다가 두 달 만에 해약하고 만 것은
쉬 팔리리라 싶었던 우리 집이 영 팔릴 것 같지 않아서다.
이젠 느긋하게 기다릴 일이다.

내 시집 〈이런 풀빛〉 출판의 치다꺼리를 위해서도 그렇다.
이 무렵 신아출판사를 오갈 때면
교구청 확성기에서 울리는 '문정현 신부 단식 투쟁'이란다.

"신부님은 납치를 당하셨다가, 지금은 교구청에서 단식 투쟁 중이
십니다. 불법 납치한 책임자, 경찰국장·안기부실장은 사과하라!
오늘 저녁 일곱 시에 교구청에서는 '광주항쟁 5주년 추모 미사'가
있습니다. 형제·자매님은 많이 동참해 주시기 바랍니다."

추모 미사에 참가하고 나서 한 사흘 지났을 때인데
또다시 교구청에서 울려오는 '살인 정권 성토'에
건물 벽에 걸린 현수막에는 '문정현 신부님 단식 7일째!'
'경찰국장·안기부실장은 사과하라!'

내가 단식 장소인 2층 주교실 앞에 이르니
거기서 나오는 두 사람 중 하나는 안기부 실장이고
또 하나는 뜻밖에도 내 옛 제자 김강석이다.

"선생님, 웬일이시죠?"
"문 신부님 뵈러 왔네만······."

내 아끼던 옛 제자는 얼굴을 붉히며 고개를 숙였다.
전주농고에 있을 때 나는 상담 교사로서
기말 고사 ⑦결시자인 그를 찾아가 격려해 주었다기보다는
자본주의적 질서를 강조했었다.
"너는 혼자 궁기적거리며, 분개했을지도 모르지만, 이 나라는 자본주의 체제다. 이 질서에 도태되지 않으려면 돈을 벌어야 허고, 그러기 위해서는 어떻게든 졸업장도 따 내야 해! 좋은 성적 문제가 아니다. 고사 기간 끝나거든 다시 학교 나와! 알았지?"
"예······."

---

⑦ 공납금(수업료)을 3회 이상 미납한 학생은 기말고사에 응시할 수 없는 대상자가 되었다.

5. 이웃 마을 농민과는, 불꽃놀이, 내 그림과 공예품

이제 내가 저항운동에 나선 지는 19년이고
이곳 시골에 터잡은 지 10년이다.
노동자·농민과는 맞서 이기지 말 것을 다짐해 보면서도
그게 쉽게 되지를 않는다.

얼마 전에는 이웃 마을 농부가 제 감나무밭이 그늘진대서
우리 측백나무와 소나무의 가지치기를 하고
내 쉼터의 미루나무 거목 밑동에는 도끼질을 해 놓았다.
어디 말 한마디 없이 남의 농사 망가뜨리기냐고 했더니
오히려 그는 더 발끈해지면서 대들었다.
내 나무가 제 나무에 그늘지게 하고 있다는 것이다.
어서 떠 옮기라는 호통이시다. 어이가 없었다.
내 나무 심은 지 훨씬 후에야
그가 심은 나무인데도 그랬다.
미루나무 밑동 도끼질도 잡아떼면서 증거를 대란다.

"어딘지 꽉 막힌 분이시구만! 말 한마디로 천냥 빚도 갚는다는
데……."
"내가 도끼질했다고 덮어 씌우지만, 당신이 보기나 했어?"

"그건 하늘과 당신만이 알 일이지!"

더 오래 불끈댈 상대가 아니구나 싶어서
돌아서 버린 뒤 한 사흘 지나서다.
뜻밖에도 그한테서 온 전화 한 토막은 이렇다.

"저보담 나이 많으신 선생님께 큰소리 쳐서 죄송혀요……"

오래 대전에서 살다가 귀향한 그는 언젠가도 내게
내가 임대한 시유지를 놓고 시비를 걸어 온 일이 있는데
이런 사과는 너무도 의외가 아닐 수 없었다.
알고 보니 한 마을 농민 회장의 설득이 있었던 모양이다.

여름. 언덕 위에서 불꽃놀이 구경을 하던 어린이들이
불꽃 터질 때마다 환호성을 지른다.
"히야! 모두가 내 세상이다!"고
"신난다! 신난다!"

어른들은 제 몫에 바둥댈수록
세상이 남의 것인데도 어린이는 달랐다.
놀라운 동심에 내 멍해지며 불꽃 하늘을 우러렀다.

한데 집에 돌아와 일기장을 펴든 나는
아내에 관한 것들은 깊이 따져 거짓말임을 깨닫는다.

아내가 훔쳐 볼 것을 의식하며 썼기 때문이다.
내 억울한 속내를 이해시키려 했고
얼마나 막힌 소견인가를 질러 주려 한 셈이다.
하지만 오늘부터는 일기장 손쉽게 숨겨둘 곳을 발견해서
좀더 정직한 소리 적어 나갈 수 있을 것이 반갑다.
무슨 창핏감이나 질툿거리를 뺄 것도 없어진 셈이다.

이래서 적게 되는 2년 만의 몽정夢精 사실이다.
아내와도 동침 안한 것이 두세 달도 넘기 때문이겠는데
새벽녘 꿈에 나는 교사 채용 시험에서
수학 문제풀이에 혼자 남아 끙끙대다가, 초조로워지다가
내 그만 찌리릿 시큰거려 잠이 깨었다.
한심한 놈이다. 울리고 헤어진 얼굴이 떠오르니 말이다.

한데 그림 속의 아가씨는 두고두고 내 꿈이기도 했다.
60여 년 전(16세 때)에 그린 이 수채화는
여직껏 간직하고 있는 연인상(일본 시골 오또메 / 乙女)인데
누군가의 그림을 모사한 것임을 밝힌다.

무릇 화장이는 장인匠人 솜씨도 타고나듯이
내가 취미삼아 괴목에 손재주를 부리다 보니
한동안은 지팡이 만들기에 고부라지곤 했다.
칡넝쿨이 나선형으로 휘감아 오른 나무부터 찾아낸다.
그것을 곧게 바로잡고, 다듬고, 폰드 때움질을 하는 것이다.

내가 퇴직한 큰 이유는 글쓰기 위해서지만
이거, 본말이 뒤바뀐 셈이구나 싶어
무단히 초조로워지고 한심스러워지다가
〈푸른 겨울〉의 원고 뭉치를 싸 들고 산사(동고사)로 들어갔다.
시내 변두리의 절이었기 때문인지
경찰서의 인검을 두 차례나 받게 되었다.

6. 개헌 추진 현판식, 미군기지 확장 저지투쟁, 개방과 주체사상

신문 보도에는 학생들 시위와 함께 '개헌' 문제가 불거졌다.
뒤이어 세상은 더욱 어수선해지고
이른바 ⑧'인천사태'가 들끓어 올랐다.

한 달 만에 집에 돌아와 〈푸른 겨울〉 제5편에 골몰하던 나는
거듭 보도되는 신민당의 개헌 추진 현판식에 나갔다.
붉은 머리띠 두른 청년들과 수백 명의 대학생들이
도교육위원회 옆 거리에서 연좌시위를 하고 있고

---

⑧ 이는 1986년 5월3일에 일어난 사건이라서 일명 '5·3인천사태'라고도 일컫는다. 신민당은 대선 직선제 개헌 추진 도단위 현판식을 인천시민회관에서 가질 예정이었다.

한길 양편에는 방망이 찬 철모 부대가 방패 들고 늘어서서
학생들 쪽에서 튕겨 나온 구호 소리에 눈알만 굴린다.

"신민당은 각성하고, ⑨이철승은 자폭하라!"
"자폭하라! 자폭하라!"

이 날 행사장은 학생회관이었는데
이민우 총재의 우람한 체구답잖게 가는 목청의 대회사에
이어서 김대중 고문의 녹음 연설을 듣게 되었다.
울림이 작은 목소리인 대로 호소력이 큰 것은
'가택연금' 중이었기 때문인지도 모른다.
딴 지방의 현판식 때와는 달리 김영삼 고문이 그를 앞세워
그와의 결속을 다진 것 또한 호남의 정서를 파고 든 셈이다.
신민당 ⑩'실세'의 제1인자다웠다.

"광주항쟁 깔아뭉갠 군사 독재 타도하자!"
"타도하자! 타도하자!"
"광주 진압 부추긴 미군은 물러가라!"
"물러가라! 물러가라!" 회관 밖의 구호 소리다.

이로부터 19년이 지난 2005년 여름이다.

---

⑨ 이 정치인은 박정희 시절부터 '사꾸라'라는 별명으로 통했는데, 그는 신민당 구파 보스로서 내각(2원집정)제 개헌을 주장했다.
⑩ 당 운영상의 세력 분포면에서 김영삼이 강세인 것은 분명하다. 김대중은 오랜 세월 미국에 망명했었다.

오늘 나는 '평택미군기지 확장 반대 시위'에 참가했다.
전국에서 모인 2만여 명의 시민단체 깃발과 표지판은
교문 밖에까지 이어져 넘치고
비가 안 올 만큼 흐린 날씨임이 택일 한번 잘한 셈인가?

한데 대절버스에서 내려 2킬로쯤 걸어오는 내내
한길 가에는 전투복 방패의 경찰 부대였다.
이미 떠돈 풍문처럼 원천봉쇄는 아니라서 다행이다.
오래 준비된 이 날의 프로그램인 듯 축사나 격려사 이외에
노래패의 합창과 익살·풍자의 촌극 등이 끝나고는
모두 깃발들을 앞세운 행진이라기보다
미군기지 철조망을 향한 진군이다.
넓은 들 논두렁 여러 갈랫길로
줄줄이 대열을 지어 나아가기 시작하자
푸른 옷의 방패들이 뛰어 달렸다.
빼돌려진 늙은이 우리들은 멀리서 지켜보게 되었을 뿐이다.

푸른 들머리 언덕의 포위 작전 형국인데
시위 진군대는 이리 쏠리고 저리 밀리더니
한 시위자가 철조망을 기어오르는 듯하다가 떨어지고
한쪽 철조망이 터진 모양, 시위대와 경찰이 엉켜져 버린다.
이어서 와아! 와아! 소리가 들리더니 이내 멎어 버렸다.

돌아가는 버스 안에서는 ⑪흙투성이 젊은이들이

내 후끈하게 대견스럽기도 했다.

이런 한 해가 수선스럽게 지나고
보리누름의 유월이 왔다.
'부천서 성고문性拷問사건'이 불거져
세상은 한결 더 어수선해지고 있다.
뭉개질 대로 뭉개진 이 나라 도덕성임이 새삼스럽다.

이른바 일본의 야마또다마시(大和魂)에 맞설 수 있는 정신력은
저 공산주의적 단결과 우애뿐이라고 생각해 본 나로서
일찍이 중·소의 분열은 ⑫페레스트로이카와 함께 멍들었다.

어떻든 '주체사상'도 '이념'이 무너지는 흐름 속에서
한갓 지구촌의 부침浮沈에 그칠지 모르지만
긴긴 세월 빌붙어 살아온 겨레에게는 곱새겨볼 ⑬주체성이다.

---

⑪ 비 온 뒤의 진흙이 퉁겨질 수밖에 없었고, 다음날의 신문 보도에는, 싸우다 부상당해 병원 치료를 받은 수만도 시위대 측이 87명이고, 전경 측은 15명이다.
⑫ 이는 '재편'·'개혁'의 뜻인 러시아말로서, 내외 정책의 기본 노선이다. 고르바초프 정권이 국내적으로는 민주화·자유화를, 대외적으로는 긴장 완화를 내세웠다.
⑬ '주체성'을 강조한 이념으로서, 1967년 12월 김일성 주석이 인민대회 때 발표한 내외 정책의 기본으로서, 자주(정치), 자립(경제), 자위(국방)의 3대 강령이다.

7. 무개차의 젊은이, 추도회와 언덕길, 내 2세를 위해서도

이야기는 1980년대 중반으로 되돌아간다.
오래 미적거려 온 운동권 사무국에 들러 보니
뜻밖에도 내 옛 제자인 박종훈과 김일근이 거기서
박남준과 함께 일하고 있었다. 박종훈이 사무국장이란다.

"웬일이신가요, 선생님?"
"바쁜데 방해나 되지 않을는지?"
"아닙니다! 선생님, 이리 앉으시죠."
"애 많이들 쓰네. 내야 부끄러운 사람이네만······"

사무국장과 운동의 기본 이념에 대해
한 시간쯤 이야기를 나누었지만
궁극적 목표가 사회주의 실현은 아니란다.
이 나라 자주성을 위해서도 군사독재부터 뭉개야 한단다.

"어쨌든 우리 역사는 제대로 한번 굴러가기 시작한 것 같네요."
"수고들 허게. 시간을 너무 빼앗아 미안허네."

이 사무국 ⑭전민협에 들른 지 얼마 후에

같은 운동 사무실이 또 하나 전주역 앞에도 생겨
내가 누구들과 함께 거기 찾아간 것은
설날이 지나고서다.
우리 셋은 사회 참여를 하고자 입회원서까지 써 냈지만
이튿날 시위에서 쿵쿵거리고 최루탄이 터지자
둘이는 늙은이답게 놀라 이내 빠져 나갔다.
혼자가 되고 보니 어찌 썰렁해져
여차하면 나도 빠질 것을 얼핏거리다가도
아니다! 나만이라도! 마음 다진다.

이 무렵 최루탄은 차라리 독가스처럼 지독스러워
물수건으로 눈물 콧물 훔치며 내내 쿨룩거려야 했다.
도망친 한길 가의 건물 2층에서 시위 거리를 내다보니
저게 누구인가? ⑮한 청년이 무개차 위에 끄떡 않고 섰다.
구호를 선창하고 있는 것이다.

"우리 동지 때려잡는 살인정권 타도하자!"
"타도하자! 타도하자!"
"우두머리 제쳐놓고 고문 책임 조작 말라!"
"조작 말라! 조작 말라!"

---

⑭ '전북민주화운동협의회'의 약칭인데, 1984년 8월27일 결성되고, 가톨릭농민회와 기독교농민회도 이에 가입되어 있었다.
⑮ 한참 나중에 알게 된 민통련의 이광철이다. 그는 전에 전민협 사무국장을 맡기도 했단다.

내게 '젊음의 힘'이 새삼 때려 들었거니와
거기에는 한창때의 영웅심도 작용했으려니 싶다.

'탁! 치니 억! 하고 죽었다'는 말이 나돌 즈음
내 그의 고문 기사를 읽고는
문득 '사육신死六臣'이 떠오르는 충격을 받았다.
해서 '2·7추도회' 때는 군산 빈소로 달렸다.

오후 두 시부터 추도식이 있게 될 성당 주변 한길에는
녹색 갑옷들이 죽 늘어섰는데
어찌 전경치고는 늙수그레한 축도 적잖았다.
시위가 사나운 서울에 차출된 탓이지 싶었다.

여기 성당 안은 이미 자리가 꽉 채워지고 있는 가운데
본당 신부의 강론에 이어 문규현 신부의 특별 강론이다.
준비된 원고를 소리 높여 읽어 나갔다.
"……놈들이 둘러대기를, 심문하다가 책상을 탁 치니 억 하고 쓰러지며 심장마비를 일으켰다는 놈들! 하느님도 노여워하실 이땅이기에, 항쟁의 불길이 치솟고 있는 것입니다! 놈들은 도망칠 구멍을 찾으며, 우두머리 전두환은 이미 제 재산을 빼냈다는 소문까지 나돌기에 이르렀습니다!……"

이런 요지의 추도 연설에 이은 재야 측 추도제에서는
강단 앞에 마련된 빈소에 헌화도 있었고

인권협의회장의 추도사는 이랬다.

"……하늘을 우러러 떳떳할 수 있는 이 죽음 앞에 우리는 비록 통탄할지언정 슬퍼하지 맙시다! 비록 분노할지언정 눈물 보이지 맙시다! 무릎 꿇고 용서를 빌어야 할 놈들이 오히려 호통치며 우쭐거리고 있으니 말입니다!……"

추도회를 마치고 나가는 성당 앞 언덕바지 길에는
웬 구경꾼이 무리지어 서 있는데
거기에는 뜻밖에도 안기부 계장급인 김강석이다.
그는 나와 눈이 마주치자 다가들며 허리를 굽혔다.

"웬일이세요, 선생님? 여기까지?"
"내가 묻고 싶은 말이구먼…… 자네도 어찌……?"
"……"

김 계장 뒤에는 그의 아랫직원인 듯한 요원이 나를 쏘아보았다.
이제 내가 운동을 한대서 쉽게 끌려가지는 않을 것 같지만
한 친구의 말이 문득 떠올랐다.
'이것 영 안되겠다' 싶으면 이슥한 골목에서
누구를 시켜 콱 찔러 버릴 수도 있단다.
어두운 밤길이나 조심할 일인가 보다.
엊그제는 내 서울 갔다가
아르바이트에 삐쩍 마른 아들을 보고

내 늙은 의혈 따위가 싹 사그라드는 느낌이었는데
물고문당하는 얼굴들 위에 아들 얼굴이 겹쳐지며
코허리가 시큰해졌다.
불망나니 세상 물려주지 않기 위해서도
내 뒤늦게나마 줄곧 불끈댈 일이다!

지난해 아들 자취방 보러 서울 간 길에
자유실천문학의 백낙청 회장과 이시영 사무국장을 만나서
거기 입회 의사를 박힌 것은 열 번 잘한 일이다.
이 때만 해도 비제도권 단체 명단은 기밀 문서였기에
무슨 입회 원서 따위는 없었다.

8. 이한열 추도회, '영생학'의 교주, 시위와 물수건

이제는 세상 많이도 달라지고 있다.
'강산 10년'의 곱절 세월 운동이니 놀랄 것은 없다.
저 '6월항쟁' 이후 네 차례 바뀐 정권은 혁신을 내세워
두 차례나 쇼만에 그치기도 했었다.

하지만 저항 세력의 꺼지지 않는 불꽃으로
개혁의 기본축 ⑯두 바퀴는 삐거덕거리면서도 굴러 왔다.
한 바퀴가 자꾸만 진흙탕에 빠지는 꼴이고 보니
또 하나의 바퀴도 터덕거릴 수밖에 없는 대로
끝내 남과 북이 '6 · 15공동선언'을 하기에 이른 지도 오래다.

이 다섯돌 기념 한마당을 위해
남북, 해외동포협의회의 친선축구대회가 이미 열렸고
오늘 광복절에는 민간 단체 마련의 남북 공동 기념 행사다.
무엇보다는 이제 이 나라도 자주성을 발휘해서
'6자회담'의 해법에 ⑰북측 손을 들어 주고 있는 것이다.
지난해 박종철 추모제에 이어서 ⑱이한열의 죽음은
운동의 불길을 다시 화들짝 솟구쳐 올렸다.
이 무렵 시를 배울 겸 우리 집에 드나들던 운동권 임 군이
이한열의 추도회가 전주에서도 열리니
조시吊詩 한번 쓰시지 않겠느냐는 제안이다.

"선생님이 직접 낭독하시기 뭣하면 제가 대독할 수도 있으니까요."

---

⑯ 하나는 남북 통일의 진전을 위한 추동력이요, 다른 하나는 서민 생활의 향상을 위한 추동력을 비유한다.
⑰ 북 · 미 핵심 이견은 '핵무기'냐, '핵'이냐의 그것인데 북측은 모든 핵무기 계획을 포기하고 검증을 받을 수 있으되, 핵의 평화적 이용권까지 포기할 수 없다는 것이고, 미국은 '북조선의 평화적 이용권'을 용인할 수 없다는 입장이다.
⑱ 1987년 6월9일 연세대 교내 시위 중 경찰이 쏜 직격 최루탄에 쓰러졌다. 27일간 혼수상태 끝에 7월5일 새벽에 숨진 그는 연세대 경영학과 2학년이었다.

오랜 옛일이라 기억이 희미하지만
이래서 나는 이한열의 조시를 썼던 것 같다.
코아백화점 앞 육교 옆에서 ⑲추도회가 열렸는데
이 자리의 사회자 신삼석 목사는 조시 지은이를 소개했다.

"전북대학교 학생이 낭독해 드릴 이 조시는 정년(?)퇴직하신 분이
써서 보내 온 것입니다. 그분은 지금 이 자리 어디에서 지켜보고
계실 겝니다."

이 날의 참가자는 생각보다 적었고
육교 위의 본부석에는 두셋 신부와 목사를 비롯해서
해직당한 이석영 교수도 나와 있었다.
이번 추도제의 전국공동의장인 문정현 신부는
지난 '2·7추도제' 때처럼 서울행사로 나오시지 못했다.

내 오래 씨싯거려 온 서사시 〈푸른 겨울〉도 끝내어
한결 거뿐한 마음으로 운동에 참여할 수 있었는데
이른바 대통령의 '4·13특별담화' 때는 텔레비전을 보다가
불끈해져 꺼버리고 거리로 나갔다.
길을 걷다가 '영생학'의 전단을 받고는
부글거리는 심사 가라앉힐까 해서 '승리센터'를 찾아 드니
교주의 설교 목소리가 커렁커렁 불끈대고 있었다.

⑲ 이날의 추도회에 서울에서는 100만의 인파, 광주에서는 50만, 부산에서는 10만이
모였다는데, 전주에서는 4·5천 명이었을 뿐이다.

"……예수나 석가는 '영생'을 터득지 못한 무식꾼들입니다아, 여러분!"

이렇게 교주는 말끝마다 잡아늘인다.
신神 다음으로 신통한 이 사람이니 여러분은 축복이란다.

"여러부운! 우리가 죽어서 썩지 않고오, 영원히 살 수 있다느은 내 말은 참말인가요오, 거짓말인가요오?"
"참말이요오!" 일제히 소리쳤다.
"이 사람은 나이도오 키도오, 대머리 모습마저도오, 전두환 대통령과, 또오 고르바초프와 꼭 같지요오? 그렇지요오?" 이러면서 제 뒤통수 보여준다.

"예! 똑같아요오!"
"하나님이 그렇게 하신 거지요오?"
"예! 예!"

내 그만 일어나 나와 버렸다.
저런 광신 저런 광기는 어디에서 생기는 것일까?
문득 인간 자체에 대한 두려움이 일기도 했다.

저녁 미사에 나간 나는 울뜨리아 모임에도 참석했다.
'개헌 촉구 서명 운동'을 위해서였는데
신자들은 의외로 별 관심이 없어 보였다.

내 한바탕의 웅얼거림에도 두세 명만이 호응했을 뿐이다.

거의 모두가 정부에서 말해 온 대로
서울 올림픽만은 꼭 있어야 한다는 데에 열성스러워
무슨 개헌이고 정권 교체는 정치꾼들의 일로 보고 있었다.
한 나라의 정치 수준은 곧 그 국민 수준임이 실감되어 왔다.

이어지는 학생 시위와 그 진압 최루탄에
거리의 시민·상인부터가 시위에 노여워하기 시작했다.
내 손으로 대통령 뽑자는데도 그들은 싫다고 하더니
마침내는 서민만 골탕먹이는 이놈의 정치판이란다.

한데 한 열흘 지났을 때다.
내가 동서로東西路 뙤약볕 아래 연좌시위하다가
근처 약국에서 주머니를 털어 박카스 다섯 통을 샀다.
어느 시민 두 분도 그렇게 음료수를 여러 통 사서 나눠 준다.
이제 민심도 더불어 끓어 오른 셈인가?

이윽고 모두들 일어서서 4거리의 갑옷부대 저지선을
뚫으려는 몸싸움이 얽혀져 버리자
내 곁의 이강실 목사가 소리쳤다.

"여기 할아부지다! 길 터줘 이놈들아!"
"쿵! 쿵쿵! 쿵! 쿵쿵쿵!"

부우연 최루탄 가스에 눈을 제대로 뜰 수도 없다.
누군가의 손에 길가로 밀쳐나서 어떤 건물 안에 들어섰다.
눈물 흘리며 쿨룩거리자니 누군가 소리친다.

"여기 물수건요, 할아부지! 코를 막고 계셔요!"

비로소 알게 된 것은 시위에 이골난 사람의 준비물로서
복면 같은 마스크와 치약을 바른 물수건이란다.
내게 물수건 준 아가씨는 삼양사 여직공이라고 했다.

9. 내 항쟁과 식구들, 은사 내외분께는

이즈음 아내는 신경성 우울증에 시달리고 있었다.
우리의 성미와 생각은 뿌리 깊이 달라서
내 민주화 운동하는 것을 이미 눈치채고는
아내의 지병이 도졌는지 모를 일이다.
언젠가 아내의 퇴직 연금타령에 내가 한 말이다.

"생활비 좀 줄이고 싶다면, 자식들 목욕, 집 목욕탕, 이용토록 해"
"내 자식들은 촌놈 만들고 싶잖어요!"

"……!"

김제읍내 지물포 태생임이 더 한번 박혀 왔지만
불때는 목욕탕을 들먹거렸으니 화가 치밀었을 것이다.
내 술값부터 줄일 줄 알아야 할 일인가 보다.
이런 부모의 쌈질이 싫어서도
딸아이는 '무지개가족'이 되어 버렸는지도 모른다.
하기는 선충동이 강하고 고집 센 아이라서
오래 장애자를 돌보고 있지만
긴 휴가라도 얻게 될 적이면
가 있을 산사를 나더러 알아보아 달라고도 했다.
내 젊은 날의 낭만성을 닮은 셈인데
이번은 한마디도 없이 휴가 떠나서는 소식조차 없다.
무엇인가에 대한 반항일 터이다.
언젠가의 딸아이 말이 곱씹어진다.

"아빠는 다스리는 입장이 아닌가요? 우리 집 가장으로서 말이어
요……"

옳은 말이기도 하다. 다스리는 철부터 들어야 할 일이다.
어디 다방이나 술집에서 애송이에게 객기가 일다가도
딸아이 얼굴부터 떠올라 기분이 사그라들곤 했다.

큰아들은 장손답게 효도형이고 온순하다.

무슨 티를 내지도 못하는 만큼 속이 깊다. 너그럽다.
내가 등록금만 책임진다는 조건으로
제 소원인 대학원 졸업을 앞두고 있기에
내 항쟁 참여에 가장 마음 쓰이는 것이 큰아들 문제다.

지난 6월 항쟁 때의 이한열 조시 관계도
미리 큰아들에게 알려주었더니 말이 없었다.
"조시를 써 줄 바에는 내가 그날 직접 낭독허고 싶다."

이 말에 뚱하고 있다가 알아서 하시라면서 물러났다.
이튿날 아침 책가방을 든 채 열린 방문 앞에 서서 묻는다.
"조시 쓰셨어요?"
"왜?"
"아부님이 낭독허시겠어요?"
"응."

방 안에 들어서며 문을 닫고 앉더니
직접 낭독은 한번 더 생각해 달라는 것이다.

"내가 현 정권에 맞선다고 니 취직에 지장이 있는 것은 아니라며?
설혹 내가 구속되는 일이 있드래도 무슨 연좌제 처벌법이 있는 것
도 아니고……"
"그런게 아니고요. 아부님이 안 나서셔도 될 것은 될 것 아녀요?"
"'나 하나쯤은 빠져도 된다'는 그런 논리냐?"

"그런지도 모르지만…… 조시 낭독만이라도 목사나 신부, 아니면 학생에게 시켜요."
"그럴 필요 없다. 내가 허겠다. 어떤 혁명기에는 모래톨 힘이라도 보태야 헐 텅게…… 너는…… 평화시에나 필요한 성미지만……"

어쩌면 자식의 아픈 데를 건들었는지 모른다.

"아부지가 허실 일은 따로 있어요! 정 이러시면 저 모든 걸 때려치울 수도 있어요……"

이러면서 자식놈은 눈물을 글썽였다.
말 못할 고민이 있구나 싶어 내 더는 고집부릴 수 없었다.

"니 말대로…… 학생에게 시키마, 낭독은."

이런지 한 달 후에는 자식의 대학 총장 규탄 서명을
내 피해 버린 일이 씁쓸해지곤 한다.

우리 집 막둥이는 어릴 적에 앞서 말한 대로
죽을 고비를 넘긴, 이제는 만성 신장염이라서
항상 유별나게 마음 쓰이는 터이지만
내 한다는 소리가 이랬다.
"최루탄 가스가 너에겐 바로 독가스다. 덩달아서 데모는 허지 마! 진짜 크게 투쟁허려면 깨어난 신념이 있어야 헌다. 너는 니 건강부터 챙겨야 해! 알었느냐? 응?"
"알었어요."

어릴 적부터 내 속내를 읽는 데도 뛰어나서
내가 풀뽑기·길내기를 할 때면 더러
저도 덩달아 땀을 내 주기도 했다.
이 시골로 옮겨 와서 내 '독거노인'이 될 무렵에
한번은 아내가 자식들을 불러 모아 상의한 모양이다.
자기는 병골내미라 시골서 살 형편이 못되니
너희 아빠에게 '사람' 하나 얻어 주자고 했더란다.
이에 딸도 큰아들도 찬성이었는데
이 막내만은 끝내 묵묵부답이었음을
훗날 내가 딸한테서 듣고는
'역시 내 막둥이구나!' 새삼스러워졌다.
제 아빠가 그냥 '식모'하고는 살 성미도 아닐 뿐더러
제 엄마는 지금 '얻어 주자'는 마음일지라도
딴 여자와 정드는 꼴 못 본다는 것까지 짚어 냈을 것이다.

자식들이 건강하고 똑똑해서 무슨 항쟁에 앞장선다면
내 더없이 자랑스러울 것인데도
분명한 것은 박종철처럼 되기를 바라지 않는다는 사실이다.
이래서도 더욱 항쟁에 모래톨 힘이나마 보태야 한다지만
이제 힘은커녕 푼수로 비쳐진다는 데에 한숨이 늘어진다.

젊은 날의 내게 깊은 영향을 주신
이준원 은사가 위암 진단을 받고 입원하셨다.
두 내외분께는 자녀가 없었다.
내 하루에 한 번씩은 꼭 틈을 내어 문병하곤 했지만
내가 운동에 참여하고 있음은 내색조차 하지 못했다.
언제부턴지 두 분 시국관은 나와 어긋나 계셨기 때문이다.

10. 총학생회장을 만나다. 전두환의 항복, '노태우의 웃음' 이후

이제는 신문도 거리낌 없는 보도로 바뀌고
공안정국의 칼날이 퍼래질수록 항쟁은 더 달아올라서
어디 파출소가 불벼락을 맞기도 했다.
하지만 너무 작은 연발탄이라서 결정타에는 못 미친다.
내 한번 전북대 총학생회장을 우리 집에 불러
게릴라식 전술도 나름대로 의미는 있지만
한 번을 해도 거세찬 아우성이라야 뒤집힐 수 있다고 했다.

"집결지는 그 통로가 되도록 많은 곳을 정하고, 물론 당국에는 비밀로 해서 말이지……"

"그게 실지로는 어려워요. 학생 프락치도 있거든요."
"설혹 비밀이 샌다 헐지라도, 모이는 곳 통로가 많을수록 봉쇄 기동력을 분산시킬 수가 있을 거네……"
"동서로 사거리나 서중로타리가 선생님이 말씀하신 집결 통로가 많은 곳이죠. 그렇잖아도 대규모 데모를, 우리 전북의 모든 대학 연대 데모를 계획하고는 있습니다. 재야 세력과 함께……."
"언제?"
"오는 26일에 하자는 전민협의 제안이 있었구요, 그렇게 합의를 보았습니다."
이 학생회장 정훈이 나와 사돈뻘임은 한참 후일에 알았다.
내 둘째 숙부와 정훈의 조부와는 뜻이 같기도 해서
숙부가 석방 직후에도 정훈네 집에 은신하고 계셨다.
하긴 이때 정훈은 태어나지도 않은 1953년의 일이다.

"오늘 저녁 전동성당에서 기도회와 촛불 시위가 있다는데, 거기에 나가게 되는가, 학생들도?"
"종교 단체 소속 학생들만 나가기로 되어 있습니다."

이로부터 사흘 뒤에는 동서로에서부터 서중로타리에 걸친
10만이 넘는 인파로 하여
공안당국의 페퍼포그 발사포도 입만 벌린 채 웅크렸다.
'5·18'의 '광주 어머니'와 '광주 누나'는 피울음 머금은
현장 보고에 더러는 눈물 훔치기도 한다.

다시 사흘 뒤의 시위 계획으로서는
내 궐기사를 부탁받았기에
전날 밤 이슥하도록 이를 쓰느라 고부라졌었는데
이튿날 느닷없는 [20]'6·29선언'을 텔레비전으로 듣는다.
내 혼자 후끈해지며 박수를 쳤다.
5공 정권은 이렇게 무릎을 꿇고 만 것이다.
한데 환히 웃으며 휘저어댄 그 백기였다는 데서
민주화의 깃발은 다시 구겨지기 시작한 것인지 모른다.
민주화 투쟁의 김은 빠질 수밖에 없었다.
그리고 3김의 다툼질은 노태우에게 자리를 빼앗겨 버린다.

이런 2005년 여름에 이르러서는
남측 민주노동당이 북측 사회민주당을 찾아 만났다.
오는 아시아올림픽에 남북 단일팀을 내기로 할 만큼
서로 이산가족과 선수단과 응원단이 숱하게 오갔고
개성에 남북 공동 공장이 세워진 지도 오래다.
내가 2003년 '개천절기념남북공동개최'에도 다녀왔었다.
무엇보다 되새겨지는 것은
몹시 가난한 속에서나마 미국의 핵 공갈에 핵으로 맞서는
우리네 민족적 자존심! 드센 기백이 놀라웠다.
오늘 9월 13일의 6자회담에서도 밀리지 않기만 바랄 뿐이다.

---

[20] 개헌 수락을 노태우가 단독 결단한 것으로 발표되었고, 그 내용 8개 항은 이렇다. ① 대통령 직선제 개헌, ② 선거법 개정, ③ 정치인의 사면 복권, ④ 언론 자유 보장, ⑤ 국민의 기본권 신장, ⑥ 지방자치 및 교육자치의 실현, ⑦ 정당 활동의 자유 보장, ⑧ 사회 비리 척결 등이다.

V 그리고 거리에서 〔ㄴ〕 노년(2)

1. 거리의 연행과 농성, 노태우 승리하다, 김대중 은퇴 ·················321
2. 3당 합당, 〈푸른 겨울〉 발간, 지식인의 구속 문제 ·················325
3. 해금된 〈피바다〉, 법정의 문목사, 농심에도 불이 붙다 ·········329
4. 이라크 파병, 북조선 인권 문제, 간첩혐의 수배자의 무죄 판결 ····332
5. 아내의 병, 수도암의 노임 문제 ·················334
6. 둘린 방북, 아들의 애인과 막내의 개혼, 딸과의 맞섬질 ·············337
7. 절름발이 부부, '두 날개론', 찢긴 성경책 그 이후, 새해 복타령은 340
8. 반짝 쿠데타의 공산당, '문민정부' 편승자들, 풍자만화 사건 ········343

1. 거리의 연행과 농성, 노태우 승리하다, 김대중 은퇴

웃음지으며 백기를 흔들어댄 노태우는 저희들 각본대로
두 적수가 맞서 우쭐대는 것을 보고 흥흥거렸을 터이다.
하나는 대세론적 당세를 내세웠고
또 하나는 유세 마당의 지지도를 들고 나와
큰 야당이 갈라질 조짐이 보여
내 우습게도 두 분에게 편지를 썼다.
'형님 먼저, 아우 먼저'로 후보 단일화만이 이기는 길임을
이 무명 인사의 순진에 둘 다 코웃음쳤을지도 모른다.

끝내 통일민주당은 두 동강이 되어
김대중은 평민당을 만들기에 이른다.
누비는 유세장마다 구름떼의 아우성이고
김영삼의 여의도 열기도 대단했는데
제야의 이른바 '비판적 지지'를 받은 것은 김대중이다.
내 어찌 기독교방송사로부터 시 낭독 녹화 청탁을 받고
자작시 〈말〉을 단식투쟁하는 노조원을 위해 녹화했다.

이 무렵 우리 남녘은 엄청난 홍수 피해로
①후보마다 민심 잡기에 부산스러웠고

백기완 후보는 야당 후보의 단일화에 힘썼지만
이른바 'YS의 대세론' 편이었다는 데서
DJ의 홀대에 부딪힐 수밖에 없었다.

내가 DJ의 열성분자로 돌아선 것은
재야의 '비판적 지지' 결론이 났대서만도 아니다.
김대중의 첫나들이 때 '광주의 열광'을, 그리고
마지막 유세 때는 '보라매의 인산인해'를 보았기 때문이다.

'결론은 김대중! 김대중!'을 소리소리 외쳤지만
한밤을 하얗게 지새우며 지켜본 득표율은?
김영삼보다도 뒤진 참패다.
이날 뉴스에 김대중의 한 지지자가 북한강에 빠져 죽었다.
오죽했어야 그런 자살이랴 싶었지만
그게 전라도 아닌 강원도 사람이라는 데에 더 놀라웠다.

이런 비극은 5년 뒤에도 다시 이어져
김대중은 은퇴를 선언하고
김수환 추기경에게 하소하는 말이 이랬다.

"저를 찍은 사람은 저마다 한 맺힌 자기 가슴에 찍었을 겁니다."

---

① 여당의 노태우(민정당)와 야당의 김영삼(민주당)과 김대중(평민당), 그리고 김종필
(자민연) 및 백기완(진보당) 후보들이다.

설날 이튿날에는 비제도권 문인 20여 명이 초청되어
나도 거기 서교호텔에 갔었다.
두어 시간 동안의 주찬酒饌은 한풀이 뒷북처럼 둥당거렸다.

이보다 앞서 내가 초대받은 '향토 시인과의 만남'에서
사회 참여의 기본자세로 '나만이라도'를 짚어 주었을 때
한 학생이 묻기를 사르트르는 인사이드냐 아웃사이드냐?
이에 나는 그가 '앙가즈망(참여)' 면에서는 인사이드지만
〈자유에의 길〉로 볼 때 아웃사이드에 가깝다고 얼버무렸다.
소련의 한 학자한테 '지성의 혼란'이란 말도 들은 사르트르다.

이런 여름이 지나고 가을도 깊어진 무렵
코아백화점 앞 광장에서 가까스로 열린
'노태우 퇴진 촉구 대회' 때다.
푸른 방패 부대가 겹겹이 둘러싼 가운데서
문정현 신부의 대회사에 이어
내 시 〈광주는 말한다〉가 낭독되고
신삼석 목사의 결의문 낭독을 끝으로
우리는 가두시위로 들어갔다.

"길을 터줘!"라고 외친 것은 뜻밖에도 정보과장의 마이크다.
우리 시위 행렬이 오거리를 지나고 있는데
우르르 뛰어 드는 웬 사복 차림의 공안부대!
우리와 뒤엉켜 버린 아수라장 속에서

누군가 내 허리를 와락 끌어안았다.

"선생님, 제잡니다! 제가 선생님 모시겠어요."

이렇게 잡혀 끌리는 대로 길가의 철망 버스에 넣어졌다.
둘러보니 이 행사의 간부들은 거의 다 태워졌고
젊은 목사 한 분은 한쪽 눈을 손으로 가리고 투덜거린다.

"한 놈이 두 손가락으로 눈을 내리찍으며, '목사면 다냐? 이 새끼!'
하는 거여."

시뻘건 한 눈 밑 광대뼈 언저리에도 긁힌 자국이 보였다.
놀라운 것은 나를 이 차로 이끈 제자도 알고 보니 목사다.
이 늙은 몸이 다칠세라 재빠르게 손써 준 셈이다.

어떻든 우리 일행(50여 명)이 전주경찰서로 연행되어서는
모두가 한 자리 무도관에 갇혔다.
어찌 문정현 신부와 신삼석 목사는 눈에 띄지 않았다.
늙은 명사들이기에 연행 안했는지 모른다.

우리 지도급(?)들은 둘러앉아 대응책을 논의하기도 하고
추위를 녹이기 위해 포크댄스를 하다가,
늘어서 있는 전경들을 건드려 밀치기를 하다가
실실 웃기만 하는 담당 과장에게 시비도 걸어 본다.

어두워질 즈음 한 목사를 비롯해서 주소 성명을 적어 내고
서로가 웃으며 풀려나 헤어졌다.

2. 3당 합당, 〈푸른 겨울〉 발간, 지식인의 구속 문제

이번 대선을 '동토凍土의 선거'라고 꼬집는 한겨울이었는데
김대중 낙선에 따른 좌절감을 앞서 말했거니와
봄이 되자 김대중이 전주 온다는 보도다.
평민당전북본부로 일정을 알아보니
코아호텔에서 여러 인사들과 점심 나눈다는 초대였는데
'옆구리 찔러 인사받기'는 되고 싶지 않아서
오후 두 시 금암교회에서의 특강에 나가 보기로 했다.

한 30분 전에 내가 이르렀는데도
교회당 안의 좌석은 거의 다 메워져 맨 뒷자리에 앉았다.
교회 밖 환영 무리의 박수 소리와 함께 김 총재는 들어섰다.
모두가 일어나 박수치고 나서
목사의 설교는 김 총재 특강으로 대신한다는 안내 말이다.
지난해의 패배는 뭇 지지자의 피멍울이었던 만큼

이렇게 다시 쏠리는 셈이겠지만
분명 그는 말 잘하는 정치가였다.
두 시간 동안 청중을 사로잡아 박수 소리를 울리곤 했다.

한데 득표율의 낮음을 컴퓨터의 조작으로 돌렸고
결정적 패인敗因인 분당分黨에 대해서는 벙긋도 않았다.
DJ 낙선에 절망한 자살 사건에도 한마디 스치지 않았다.
잘난 사람에게 못난 사람의 희생쯤은 별것 아닌 셈이다.

일찍이 마음 비웠다는 김영삼은 단일후보 못낸 것이
천추의 한이라 되뇌곤 했다, 누구만의 탓인 것처럼!
이래서 그는 김대중을 따돌리기 위함인지
마침내는 ②김종필과 손 잡고 노태우 품안으로 안겨 들었다.
호랑이 잡으러 호랑이 굴로 들어간다면서 그랬다.

'호남 고립화다!' 외치고 등돌린 것은 김정길과 노무현이다.
김대중의 분당 때는 그냥 민주당에 남은 그들이었던 만큼
김영삼에게는 큰 타격이라서 세상이 휘둥그렸다.

이제 나는 저항에서 발 빼고 집필에만 전념하려
서사시 〈푸른 겨울〉의 퇴고에 고부라지곤 했다.
제3부까지 마치고 '창비'의 백낙청 교수에게 보였더니

---

② 그는 자민연(자유민주연합)의 후보로서 '유신잔당'이라는 야유에 '유신본당'이라 되받아치고, 총선에서는 의외의 승리를 거둔다.

이를 〈창작과비평〉에 내 뜻대로 연재하기보다는
시 분과 협의회를 거쳐 단행본으로 내 줄 수 있다기에
내 서둘러 전부를 끝마쳐가지고 우송을 했다.

식상한 서사시와는 달리 읽히는 역작이라며
'간행 결정'이 되었다는 창비사의 통보를 받았다.
이 작품의 발문은 백낙청 교수가 써 주기로 했다.
내 난생 제일 뿌듯한 보람이었음을 고백한다.
한참 후에 받게 된 백 교수의 발문 내용도 마음에 들었지만
누구들과 비교한 대목은 지워 버리고 싶었다.

수감 시인의 〈조국은 하나다〉라는 시집을 읽고 나서
지은이 감남주를 전주교도소로 면회하러 갔다가
친족 이외는 면접이 안 된다며 영치금마저 거절당했다.
이것이 민주화의 결론인가?
노태우는 말잔치 대통령임이 밝혀진다.

'북한은 같은 겨레로서 이제는 동반자'라고 소리 높였기에
내 순진하게도 '방북 신청'을 했었지만
속만 보이고 마는 꼴이 되었다.
정작 통일의 큰 물꼬를 트고 돌아온 문익환 목사를 가두고
서경원 의원의 '밀입북' 소식이 들끓게 되면서
김대중은 평민당 총재로서 사과 성명을 내기에 이르렀다.
하지만 전대협에서는 '세계청년평양대회'에 대표를 보냈고

천주교정의구현사제단에서 그 임수경 보호를 위해
문규현 신부를 파견했던 것인데
둘이는 판문점의 휴전선을 넘어 돌아오다가 묶이게 되었다.

내가 여러 달 후에 이들의 공판 방청을 했을 때다.
이른바 상이 용사대의 피고인 야유 소동에 부딪혀
새삼 노여움이 뒤끓어 올랐다.
진짜 민주화란 피바람 없이는 피지 못할 꽃이던가?
③문정현 신부의 방청 거부와 함께 나도 법정을 나와 버렸다.

이제 16년이 흐른 2005년에도 냉전 논리는 여전하다.
이를 벗어난 강정구 교수가 '6·25'는 '통일 전쟁'이고
미국이 개입했기에 엄청난 인명 피해를 보았으며
우리 통일의 '주적'은 북한이 아닌 미국이라고 실토한 그를
사법 처리해야 한다는 목소리가 높다.
더구나 구속 수사해야 한다는 것이다.

이에 천정배 법무부장관이 불구속 수사하라 '지휘'하자
김종빈 검찰총장은 항의성 사표를 내고
한나라당과 보수 진영은 색깔론 부르대며 요란을 떤다.
놀라운 것은 국민 여론이 불구속에 찬성하는 쪽보다도
오히려 반대하는 쪽이 많다는 사실이다.
이래저래 거북이걸음의 개혁일 수밖에 없음이 한숨겹다.

---

③ 문규현 신부의 친형으로서 이분의 누이 한 분도 수녀다.

3. 해금된 〈피바다〉, 법정의 문목사, 농심에도 불이 붙다

이야기는 1980년대로 되돌아간다.
북녘 소설의 전범이라는 〈피바다〉 상편을 읽고 실망했는데
하편부터는 차츰 후끈거려지곤 했다.
소박하게 건강하고 힘찬 작품이구나 싶었다.
하지만 〈고요한 돈강〉처럼 깊이 뚫어 달리는
피바람 속의 여운 같은 것도 없었다.

어떻든 북조선 책이 서점에 나돌 만큼
세상은 그런대로 풀리었지만
법정 풍경은 옛 그대로에 가깝다.
문익환 목사의 푸른 수의 손목에는 쇠고랑인데
누구보다 환히 웃으며 당당하시다

"검사님, 대통령도 '동반자'라고 한 터인데, '북괴'라니오? 그래 우리 대통령이 김 주석 만나서 당신은 북괴 수령이라고 해야 하는가요? 정상 회담할 때 말입니다."
"피고인은 묻는 말에만 답변하쇼!"
"우리 어서 통일하기 위해서도 북괴란 말은 삼갑시다!"
"옳소!"

방청석에서 퉁겨진 소리다.
"저 빨갱이들 아냐!"
"이런 재판은 저만에 그치기만 간절히 빕니다……."

이렇게 수선스런 법정은 동행한 피고인(정윤호?)도 함께라서
김대중·김영삼의 연루 관계가 추궁되었는데
'DJ의 예비 제공설'은 터무니없다는 문 목사의 답변이고
'YS의 사전인지'에 대해 '잘 다녀오라' 했단다. 동행인 말이다.
어떻든 '밀입국·고무찬양죄' 판결임은 말할 것도 없다.

지난봄 원대 학생(강동균)의 부상 규탄 시위 때는
최루탄 터지는 소리도 없었고
몸싸움도 있기 전인데
방독면을 쓴 경찰대 앞의 사거리에 이르자
갑자기 지독한 냄새와 함께 눈조차 뜰 수가 없었다.
한두 번 당한 일이 있는 특수 최루제를 뿌려 놓은 것이다.

"살인 경찰 박살…… 쿨룩…… 박살내자!…… 쿨룩쿨룩……"

한 학생이 가까스로 구호 한마디 외쳤지만
여기저기서 쿨룩거리기만 하며
눈물 콧물을 훔치곤 하다가 골목길로 삐어져야 했다.
젊은 동지들은 달랐다. 끝끝내 맞선다.
새 역사의 주역은 예나 이제나 젊은이들임이 꽂혀 왔다.

올해 초겨울부터 이 나라 농심은 유례없이 불끈해졌다.
④'쭈껑이 쌀값'인데다가 쌀 수입 개방 정책이
마침내는 국회에서 확정되었기 때문이다.

성난 농민들의 시위가 들불로 타오르니
수십 명이 다치고 시위대는 두 명이나 죽었다.
이에 진보진영도 후끈 달아오른 아우성 속에서
이 나라 ⑤농민회 수백 명이 이역만리의 원정 시위로 날았다.
세계무역기구(WTO)홍콩각료회의를 휘젓기 위해서다.
이 시위대 가운데는 우리 마을의 김복수 회장도 끼였는데
머리 센 노인인데도 전북도연맹 부회장으로서 날아갔다.
이 겨울에는 눈보라 폭설도 줄곧 쏟아져
가장 심한 전라도 피해액은 2천억 원에 이른다는 보도다.
무엇보다 하우스 농사를 망쳐 버린 그 보상을
정부가 서두르겠다고 성화인데
염통 곪게 하고 팔다리 주물러 주자는 셈인가?

---

④ 모든 물가는 올랐는데도, 쌀값은 한 푸대(80kg) 당 작년에 16만 원이던 것이 올해는 13만 원 정도다.
⑤ 세계무역기구 각료회의 저지를 위해 홍콩에 모여든 세계 농민회원 1,149명 중 한국 농민회원 600명과 한국민주노총 회원 400명(민노당의원 1명 포함)이 시위에 가담했다. 이 가운데 11명은 과격 시위로 억류된 채, 홍콩당국의 재판을 받기에 이르렀다. 모두가 한국인이다.

4. 이라크 파병, 북조선 인권 문제, 간첩혐의 수배자의 무죄 판결

이 나라 대통령치고 미국 눈치 안 본 사람 없었다.
이승만이 그런대로 빳빳한 체했지만
공산당 때려잡는 데에 유별난 괴력을 보여 주었다.
노무현이 후보로 나섰을 때는 미국 눈도장 안 찍겠다더니
대통령이 되고서 부시가 어깨 치며 친구 친구라 얼러 주니
어느 결에 헬레레해진 시늉이다.

국익國益을 내세워 이라크전에 내달려 주고
어쩌자고 그가 훌쩍 이라크로 날아가서는
제가 보낸 병사들을 끌어안고 눈물 흘린 것이고 보니
속내만은 억울했던 모양이다.

하기는 노무현이 대북 관계에서
미국이 북핵北核을 빌미로 미사일 터뜨리지 않게
힘을 쏟고 있는 것만은 분명해 보인다.
이래서 부시는 작전을 바꾼 듯 북측 인권을 들고 나왔다.
이른바 ⑥'CIA비밀수용소'의 갖가지 만행일랑 묻어 둔 채

---

⑥ 미국중앙정보부의 영문자 약칭으로서, 미국은 자칭 '세계경찰국'답게 여러 나라(태국, 폴란드, 아프가니스탄, 관타나모, 루마니아, 시리아, 이집트, 모로코, 요르단)에

세계 '불량국가' 버르장머리 고치겠단다.
얼마 전에 나는 ⑦'남이랑북이랑'의 모임에 나갔는데
거기서 북측 인권 문제가 화두에 올랐다.
누구의 말대로 국권도 인권처럼 존중되어야 함이 옳다.
미국이 북조선 인권을 들고 나온 속셈은
체제 붕괴의 노림수일 뿐이다.
한데 어느 교수는 인권의 보편성을 부정할 수는 없단다.
이에 맞선 분은 맥아더의 동상을 철거하려다가
빨갱이라는 욕만 잔뜩 먹었다면서
누군가는 꼭 해야 할 일이라고 불끈대었다.

서사시 〈다시 푸른 겨울〉의 구상이 내 초조로워지는 대로
어찌 운동에만 매달려지곤 했다.
한번은 젊은 동지 수배 문제로 안기부 요원과 만났다.

"인저 선생님은 뒤로 물러나셔서 훈수나 하시는 게 어뗘요? 제 직업을 떠나서 드리는 말씀입니다. ……그리고…… 수배자가 정말 억울허고 떳떳허다면 나타나서 항의라도 해야 헐 것 아닙니까요?"

이래서 둘이만의 결론적 밀약은

수많은 비밀수용소를 설치하고 있는 것으로 알려졌다. 이들 CIA는 미국 구미에 맞지 않은 나라(불량국가 : 쿠바, 이라크, 이란, 북조선)의 체제 붕괴를 꾀하는 앞잡이다. 불량국가 대책법안으로는 ① 쿠바자유민주연대법(1992), ② 이라크해방법(1998), ③ 이란민주주의법(2003), ④ 북조선인권법 등이다.
⑦ 이재봉 교수(원광대학 재직)가 편집·발행하는 계간지다.

내가 수배자를 담당 계장인 자기와 대면시키겠다는 것,
둘째는 오직 대면 그것만에 그쳐야 한다는 것,
이 가부에 대한 답을 내일 아침 내게 알려 주기로 했다.

이튿날 정직하게도 그렇게는 할 수 없다는 전화가 와서
이광철은 끝내 수배자로 떠돌아다니다가
검거되어 재판까지 받기에 이르렀지만
무죄 판결이고 보니 세상은 더 좀 좋아지고 있다.
이는 1990년대의 일이다.

5. 아내의 병, 수도암의 노임 문제

이 무렵 아내는 오랜 심장병이 도져 입원했다.
딸아이는 ⑧'무지개가족'에서 장애인을 돌보는 터이기에
내 부엌일 서툴다는 핑계로
시내 변두리의 수도암에 하숙을 하게 된다.
시집 원고 정리를 서두르고 싶어서다.

---

⑧ 전북 완주군 소양면 해월리에 있는 천주교 소속 장애인 요양원인데 벨기에인 지정환 신부가 운영하고 있었다.

이 암자에는 여러 명의 하숙인이 있었는데
거기 할머니 스님 혼자서 모두의 밥상을 챙길 뿐더러
손수 승용차 운전의 장보기도 한다.
여걸 이상으로 한방 의술 또한 놀라웠다.

언젠가는 아내를 불러내어 진맥을 보게 하고 침도 맞혔다.
조금은 차도가 있지만, 꿈자리가 줄곧 사납다기에
스님이 시키는 대로 법당에서 함께 불공도 드리고
꿈에 보인다는 망인들의 옷감을 사서 불태우는
푸닥거리를 난생처음으로 해보이는 시늉이었는데
어쩌자고 아내의 잠자리가 좀 개운해졌다고 했다.
미신적인 환자에게는 푸닥거리 요법이 반짝하는 셈인가?
얼마 후에는 다시 입원하게 되었지만
별 차도가 없어 아내의 뜻대로
진안 만덕산의 원불교훈련원에 보냈다.
거기 한 달 동안 요양으로 알아보게 나아진 것이고 보니
의사의 진단인 '신경성 질환'임이 분명했다.
무엇보다 신경 긁히는 일이 없어야 했기에
내가 운동 행사에 나갈 때면 거짓 평계를 대자니
문득 화가 치미는 적도 있었다.

한여름 수도암에서는 안채의 확장 공사비로
스님 할머니와 일꾼과의 말다툼, '노사분규'인 셈인데
주인은 한 달 전의 노임(3만 원)을 고집했고

일꾼들은 오른 노임(4만 원)을 내세웠다.

한 달 전에도 이 암자 일을 했던 일꾼이고 보면
일을 다시 맡기 전에 품삯 오른 것부터 밝혀야 옳았다.
'스님'이라 어련히 알아서 노임 쳐 주랴 했다지만
일을 맡고 싶은 욕심이 앞섰는지 모른다.
한 달 새에 노임이 엄청나게 뛰었다면
주인 측으로서는 공사를 미루거나
달리 일꾼을 알아볼 수도 있기 때문이다.

하지만 일꾼의 편에 선 눈길은 얼마든지 다를 수가 있다.
일감 따 내기 위해서는 불리한 말은 벙긋하지 않아야 하고
노임은 오른 대로만 받으면 된다.
주인이 노임 오른 것을 모른대서
오르기 전의 노임을 주는 것은 사리에도 맞지 않는다.

한데도 내 심정적으로 주인편에 기울어져 있음을 느꼈다.
노동자·농민을 위한다는 처지인데도 그렇다.
이런 정실 관계는 넝쿨처럼 얽혀
온누리에 퍼져 있다는 데에 문제가 크다.

"서로 한 발짝씩 양보를 해서, 3만 5천 원이면 어떨까요?"

이런 내 말에 하숙인들도 거들어서
공사비는 그렇게 매듭지어진 것으로 기억된다.

6. 둘린 방북, 아들의 애인과 막내의 개혼, 딸과의 맞섬질

이 무렵 나는 방북 신청 관계로 들떠 있었다.
혁신 세력을 다독인다기보다는
친북 인사를 가려내려는 술수나 아닌지 싶으면서도
구청에 나가 컬러 사진 찍어 신청서를 내면서 물었다.

"방문 인원에 제한이 없는가요?"
"그건 모르죠. 북한서 얼마나 받아들이느냐에 달려 있으니까요."
"남북간에 사전 협의가 됐을 것 아닙니까?"
"그래도 북한서 방북 신청명단 받고 받아들이느냐 않느냐는 북한
당국이죠."

미리 방북 가부 문제부터 북측에 떠넘기는 것이
수상쩍은데도 내 의혹은 내 기대에 눌려 버려
한동안 나는 붕 떠 있었다.

한 달이 그냥 툭 소리없이 지났다.
이렇게 올빼미 정권에 답싹 둘린 나는 골낼 수도 없었다.
내 정체만 안기부에 찍혀 버린 꼴이 두렵다기보다는
내 늙판의 순진이 스스로 한심스러웠다.

이제는 물러앉아서 작품이나 쓸 것을 다짐해 본다.
시집 〈돌길의 풀꽃〉의 가편집도 끝내고
이어서 산문집 출간도 하고 싶었다.

이 글을 쓰고 있노라니
문득 자식 얼굴이 놈의 애인 얼굴과 겹쳐 떠오른다.
한때 서로 틀어진 두 사이가 아물린 것이 분명하니
이제는 어서 결혼시킬 일인가 보다.

여기서 되새겨지는 것은 아들놈의 연애 행각인데
놈의 입원실에서 썩 예쁜 여학생을 내 처음 보았을 때다
더없이 진한 거부감을 이 학생에게서 느꼈다.
외아들 홀어머니가 '새아기'를 질투한다는 말은 들었지만
내 독차지 사랑을 빼앗긴다는 불안이었을지 모른다.

이 해 가을에는 내 자식의 '개혼'이 뒤바뀌어 버렸다.
제 위로 누나(첫째)와 형(장손)이 그냥 있기 때문인데
놈은 앞서 말한 대로 일찌감치,
대학 시절 때는 돌이킬 수 없는 사이가 된 것 같았다.

정작 혼례식 앞두고는 '검소하게'와 '호화롭게'로
양가 충돌이 위기를 맞기도 했으나
이를 잘도 추슬러낸 신랑·신부였음이 새삼스러워진다.
내가 예식장 문제로 부아통이 터졌을 때의 일이다.

"돈푼이나 있다고 위세부리지 말라고 혀라! 결혼식 호화판이 무슨 큰 자랑인 것처럼. 외동딸 애지중지하는 것만큼은 우리도 금쪽 같은 막둥이다."
"아버님, 그건 오해여요. 아버님이 결혼식 연기하자 하시니까 저희 집 아부지도 화가 나서 예식장 경비 맡겠다고 하신 것뿐이여요……"
"그려요, 아부지. 이제 와서 연기하자는 건 취소한다는 말밖에 안 되니까요……"

이렇게 막둥이도 맞장구쳤다.
신랑 측이 선정키로 한 예식장을
신부 측이 호화급으로 바꾸려던 것이어서
내 울컥 노여워진 꼴이다.
아들 당구장 벌이로 상류병 든 시늉인가?
두 당사자의 속타는 하소연에 내 그만 누그러지고 말았다.
이제 아들 며느리는 마흔을 훌쩍 넘기도록
줄곧 금슬이 좋은데
여직껏 소생이 없다는 것만 아쉬울 뿐이다.
제 어미 아비가 못 이룬 부부애를
제2세가 이뤄 낸 셈인데도 그렇다.

"내 은사님 내외분도(너희들도 잘 아는 대로) 비록 후손은 못 두셨지만 두 분이 다 평생토록 행복하셨다……. 내 더는 바랄 것이 없다는 것을 이제는 분명히 해 두고 싶다. 너희들만 아끼고 행복한다면……"

오래전에는 딸아이가 간호전문대학을 마치고
사우디아라비아 봉사단이 되었을 때
돌아오는 여행길에서 ⑨지정환 신부를 알게 되어
이미 밝힌 '무지개가족'의 식구가 된 것이다.
선善충동이 강한 만큼은 아비처럼 미움도 진한 외동딸이다.
내 자식들 중 소설은 제일 많이 읽었기에
꿈속의 자존심만은 유별난 아이이기도 하다.
아비 닮아 고집이 세어 이따금 나와 부딪치곤 했다.

언젠가는 내 폭언에 집을 나가
시내 변두리의 서고사西顧寺에 가 있는 딸에게
긴 편지를 띄웠는데도 딸아이는 오래 돌아오지 않았다.

7. 절름발이 부부, '두 날개론', 찢긴 성경책 그 이후, 새해 복타령은

내 저녁 산책길의 아중리 산언덕 아래 밭뙈기에는

---

⑨ 앞서 밝힌 대로 외국인 신부로서 임실에 자비로 치즈공장을 세워, 주변 농민들에게 큰 도움을 주었을 뿐더러, 지방 신문에 한글로 칼럼을 쓸 만큼, 우리말에 능란한 분이다.

두 내외 중 절름발이 사내는 벌통을 치고
아낙은 밭일을 하기가 일쑤였는데
해질 녘이면 오토바이에 꼬마를 실은 사내가 나타나서
제 아내를 태우고 돌아가곤 한다.

이들 내외만큼 옹골지게 오붓한 삶이 어디 있으랴 싶었다.
내 어설픈 가치 추구도 그들의 착함에는 못 미칠 터이다.
어느 신앙이든 이념이든 '인간의 착함'만큼 값질 수 있을까?
'봉사'라는 것도 지체 높은 사람의 것일수록 가짜에 가깝다.

한번은 '정의구현사제단 단식투쟁' 위로 미사에 나갔는데
거기 강단에 오른 누구의 말씀은 '두 날개론'이시다.
한 날개가 신앙이고 또 한 날개는 참여인 만큼
이 두 날개가 균형을 이룰 때 날 수 있다고 했다.
이분의 지당하신 강론인 대로 웃음 머금은 점잖이시었고
9일째 단식해 온 사제들에게 위로의 말 한마디 없었다.
이것이 잊히지 않는다. 뇌꼴스러워지기도 한다.

이분은 정령 '좌익 세력'에는 저항감이 진하지 않을까 싶다

비록 경찰들 사이에서 '깡패 신부'라 불릴지라도
박정희 정권 때 시위 진압 장갑차 앞에 넙죽 엎드린 분에게
오히려 뜨거움이 후끈거려진다.
이분은 단식 중에도 사위에 앞장서곤 했다.

내가 글쓰기에 골몰해지다가도
그 모습이 떠오르면
내 일종의 도피일 것 같아서
시위가 있을 때마다 달려 가진다.

우리 가톨릭문우회의 황새바위성지 순례 때는
공주형무소에 수감된 어느 신부를 면회하기도 했는데
거기서 뜻밖에도 이분과 합류하게 된 것이다.
두 분이 접견하는 동안 내내 손 잡고 있었던 정경은
어느덧 15년 전인데도 눈에 선하다.

우리 식구들도 모두 영세를 받게 되었지만
내 버럭성미는 고쳐지질 않는다.
이런 나를 아내는 내질러 주기도 한다.

"왜 소락때기 질러? 사랑은 화내지 않는다는 말씀 잊어먹었어?"
이런 강론(?) 앞에 말을 잃고 만다.
한번은 딸년이 찢어진 성경책을 손질하다가
무슨 일로 제 어미에게 바락 대들었을 때다.
어미는 그만 성경책을 양어장에 내동이쳤다.
으깨어는 비명이 강그라졌다.
이런 뒤 나는 짐을 싸 들고 만덕산훈련원에 들어온 이튿날
승산勝山 원장한테 빌린 금강경 녹음을 듣다가
찡하니 눈물이 났다. 왜인지는 알 수가 없다.
그냥 감상? 회한? '인과응보'의 아픔이었는지도 모른다.

하기는 울어야 할 때 맨숭맨숭 민망해질 때가 내게는 많다.
홀로 된 숙모의 부음을 받고 달려갔지만
망인의 얼굴 위에 눈알만 굴렸다.
생시에 오죽해야 이 조카에게 원정했으랴 싶었을 뿐이다.
어떤 충격에 숙모가 쓰러진 사실을 내 이미 듣고 있었기에
사후死后의 자식들 울음이 내게 저려들지 않았던 것 같다.
언젠가는 입버릇처럼 '제 복은 그것뿐인가 봐요.' 하는 옛 제자에게
내 버럭 화를 내준 적이 있다.

"그래, 박종철도 박복한 태생이라 물고문에 죽은 셈이구먼? 언제부터 자넨 운명론자인가?"

올해사 말고 운동권 세배꾼이 부쩍 늘어났는데
큰절하고는 거의 모두 첫마디가 새해 복 많이 받으시란다.
이 홀애비 '사주팔자'를 믿고 싶지 않다고 웃으면서
부디 건강하라는 말이 내겐 최고 축원임을 굳이 웅얼거렸다.

8. 반짝 쿠데타의 공산당, '문민정부' 편 승자들, 풍자만화 사건

여러 해 전의 일이다. '소련'이 깨지고 나서

공산당 주도의 쿠데타가 들썩했지만
이를 옐친이 고르바초프를 업고 손쉽게 눌러 버렸다.
한번 흘러간 사조는 강물처럼 되돌아 흐를 수 없을 터이다.

이곳 만덕산훈련원에 나는 다시 찾아 들어
얼마 전부터 질금질금 읽어 온
매키니의 〈공산주의 이후의 마르크스 철학〉을 읽어 냈다.
마르크스주의는 변증법적 변혁과 함께
길이길이 받들어져야 할 가치란다.
하지만 별수 없는 인간악의 경쟁심과 발전의 관계라든지
뿌리 깊은 종족·민족의 행복감 문제라든지는
마르크스도 깊이 뚫어보지는 못했을 것이
한 세기도 못 되어 공산권이 무너져 내린 그 진폭은 크다.

새로 출범한 '문민정부'는 새 배를 띄울 듯이
놀랍도록 깜짝쇼를 부리곤 했지만
남북 사이는 더욱 썰렁해졌을 뿐더러
끝내는 나라 살림마저 거덜내고 말았다.
무엇보다 한심한 것은 운동권 인사들의 변신 아닌 변질變質이다.
우쭐해진 누구는 '이제 변증법적 종합의 시대'라 외쳤고
모두가 '열린 마음' 어쩌고들 뒤집어지듯 뇌까린다.
걸핏하면 양심 보자기 둘러쓰는 벌벌이족과는 달리
누구보다 발 빠른 이름일수록 비윗덩이도 두둑해진다.

이즈음 새해 특사로 풀린 문규현 신부의 환영식에서 낭독할
내 시 〈분단선 뚫리다〉를 준비하자니
일찍이 만해萬海가 출감 환영객들에게 던진 말이 떠올랐다.
'그대들은 환영 나오지만 말고 환영받는 쪽이 되어보십시오!'
내 큰 콤플렉스는 감옥살이 이력이 없다는 것이기도 하다.

이 해 가톨릭전북문우회 피전은 고산 백석白石성당이었는데
이 마을 주민 모두가 천주교 신자란다.
이래서 오늘은 온 주민의 휴일이요 축제일이라고 했다.
박성팔 지도신부와 본당 신부 집전으로 미사를 마치고는
어느 잔치가 이처럼 푸짐하고 흥그러울 수 있으랴 싶게
한 집안 식구처럼 스스럼없이 어울렸다.
이스라엘 시오니즘의 의미가 얼핏거려지기도 했다.

종교의 궁극적 목표가 영혼의 정화일 것인데도
이 땅의 허구한 교회·사찰·교당이고도 '종교 전쟁'의 의미는?
만물의 영장이라면서 '2족 동물'의 틀을 못 벗어나는 꼴이다.
무슨 정치적·종교적 진실이 따로따로일 수도 없다.
오늘 텔레비전 보도에는 ⑩'마호메트 풍자만화'의 소동이다.
이 만화를 '표현의 자유'라고 유럽 신문들이 감싸기에
온 이슬람교 나라들이 들끓고 있다는 보도인데
이슬람교도가 많은 프랑스도 풍자만화 비판을 거들었다.

---

⑩ 이슬람교의 창시자이며, 유일신인 '알라'를 섬긴다 해서 이슬람교를 마호메트교 또는 회교라고도 이른다.

덴마크에서는 시위의 소용돌이라니
무슨 전쟁의 불씨일 수도 있을지 모른다.

미국의 이라크 침공에는 누구의 말대로
두 종교(기독교·이슬람교) 문명의 충돌이 숨겨져 있다면
종교적 세계대전으로 번질 수 있는 셈이다.
하지만 그런 '종말'로 가지 않을 문명의 지혜를 믿어 본다.

V 그리고 거리에서 [ㄷ] 노년기(3)

1. 물가에 새집을, DJ 정권, 내일신문, 탄광촌을 찾아서 ·················348
2. 전교조의 역사 기행, 문 목사 서거, 깨어난 근로자들 ···············352
3. 수배 항의 방문, 〈영혼의 집〉 관람 ···358
4. 시골 삶터는, 판공성사, 한 목사의 북녘 돕기 ···························361
5. 거듭날 한총련, 김대중의 취임식 날, 하인스의 꽃방석은 ·······365
6. 선영 사초, 입원 중 문병객들, 소떼몰이 방북 ·························369
7. 내 '특집' 문제, '석정 추모제'에서 ···371
8. 기껏 묘지 정리? 어설픈 선생을 이렇게도, 평택미군기지 ·····373
9. 〈다시 푸른 겨울〉의 수난들, 원로 시인의 조각품 전시회 ·········376
10. 드디어 남북 정상이, 북핵과 선제공격 협박, 원한의 '38선' ·······379
11. 꿈과 죽음의 문제, 통일연대 모임 때, 누구의 잠꼬대 퉁겨지다 ··381
12. 이산가족과 설날, 북녘 숲길, 전시작통권이 ·····························383

1. 물가에 새집을, DJ 정권, 내일신문, 탄광촌을 찾아서

내 고희도 가까워져서 오랜 꿈이 이루어졌다.
이에 앞서 봄에는 아내와 싸운 울분을 삭이다가
둘 중 하나가 집을 떠나 있어야 한다는 아내의 다그침에
내가 만덕산으로 가는 도중 교통사고를 당하고 말았다.
신호 받으려는 큰아들 승용차를 뒤에서 트럭이 들이받아
우리 차가 찌그러졌을 뿐 모두가 무사했다.

내 고집은 친구의 차를 불러서 다시 달렸는데
산골 눈길에 그만 둔덕 아래로 발랑 뒤집혔는데도
둘이 다 기적처럼 멀쩡한 것이
하늘은 나를 두 번 혼쭐만 내고 살려 준 셈인가?
죽어도 남을 괴롭히지 말고 좋은 일 하라고 말이다.

해서 뉘보다 아내와 후끈하게 어우러지고
뒤늦은 통증에 내가 입원하게 되었을 때는
늘그막에 처음으로 아내의 다사로움을 느꼈다.
이를테면 '전화위복'인 셈이었는데
우리 막둥이의 분발 또한 뜻밖이다.
구석진 산골의 글쓰기가 되지 않게

오랜 내 소원이던 '강변 집'을 지어 주겠다는 것이다.

네 일이나 똑바로 하라는 내 거절임에도
거듭되는 며느리마저의 성화에 결국 내가 받아들였는데
이에 어찌 시큰둥해져 버린 아내다.
둘이는 영 짝이 맞지 않는 태생임이
내 혼자 한숨 겨워졌을 뿐이다.

어떻든 나는 새집 짓기에
입술이 부르트고도 즐겁기만 했다.
이름 모를 냇물을 강물이 흐른다고 자랑하기가 일쑤다.

"거기가 무슨 강이여? 똘이지!"
"와서 보라고! 수폭이 50미터나 돼!"

하기는 옆산이 공동묘지임은 뒤늦게 알았으나
'인생무상'의 철학일 수도 있지 않은가?
집 둘레 언덕에 숲을 가꿀 기쁨도 개평처럼 얹혀지는 셈이다.
숲이 울창할수록 무덤도 안 보일 테니 그렇다.

이렇게 즐거운 고생의 나날인데
DJ가 돌아와 다시 큰 야망을 다질 무렵
전주에서 환영사를 맡아 달라는 연락을 받았지만
내 사양하고 관련 자작시 낭독에 그치기로 했다.

첫나들이로 전주에 온 대선 후보는 내외분이 함께였는데
내가 시를 쓰면서 울기는 이 시가 처음이라는
군말도 낭독에 앞서 곁들였다.
시 제목은 오래전에 쓴 〈광주는 말한다〉

인사말에서 대선 후보가 강조한 한 가지는
우리 남북 관계의 두드러진 냉랭함이다.
후보 때는 보안법 '폐지'를 외친 YS였는데도 그렇단다.
일찍이 한 논객은, 무엇이 되기 위해선 무조건인 YS와는 달리
무슨 조건을 다는 DJ가 한수 뒤진 셈이라 꼬집었다.

이에 찔린 술수인지 골수 보수를 업고 겨우 뽑히고 보니
오랜 푸대접의 호남 환호성이 화들짝 끓어오르고
튀는 명사 누구는 '운명이 오다'며 기세를 울렸다.

이른바 'IMF'로 거덜난 나라 살림을
①'DJP' 정권이 추슬러 놓았지만
신자유주의 물결을 타고 추스르다 보니
일자리 잃은 노동자와 서민층은 피눈물을 머금게 되어
이제 더는 ②'기다릴 것'도 없다며 분노가 뒤끓었다.
큰 권력 한번 역사에 빛내려고

---

① 김대중과 김종필의 영문 약자다.
② '태생적 한계'를 지닌 정권인 만큼, 더 좀 기다려 보자는 주장과는 달리, 이미 틀렸다는 축이 불어만 갔다.

어디까지나 민중의 편인 척했을 뿐인가?

"요즘 운수업 잘되는가요?"
"잘되다니요? 말이 아닙니다! 서민생활 모다 절단나 뿌렸어요!"
"대통령 인기는요?"
"밑바닥이죠! 그 ③쩔룩발이, 입담기도 싫어요."
내가 광주에서 한 택시기사와 나눈 말이다.

이야기는 더 좀 되돌려져 1993년의 봄이다.
'4·19'의 얼을 이으려는 서울의 '내일신문' 창립대회가 열렸고
이 해 가을에는 지방서도 이 창립이 있게 되어
내 축시 청탁 원고와 함께 축사도 하기에 이른다.
한데 내일신문이 큰 자본 없이도 버텨낼 수 있을까?
무엇보다 독자권이 동서로 갈라지고 있을 테니 더욱 그렇다.

내 문득 '광부의 아들'이란 제목의 글이 쓰고 싶어져
서울 간 김에 강원도 태백시를 찾았다.
하룻밤을 여인숙에서 묵고
통리마을에서 버스를 내려 한보광업사를 물었다.

내가 본 광부들 아파트 단지의 살림은 의외로 깨끔 껄렁했다.
건달들 방처럼 벽에는 미녀의 나체 사진이 붙었고

---

③ 박정희 정권 때, 교통사고로 꾸민 '김대중 암살' 미수가 다리 부상에 그쳤다는 풍문이 긴 세월 떠돌고 있을 뿐이다.

텔레비전 옆에는 기타도 세워졌다.

젊은이한테 안내된 공동 식당에서
나는 1인용 니켈판 밥상의 점심을 얻어먹으며
젊은 광부일수록 2중 직업을 가졌다는 말을 들었다.
세 반으로 나뉘어 탄광 일을 하기 때문이란다.
한물간 탄광은 80만 원 월급인데도
늙을수록 이에 매달리는 것은
자식들의 장학금 혜택이 있기 때문이라 했다.
내 둘째 목적인 탄광 내의 탐사는 못하고 말았다.
미리 연락이 없었기 때문이다.
누구에게 보일 준비 없이는 안 된다는 것, 짐작할 만했다.

2. 전교조의 역사 기행, 문 목사 서거, 깨어난 근로자들

전주 전교조 교사들의 역사 기행으로서
내 〈푸른 겨울〉에 나오는 정읍군 산외면을 내가 동행했는데
이 봄에 40여 년 전의 기억이라서 길을 묻고 물었다.
여름에는 군산전교조의 역사 기행으로 이어져

우리 면당面党이 묵었던 집 주인과 함께 사진도 찍었다.
이 두 차례의 탐방이 내게는 저릿한 기쁨이었다.

한데 이듬 해 문턱에서 놀라운 소식이 문익환 목사의 서거다.
서울로 달렸다. 전국 구석구석에서 모여 든 조문객 바다다.
조국 통일의 큰 별이 떨어진 것이다. 아, 문 목사님!

이보다 한참 후에는 북조선 김일성 주석이 떠났다.
평양에서 엄청난 애도의 물결이 굽이치고
온세계 정상들의 조문 소식인데도
이 한국에서는 오히려 조문객을 막았다.
하기는 이런 때일수록 혼자 뙤똥해지려 할 것이 아니라
연대 투쟁식 조문이었어야 옳았다.
공권력에 배그르르 주저앉고 말았으니 말이다.
이 해에는 어찌 또 하나 운동권 샛별이 또 하나 스러졌다.
시인 김남주는 공산권이 무너진 뒤 기지촌에 가서 울었다.
울다가 속골병이 더 도졌을는지 모른다.
진짜 슬픈 주검을 놓고도
엉뚱한 이름들이 조문 판 잡을 만큼 '열린 세상'인가?
돌아오는 차창 멀리에는 개펄만이 한결 검게 휘엉했다.

흙가슴일수록 좀더 둘리게도 마련인가 보다.
부안농민회 하나가 수세水稅를 볏가마로 싣고 갔다가
경찰과 실랑이 끝에 경운기 위에서 떨어져

뇌진탕 수술을 받고 원광대학병원에 입원 중이란다.

얼마 전에는 우리 전북연합에서 경찰청장과의 단판 끝에
문제 경찰을 처벌하고 재발 방지를 약속하며
경찰청장이 공개 사과했다.
무엇보다 부상 치료비 책임과 함께
앞으로의 생계와 사망 때의 보상 문제인데
이는 관할 단체장(군수·서장)이 일체를 전담하기로 했지만
내가 문병 갔을 때 피해자는 혼수에서 깨어났으나
초점 잃은 눈망울로 엉뚱한 소리하며 집에 가야 한단다.
해당 단체장은 한번 온 일도 없고
부안경찰서 형사만이 이곳 농민회장과 다녀갔다고 했다.
주근깨 얼굴의 보호자(환자의 아내)가 한숨짓는다.
무슨 보상을 2백만 원 정도로 때우려 한다는 것이다.
사람 병신되어 농사짓기 틀렸는데도 그렇단다.
훤하게 네모진 얼굴의 환자는 농부답잖게 멀끔한 것이
햇볕과 멀어진 겨우살이였기 때문일 터이다.

어제의 약속대로 만난 농민회장은 기름 머리 반지르르한데
같이 온 정보계장과 귓속말할 때의 손에는 금가락지다.
군수·서장이 사재를 턴 보상이라며 그는 웃었다.

"예, 예, 나 어서 집에 가겠어요. 어서 보내 주어요. 누가 콤바인
훔쳐 갔어요……"

눈만 멀뚱거리던 환자의 느닷없는 대꾸다.
이런 농민의 불행을 끌어안기 위해서는
혼자의 힘만으로는 부칠 것 같아서 누구에게 알렸는데
이날 오후에는 그가 데리고 온 젊은 목사의 말이 이랬다.

"이런 사건에 2백만 원 보상만도 유례없는 분발입니다."

이렇게 오히려 재를 뿌렸다.
이때 문병 온 운동권 젊은 동지들이 보상 문제 맡겠다기에
우리는 물러나면서 환자 아내에게 내 한마디 다그쳤다.

"내게 말한 ④5백씩 이하로는 절대 합의해 주지 말아요!"
이런 며칠 뒤 옛 동료의 전화받고 둘이 한잔할 때다.
누가 농민회원 부상 문제를 먼저 꺼냈는지 모르지만
저쪽에서 내게 질러 왔다.

"우리 ⑤오 서방 말이 브로커가 끼어들어 여태 합의가 안 되고 있
다드만요……"
"머, 브로커라고? 언제 들은 말여?"
"그저께든가……?"

---

④ 이 5백은 의료비만의 액수일 뿐이고, 농사짓지 못할 정도의 상해 보상은 별도로 5백만 원 이상으로 한다는 보호자와 내 합의가 이미 되어 있었다.
⑤ 그의 약혼식 때는 내 동료의 뜻에 따라 내가 축사도 한마디해 주었던 처지이고, 나도 '오 서방'이라는 호칭으로 통하던 사이다.

내 불끈해지고 말았다.
경찰물 오래 먹더니 사람 버렸다고 뱉어 주었다.
엊그제는 병원에 온다는 약속 어기고
기껏 제 부하만 보내더니
개 눈에는 뵈는 것이 무엇뿐인 모양이다.

"그래 잘 전해 주게! 브로커질 크게 한탕허겠다고 말여!"
"내 매제가 그 껀에 형님이 개입했으리라고는 모르는 것 아녀?"
"누구보다 잘 알고 있다네!"

이튿날 나는 전북경찰청장을 면담하기에 이르렀다.
항의조의 자초지종을 밝히며
농사꾼 가장이 실성한 마당에
한 해 품삯도 못 되는 보상만으로 물러설 수는 없다.
끝내 우롱당하는 꼴이 되지 않도록 지시해 달라 했더니
곧 확인해서 당사자에게 통지하겠다는 다짐이다.

"고맙습니다. 청장님만 믿고 있겠습니다."
"제 뜻대로 되는 것도 아닙니다. 지방자치 권한이 커졌거든요."

이로부터 한 열흘이 지나 피해자 아내한테서 전화가 왔다.
의료비 일체를 포함해서 8백만 원에 매듭을 지었단다.
내 그런대로 시원했지만
어찌 조삼모사朝三暮四의 고사가 떠올랐다.

시골 사람 둘러치는 숫자놀음인 셈인가?
'2'와 '8'의 차이는 느낌부터가 엄청나니 말이다.

어느덧 12년이 흐른 2006년 2월이다.
이제 농민들도 기계화와 함께 많이 깨어나고 똑똑해져
이른바 자유무역협약(FTA)이 선진국 상대인 경우일수록
우리 농업이 거덜날 확률이 높다는 것도 터득하게 되었다.
지난해 말 세계무역기구(WTO) 각료회의 반대 원정 시위에서도
우리나라 농민이 앞서 밝힌 대로 가장 많고 가장 거세찼다.

노동 단체와는 한통속 걸음에 못 미치고 있지만
지난 2003년 남북 노동자들의 한마당 자주통일 놀이에
같이 어울려 나의 민주노동당 입당을 굳혀 주기도 했다.
늙판의 모래톨 힘이나마 보태고 싶은 일이다.
내 문학 평생에 처음이자 마지막 정치 참여인 셈이다.

엊그제는 민노당 대표로 뽑힌 문성현의 인터뷰 방송이었다.
골수 노동자 출신인데도 찌들지 않은 밝은 웃음인데
북조선의 인권 문제에서 '보편적 가치'에 얽매이는 어투로
'국권'을 깨려는 강자의 음모는 건드리지 않았음이 아쉽다.
한편, 제2세에 대한 꿈을 김남주의 시로 읊었음이 반갑다.

3. 수배 항의 방문, 〈영혼의 집〉 관람

언제부터인가 운동권 행사에도 나으리들을 모셔 앉힌다.
빈탕 행사 주머니를 그들이 채워 주었기 때문이다.
문제는 변화에 적응이 아닌 변질이 되어 버리는 데 있다.
이리저리 껄떡이며 운동가연하는 것이 더욱 꼴사납다.
이제 확 '열린 마음'으로 무슨 보람 열매 따 먹듯이 그렇다.

이즈음 이광철 수배 소식이 나돌고
이에 대한 거듭되는 대책회의 결의에 따라서
운동권 학생 간부들과 안기부 항의 방문을 가게 되었는데
명분만을 내세워 반대하던 어느 지도위원도
이제는 김 목사와 나랑 함께였지만
우리 셋이 안기부 요원과 마주앉게 되었을 때다.

"세상 참 많이 좋아졌네요. 전에는 상상도 못할 여기 항의 방문이니까요."

이렇게도 상대편이 듣기 좋은 누구의 말이다.
무슨 유화 술수치고는 비위 사납게 엉뚱했다.
하기는 간첩(?)으로 찍힌 사람을 위해
따지려 든다는 것부터가 '명분 없는 짓'일지 모른다.

하지만 운동은 근본 진실의 편에서 불끈대야 하지 않은가?

"우리가 온 것은 두 가집니다. 무슨 근거로 이광철을 엮고 있는지?
또 하나는 검거해 버릴 수 있는데도 왜 수배라는 올가미로 피만
말리게 하는 건지? 이 두 가지를 알고 싶어서입니다. 간첩 혐의가
확실허다면 잡어 가둬야 헐 게 아닙니까?"
"저희는 상부 지시에 따르고 있을 뿐입니다."
"상부라니요? 그게 어디죠?"
"서울 남산에 있는……"

이러면서 안기부 요원이 웃음을 흘렸다.
우리가 수위실에서 면담하고 있는 동안
정문 앞 한길 쪽에서는 구호 소리가 들려오곤 했다.
학생회 간부들이 외치고 있었다.

"간첩이 웬말이냐? 음모 수배 해제하라!"
"해제하라! 해제하라!"

얼마 후에 안기부 요원 좌장은 웃으면서 매듭짓듯이
피의자의 최선책은 자진 출두하는 길뿐이라며 일어섰다.
이래서 서로들 시원스레 웃고 돌아서는 모양새임이
내 거듭 찜찜하기만 했다.

한 사흘 후에 나는 잘 아는 안기부 수배 담당 계장을

내 단골 술집 구석방에서 만났는데
이미 앞서 밝힌 바 있기에 줄인다.

이 해 설날 운동권 젊은이들이 세배하러 온 자리에서
이미 풀려난 이광철이 〈영혼의 집〉 관람권을 주기에
내 모처럼 영화관에 간 일이 있다. 종교 영화다.
두세 번 눈시울이 후끈해지기는 했지만
어느 시대든 오래 다져진 힘(권력) 앞에는 올곧은 저항일수록
짓밟히는 피멍울일 수밖에 없음이 이 영화의 주제인데
칠레의 격변기가 배경인 다큐멘터리였지만
이야기의 관점(싯점)이 진보 아닌 보수 세력임이 아쉬웠다.

오늘 텔레비전 보도에서 새로 서임된 정진석 추기경이
조국 통일에 적극적이라니 큰 기대로 달린다.
이 지구상에서 달랑 하나 우리만이 한 겨레가 갈라진 채로
긴긴 세월 서로 아옹다옹거리고 있다.
이를 한 종교의 최고 지도자가 끌어 안아 주지 않는다면
어디서도 '구제받을 길'이 막힌다는 것도
우리 새 추기경은 헤아리고 계시려니 싶다.

4. 시골 삶터는, 판공성사, 한 목사의 북녘 돕기

오래전에 하루 두 차례에 걸친 내 교통사고는 이미 밝혔다.
그 해 1995년은 오랜 꿈의 터전이 이루어져
이 해의 세밑 ⑥판공성사에서 나는 이렇게 고백한다.

"참으로 감사합니다! 새 집을 지었습니다. 한데 노동자를 위한답시고 그들 편에서 열내던 제가, 제 집 잘 짓겠다고 눈불을 켜, 큰소리 치고…… 제 벌거벗은 이기심이 퉁겨지곤 했습니다. 뉘우치는 조석 기도 또한 그냥 다람쥐 쳇바퀴 도는 꼴입니다……."

첫 번째 업주와 내가 관계 맺게 된 것은
내 옛 근무교의 배드민턴 선수이던 그가 배고픔 끝에
공사판에 뛰어 들었다는 말을 들었기 때문이지만
결과는 서로 찜찜하게 갈라서는 사이가 되어 버렸다.
두 번째 업주는 내 큰아들이 대학 공사장에서 구해 주었는데
내 속깨나 뒤집혀 주었다.
내 아는 목수도 내게 말하기를
'앞엣놈이 좀도둑이라면 이 놈은 강도'라고 했다.

---

⑥ 천주교 신자들이 한 해(연말)에 한 번씩 하는 고백성사다.

어쨌든 부실 공사 아닌 집을 짓기 위해 나는 바둥거렸고
진흙길의 출입로도 이장과 농민회장의 협조로
시청에 진정서를 내어 포장할 수 있었음이 기쁘다.
집 둘레와 산 밑으로는 숲을 가꾸고 보니
이제는 '꿈 속의 고향'처럼 풍경도 제격이다.

우리 마을은 높직한 봉화산烽火山 자락에 에둘러 앉았는데
우리 집은 마을 멀찍이 떨어져 있어 하루 내내 호젓하다.
어쩌다 마을 개 짖는 소리만 들린다.

이 마을 인심은 뉘네 집이든 아들 혼사라도 있을 때면
결혼식장 피로연 외에 다시 집에서 푸짐한 잔치지만
술메기 날의 정자나무 밑 시빗거리라든지
겨울철의 노름판이라든지는 딴 마을과도 다를 게 없다.
이웃 논밭 두렁 야금야금 깎아 먹는 노랭이도 예외는 아니다.
하지만 인정은 대체로 강냉이 잎사귀처럼 푸짐스럽다.

두 해 전('96년)부터 나는 밥을 두 끼만 먹어 온 터다.
저녁은 우유나 과일로 때운다.
내 옛 제자 한갑렬의 권유로 안현필의 〈장수법〉을 읽고 나서다.
오래오래 버텨 내려면 위장부터 제대로 다스려야 한단다.
기껏 수년 사는 닭은 시도 때도 없이 입질에 부산스럽지만
천년 학은 어쩌다 한번씩 그렇게 밥통을 비워 둔다는 거다.
내 홀애비 살림이고 보니

한 끼만 걸러도 한갓지기도 하다.

이 해 봄에는 북한돕기 발기인 대회가 열렸는데
대학 총장·언론계 사장·종단의 어른 등이 초대되었지만
이는 한 목사만이 해 낼 수 있는 운동권의 힘이 아닐 수 없다.

"한 목사한테 전화받으면 어찌 핑계 댈 수가 없어요. 마음으로부터
머리 숙이고 대들거든요."
"웃으며 늘어붙는 웃음 작전에 끌려드는 셈이지."

원불교단 교무의 말에 맞장구치는
조용술 목사의 우스갯소리이기도 했다.

첫여름의 북녘 돕기 대회는 전주 정동성당에서 열렸는데
여기에는 박용길 장로와 만덕산 원불교 훈련원의 승산 원장
그리고 도지사, 전북일보 김남곤 국장, 천이두 평론가 등이
여느 운동 때와는 달리 힘을 보태 주었다.

대회식을 마치고 중앙성당까지 행진을 하며
새삼 '동반자'의 힘을 되새겨 보곤 했다.

이 해 보리누름에도 더 한번의 북녘돕기 행사에는
김수환 추기경을 비롯해서 많은 종교인이 성황을 이루어
성금은 1억 5천만 원에 다다랐거니와

한상렬 목사는 교회 운영에도 어려움이 큰 처지인데도
천만 원대 성금을 보냈다.
여러 교단의 자진 성금 또한 컸던 것으로 들었다.
내 명색 상임 대표로서 몸과 마음만으로는
굶주림 덮어 줄 수 없음이 찔리곤 했다.

이 무렵 나는 오래전에 2천만 원 보증을 서 준 것이
전주 집이 '가압류'되어 팔 수조차 없게 되고
큰아들 또한 5천만 원의 빚에 시달리고 있는 터였다.
한데도 자식들이 내 고희 잔치를 해 준다기에
돈으로 달래서 북녘돕기 성금을 겨우 때웠다.
기분부터가 좀 거쁜해진 시늉이다.
이로부터 9년쯤 지난 오늘 오랜만의 남북 장성급 회담이
서해 어획권 문제로 깨진 것은 거듭 아쉬운 일이다.
서로 무슨 영해 우김질을 할 것 없이
남북 공동 어장으로 함이 마땅하다.
개성에 공동 공장을 세웠듯이 말이다.

어서 통일을 하자고 서로가 노래하고 외치면서도
어느 쪽이 고기를 더 잡아 간대서
굳이 배 아파할 것은 없지 않은가?
이러니 북핵北核 문제 6자회담도 더 터덕거려지게 마련이다.

미국과 일본은 우리 남북 사이가 벌어지기를 바란다면?
이른바 '선제공격'의 빌미가 될 수 있음도

우리는 잊지 말 일인가 보다.
내 속내인즉 북측만이라도 핵탄을 가졌으면 싶을 뿐이다.
강대국들의 패권주의에 휘둘리지 않기 위해서다.

이에는 중국도 예외가 아닌 것이
그들의 '동북공정'을 보더라도 그렇다.
한때 미국의 패권에 목소리깨나 높였던 중국인데도
제 나라가 강해질수록 강자의 논리 내세우는 것이
이 지구촌의 역학 관계인 것을! 잊지 말 일이다.

5. 거듭날 한총련, 김대중의 취임식 날, 하인스의 꽃방석은

우리 운동권에서도 유별난 친북 세력은 한총련이다.
'주체사상'을 통째로 받아들이니
'인민군의 2중대'로 찍힐 만도 하다.
이른바 '극좌'에 속하는 셈이다.
하지만 그들의 진정성과 열정은 오늘날의 변절족에 비하면
오히려 신선한 빛살일지 모른다.

전북 한총련의 봉사 활동 해단식 초대장을 받고 나갔지만

장소를 찾는데 애를 먹었다. '전주교(?)'라고만 적혀 있었다.
시간도 두 시부터라는 것이 네 시 반도 넘어서야
겨우 풍물 소리가 울리기 시작했다.
새 역사의 물꼬 트겠다는 학생들이 이 모양으로 엉성한가?
이대로는 안 되겠구나 곱씹어졌다.

이래저래 선거판에서는 운동권을 멀리하는가 본데
정치인의 헛소리 또한 가관이고
이회창은 인상부터도 심히 욕심스러운데
어찌 허무적 철인 아우렐리우스를 가장 존경한단다.
황제의 견인주의를 역시 귀족풍으로 새기신 모양이다.
선거철이면 정치인들은 '없는 철학'을 내보이거나
서민 흉내를 내기 일쑤다.

하기는 역사적 '인물'은 특출한 배짱을 지닌 부류겠지만
'인동초'의 깡질김도 아우른 김대중이 끝내는
대통령이 되고야 만 것은 이 땅을 뒤흔들 만했다.

내가 속 깊이 붓도장 찍은 사람이
대통령이 되기는 이번이 처음이고
더구나 대통령 취임식에 초청장을 받기도 처음이라서
새벽 열차로 달리는 마음은 설레기조차 했다.

'상급 초청'이라는 무대 밑 가까운 지정석에

무슨 색 명찰을 달고 홍일선과 함께 앉았다.
온갖 모함과 박해에 죽을 고비 여러 번 넘기고
이 자리에 서게 되었다는 대통령의 목메인 말이 끊겼을 때
내 더 좀 후끈해지기도 했다.

이 새 봄에는 우리 운동에도 힘이 실렸다는 것부터 밝힌다.
군산공항 사용료 인상 반대와
미군기지의 위조 지폐범 수사 촉구 시위에
여느 때와는 달리 서울·충남서도 달려 온 인사들과 더불어
우리 2백여 명은 결의대회를 가졌다.
우리 만세 삼창으로 집회를 마치고 나서다.
문정현 신부는 미군기지 구석쪽 담장을 넘으려다 말고
내가 다가들자 혼잣말처럼 중얼거린 말이 이랬다.

"오늘은 좀 쉴라고 했는데…… 느닷없이 나를 부추긴 통에……"

이 부추김이란 이관복 목사의 궐기사를 두고 한 말이다.

"우리 문정현 신부님은 오늘도 저 무도한 양키의 철조망 담벽을
뚫기 위해 나오셨습니다……"

운동권 지도자의 본바탕은 순수 동심임이 새삼스럽다.
문익환 목사를 비롯해서 한상렬 목사 또한 그렇다.
무엇보다 빼앗긴 내 것을 찾아 돌리려는 본능이 세찬 것도

이분들의 공통점이라서 '자주 독립'을 끈질기게 외쳐 왔다.

미국이 반세기가 넘도록 제 입맛대로 우리 밥상을 챙겨 주며
한 핏줄 남북의 벽을 굳혀 놓은 것부터 한스러운 일이지만
우리네 넋을 휘젓거려 온 죄가 더 깊을지 모른다.

이런 한 맺힌 세월은 줄곧 이어져 이제 2006년 봄이다.
여러 날에 걸친 하인스 워드 모자母子의 톱뉴스인데
이 나라 미군기지의 양공주 아들이 아비 없이 자라서
미국 축구선수의 메달왕이 되자
오늘은 대통령이 두 모자에게 청와대 오찬까지 챙겨 주며
그대들은 이 나라 혼혈아에게 새 희망을 안겨 주었단다.

하지만 오히려 새삼스런 좌절·소외감을 질겅거리는
숱한 튀기들의 설움부터 그는 헤아렸어야 했다.
하인스에게만 꽃방석 깔아 준대서
검은 살갗에 새 숨 구멍이 트이는 것도 아닐 테고
무엇보다 따돌림 없는 일감을 그들 모두에게 챙겨 줄 일이다.

누구나 승자의 편에서만 박수치는 꼴이다.

6. 선영 사초, 입원 중 문병객들, 소떼몰이 방북

우리네 뿌리가 소중한 만큼은
내 조상 섬기는 일도 잊지 말아야지 싶었다.
성묘 때면 조부모 무덤이 망가졌기에 마음 걸리곤 해서
한식날 나는 자형의 도움으로 사초하게 되었다.

일꾼이랑 떼랑 그 주선을 자형에게 맡기다 보니
산지기에게 미리 연락해 둘 것을 깜빡해 버렸다.
이에 그는 오기가 났던지 제 집 뜰에 떼를 못 부리게 해서
엉뚱하게 멀리 부려진 것을 나르기에 우리는 땀깨나 뺐다.
내 푸푸거리며 허우적거린 탓으로
이틀 후에는 허리를 못 써 입원하기에 이르렀다.

쉬쉬 가족들만 알게 했던 입원이
여러 단체의 행사 참석 연락 전화로 들통이 나 버리자
여기저기서 문병객이 찾아 들었지만
내 염치없는 기쁨일 수만도 없었다.
누워서나마 이런 기회에 어지럽힌 마음 추스르고
찌싯거려 온 〈다시 푸른 겨울〉의 탈고를 하려던 것이 어긋났다.
어떻든 문정현·이수현 신부와 한상렬·강희남 목사에 이어

한 달 동안의 문병에는 내 늙판 가슴 뎁혀 준 여인도 끼였다.

내가 퇴원한 보리누름 무렵 큰 보도거리로는
대기업가 정주영이 소 떼 몰고 ⑦'통일대교'를 건넜던 일이다.
'돌아오지 않는 다리'가 '돌아오는 다리'로 된 것이다.
비록 허리 잘린 우리 남북일지라도
강물은 줄곧 하나로 이어져 온 그 반증인가?

어쨌거나 자본주의 뭉칫돈 몽땅 긁어모아서
한겨레 북쪽 굶주림을 다독거려 주고 보니
굳어진 이념도 새로이 누그러지는 셈인지
'선생' 대접으로 크게 반겨졌다.
내 어찌 가슴 한구석이 펑 뚫리는 한숨이 나왔다.

우리 집에 오신 두 신부는 '개혁'이 물 건너갔다지만
보수의 골수를 업고 겨우 대통령이 되었는데도
'소떼몰이 방북'이 되게 밀어 준 것이라든지
'솎아내는 개혁'의 한계라든지로 보아서
우리는 더 좀 기다려야 한다고 나는 우겨 보았다.

이 해 가을에는 분단 이후 처음으로
금강산 관광선의 속초 출항이 텔레비전에 요란했는데

---

⑦ 오랜 세월(휴전선 그어진 이후) 통행금지가 된, '돌아오지 않는 다리'이던 것이 정주영의 소몰이 월북 이후로는 '통일대교'로 일컬어지게 된다.

굶주리는 동포들이 압록강변 자갈밭을 일구는 광경이다.
두 해애 걸친 홍수로 농업 기반부터 결단 나 버려
주려 죽은 사람 살까지 먹게 되었다는 보도이기도 했다.

미국의 오랜 고립 정책으로 굶주림이 더했을 것인데도
북녘 체제만을 탓하는 인사도 적잖다.
어느 문인도 북한 정권 때려 엎어야 한다고 불끈대었다.

7. 내 '특집' 문제, '석정 추모제'에서

얼마 전에 문학지에 내 특집을 내어 준다는
이 문학지의 주간이자 발행인과는 내 유별난 사이다.
내가 운동에 발 디딘 뒤에도 그만은 메스꺼워하지 않았고
한결같이 나를 존중해 주었지만
어찌 그 문학지에 내 얼굴을 내밀고는 싶지 않았다.

일찍이 석정夕汀 선생은 하고 싶은 말을 할 수 없다면
어떤 지면紙面인들 가릴 필요 없다고 했는데
그것은 저명인사로서나 할 이야길 것 같다.
우러러 모시고 싶어하는 발행인이 많을 것이기에 그렇다.

이렇게 옛 기억을 적다 보니
지난해, 열린 '신석정 선생 추모제'가 새삼 되새겨진다.
이 행사 초대장을 받은 이틀 후에 누구와의 전화 통화일 때
왠지 그는 추모제가 있는 것조차 모르고 있음이 분명했다.

"전혀 이야기 못 들으신 모양인데, 어쨌든 한번 나가 봅시다. 이번 행사, 누구만의 ⑧작품은 아닐 것 같아요……"
"나는 못 나갑니다. 종중에서 성묘하기로 되어 있어서요……"

내가 행사장 전북일보회의실 옆의 전무실에 들렀을 때다.
몇몇 문인과 둘러앉아 있던 본사 전무가 일어나 나가 버린다.
여느 때와는 달리 인사 한마디 없이 그랬다.

엊그제 내가 누구에게 이번 추모제는 합작품이라 했던 말을
그가 전해 듣고, 그 누구한테 당했던 모양이다.
한데도 나는 둘이 다 괘씸했었다.
이제 돌이켜 보니 불집 낸 것은 나임이 쓰디쓰게 곱씹어진다.
내 참으로 어설프게 웃기는 놈이다!

---

⑧ 석정에 대한 회고록과 추모사, 그의 시 세계·작품 등을 간추려 놓은 추모 문집 및 본 행사 등을 총칭한다.

8. 기껏 묘지 정리? 어설픈 선생을 이렇게도, 평택미군기지

이 해 1999년에는 시골로 옮겨 와서 처음으로
언짢은 일에 속깨나 뒤집혀지곤 했다.

내 집 가까운 공동묘지의 정리 작업으로서
거기 은사시나무 숲을 벌목하기 시작한 것이다.
구조조정 바람의 무더기 실직자 일자리를 챙겨 준답시고
기껏 묘지 정리의 '취로사업'인 셈인가?
산을 홀랑 벌거벗기고 보니
우리 집에서 무덤들이 환히 보일 뿐더러
한물지면 산사태 나기 십상이었다.

여러 차례 당국에 항의한 끝에
'고충처리위원회'에 제소하겠다고 했더니
비로소 현장 답사를 나오고
산사태 예방 공사(조림)의 인건비만은 책임지겠다기에
이튿날부터 나는 포클레인을 불러 물받이 도랑을 치고
측백과 해송 묘목을 취로사업 인부들로 하여금 심게 했다.

이래저래 임대하게 된 시유지市有地다.

이제는 어느덧 숲을 이루고 있다.
울며 겨자 먹기 식의 조림이 조경을 덤으로 얻은 셈인가?

어쨌거나 김대중 씨한테 둘린 기분이던 내가 광주 갔을 때
어느 택시 기사의 말이 이랬다.

"그 쩔룩바리 말도 말어요! 머 서민들 잘살게 헌다고? 말은 그럴싸
허게 허더니만, 실직자 공화국 맨들었어요!"

하기는 거덜난 경제(IMF)부터 추스르다 보니
'신자유주의'로 나갈 수밖에 없었는지 모르지만
민생 문제 개혁은 물건너가 버린 꼴이다.

김대중 집권 직후에 반짝했다가 사그라진 투쟁의 불씨는
시민운동 형태로 바뀌어 굼틀거리기 시작했다.
우리 전북에서는 '시민행동 21'에 이어서
한상렬 목사가 발의·주도한
'민주사회단체협의회(민사협)'의 결성식이 있게 되었다.
내 거기 격려사 부탁을 받고 나가 보니
이제 제도권의 내로라하는 명사들도 끼여 있었다.
전북의 운동 단체를 총망라한 것이고 보면
출세가래서 아우르지 말라는 법도 없을 것이다.

이런 며칠 뒤 옛 제자가 30년 만에 찾아 들었다.

제 노모와 함께 찾아 온 것이고 보니
내 무슨 참스승이라도 된 듯한 보람스러움이었다. 웃긴다.
얼른 기억나지 않는 일인데
언젠가의 상담을 받고 절망의 수렁에서 헤어나왔단다.
이제 그는 완주군 소양면 민방위대 책임자라고 했다.

누구나 크든 작든 남에게 영향을 줄 수 있지만
운동가로서는 보혁保革 어느 편이냐에 따라서
동지가 될 수도 안 될 수도 있는 것이던가?
옛 은사에게 달려온 그가 군사 정권에 충성을 다하고
어쩌면 미국을 은인으로 여기고 있을지도 모른다.
무슨 신념에 앞서 신의로움이 그냥 반가웠다.

이로부터 6년쯤 지난 요즘은 다시 평택 미군기지 문제로
온 나라가 더 한번 떠들썩하다. 지난해(2006년) 여름처럼.
이 기지 넓히는 땅 대추리 농토는 본디 개펄이던 것을
주민들이 둑을 쌓고 바닥을 돋우어 만든 것이니
거기 농민들은 목숨 걸고 농토 지키려 하게 마련이다.

더구나 깨어난 농민이고 보면
내 농토가 중국을 겨냥하는 미군의 전초기지 된다는 것을
그래서 ⑨'전략적 유연성'에 우리도 말려 든다는 것을 안다.

⑨ 휴전선 이남에 주둔하고 있는 미군은 본디 협정대로 공산군의 침공에 대비한 한반도의 '방위전'만이 아니라, 필요에 따라서는 '공격전'이 될 수도 있고, 먼 국지전에

우리 반도가 불바다 되어 버릴 수도 있는 셈이다.
올해는 한결 더 그악스러워진 진압전이 되어
부상자만 2백여 명이고
끌려간 시위자는 6백여 명이라는 보도다.

어떻든 집권당의 얼빠진 '국익' 정책이라서
민노당 국회의원들이 올해도 시위에 동참한 모양인데
내 요통으로 병원 출입만 하고 있을 뿐이다.

9. 〈다시 푸른 겨울〉의 수난들, 원로 시인의 조각품 전시회

여러 해 전부터 우리 전북의 운동사적 이야기를 서사시로
내 질금거려 오다가 드디어 출판을 창비사에 부탁했지만
보기 좋게 퇴짜를 맞고 말았다.

하기는 10여 년 전에 〈푸른 겨울〉을 펴내 준 창비사라서
이번도 어쩌리라 싶었다는 것부터가 내 큰 실수다.
문민정부 이후 튀는 '보수 꼴통'의 글도 실어 줄 만큼

빼돌릴 수도 있다는 새 협정이다.

티나게 열린 편집이다.
거기에 누구들이 터줏대감처럼 버티고 있는 한
내 일찌감치 '창비' 출판은 접어 버렸어야 옳았다.

두어 달 뒤에는 '김규동 목각 작품 전시회'가 열렸는데
이 모임에는 한국문협 쪽의 인사들도 여럿 나와 있을 만큼
무슨 색깔을 떠나서 이분대로의 깃발은 분명한데도
누구나 그를 따르는 후배 문인들로서 어떤 파벌 모임이면
'이 자리에 김규동 선생님이 나오셨다'고 자랑하곤 했었다.

이날의 작품은 우리 민족사 거성들의 잠언·필치들
더러는 작가의 말을 새겨 놓기도 했다. 그렇게 수백 점이다.
축사에서 백낙청은 오직 이분만이 해 낼 수 있는 일이란다.
저 작은 몸집 어디에 이토록 깡질긴 끈기 도사린 것일까? 놀랍다.

내 취미삼아 지팡이와 전화대, 수석산을 만들어 왔지만
오직 미감 위주의 것들임이 문득 스스로 꿀리던 기분이다.
미술가인 아들이 오래전에 귀띔해 준
'전시회'는 끝내 못해 버릴 것만 같다.

이 해 여름에는 〈다시 푸른 겨울〉의 출판 기념회가 열렸는데
내가 처음은 일축했던 기념회다.
하지만 우리 동지끼리 '둘러앉고 싶다'기에 응락하고 만 것을
내 두고두고 후회하기에 이른다.

이 바쁜 세상임에도 늙은이를 위해 '크게' 준비하고 있음을
나중에야 알게 된 나는 말리지 못한 채
오히려 가슴 찡하게 고마워졌던 것부터가 잘못이다.

어쨌거나 선별 초청이다 보니
한국문협 쪽의 뒷공론이 많았던 모양이고
무슨 '불청객'도 아닐 뿐더러 축사까지 한 문협 소속 문인은
제 동료들 앞에 면목이 없게 되어 버렸을 터이다.
이 날의 축사에서 나를 인생의 스승이니 어쩌니 하고
두둔해 준 것이고 보니 더욱 그렇다.

이튿날 내가 고마웠다는 전화를 그에게 걸었을 때다.
여러 문인들과 둘러앉은 것 같아서 전화를 끊으려 하자
문득 그는 나를 질타하기 시작하는 것이다.

"조촐한 모임이라더니 어디 그럴 수가 있어요! 아무개 선생 출판
기념회라는 현수막까지 입구에도 내걸고…… 참석 문인은 작가회
의 일색이다시피 편파적이고…… 작품만 잘 쓰면 그만인가요?"
"할 말이 없네. 무슨 변명이 아니지만, 내 어제 출판회 장소 찾는데
한바탕 애먹었다는 것만 말하고…… 매를 맞아 줄 테니 실컷 때려
봐요……"

저쪽에서 먼저 짤깍하고 전화가 끊겼던 기억이다.
어제와는 딴판으로 이럴 수가 있으랴 싶으면서도
내 어설픈 처신이 쓰디쓰게 곱씹어지곤 했다.

한 가지 더 큰 실수는 '내빈 소개'를 않기로 했는데도
어찌 사회자가 운동권 동지들만 소개한 바람에
내 인사말에 앞서 보충 소개를 눈에 띄는 대로 했던 일이다.
이에 빠진 친구들 중의 하나는 무척 노여웠던지
오랫동안 나를 외면하곤 했다.
웃을 수만도 없는 것이
당사자로서는 자기 따위 '눈에 뵈지도 않은 셈'이다.
내 편지를 받고도 3년 넘어서야 그의 마음은 풀렸다.
'북극도 3년 햇볕이면 얼음 바위도 녹아 흐른다'는
내 비유에 움찔거렸을지도 모를 일이다.

10. 드디어 남북 정상이, 북핵과 선제공격 협박, 원한의 '38선'

어떻든 이 해 '새천년'에는 ⑩'6·15공동선언'이 나올 만큼
온 세계의 이목이 평양에 쏠렸다.
두 정상이 환영 인파 속에서 두 손을 잡아 흔드는 광경일랑

---
⑩ 공동선언의 내용은 첫째가 화해·통일을 위한 자주성의 다짐이고, 둘째는 북측의 '낮은 단계 연방제'와 남측의 '연합제'가 공통점이 있음을 서로 인정한다는 것이다. 셋째는 이산가족의 상봉과 남측의 장기수 송환 문제를 해결한다는 것이며, 넷째는 경제 협력의 확장과 함께 교류를 확대한다는 선언이다. 이를 문서로써 다짐했다.

우리로서는 후끈후끈 가슴 저렸다.
서로 갈라진 지 반세기도 넘는 아픔이었기에 그렇다.

이로부터 6년이 지난 우리네 의식은 많이 깨어났지만
미국의 패권주의는 일본을 업고 오히려 더 드세어졌다.
주한미군은 수도권의 용산기지 대신에
더 효율적인 평택기지를 크게 넓히려 하자
운동 단체들은 농토 빼앗기는 주민들과 함께
기지 확장 반대 시위에 들고 나선 것이다.

이 운동의 대표인 문정현 신부는 줄곧 현지에 묵고 있다.
국익을 내세워 이라크전에 열성부린 노무현 대통령까지도
얼마 전에는 말 한번 제대로 했다.
미국이 북한의 달러 위조를 빌미로 금융제재 해 놓고
위조 증거도 대지 못한 채 시비를 따지려 드는 것은
이른바 ⑪'선참先斬재판'을 하는 꼴이라고 말이다.

⑫'무더기 미사일 발사' 이후 미국이
일본과의 ⑬'신세기동맹'을 서두른 것도

---

⑪ 우리 왕조 때 군율 위반자를 참수하고 나서 임금께 아뢴 '선참후계(後啓)'를 변조한 말로서, 미국이 금융제재부터 해 놓고는 북조선이 해당 장부를 보여 주지 않는 것이 곧 위조 증거 아니냐는 미국의 우김질을 빗대어 한 말이다.
⑫ 2006년 7월 5일 새벽 3시 32분에 첫 미사일 발사를 비롯해서, 새벽 5시에는 대포동 2호를 발사하는 등, 모두 7발의 미사일이 이 날 하루에 발사되었다. 장거리 미사일은 대포동2호일 뿐, 나머지 여섯 발은 다 중거리 미사일인 것으로 추정한 일본이 자기네를 겨냥한 위협이라며 발끈했다.
⑬ 일본이 내세운 '세계 속의 미일 동맹'이며, 미군과 일본 자위대의 일체화를 향한

선제공격의 꼼수였기 때문이다.
우리 국토를 갈라놓은 미국과 ⑭'38선의 단서'가 된 일본이
이제 한통속 강대국인 것이 거듭 한스럽다.
어서 우리 북측만이라도 핵을, 원자탄을 가질 일이다.

11. 꿈과 죽음의 문제, 통일연대 모임 때, 누구의 잠꼬대 퉁겨지다

일찍이 프로이드는 제 정신분석학에 보탬이 되었다는
도스토옙스키의 작품 중에는 꿈과 죽음의 문제에서
죽음에 가까워질수록 죽은 이와 자주 어울리다가
마침내는 영계(죽음)에 들어가 버린다는 대목이 나온다.

어젯밤 나는 죽은 큰동서와 마주앉게 된 그의 말이 이랬다.

것으로서, 2006년 6월 제13회 미·일 정상회담에서는 이 '신세기동맹'을 공동 선언하기도 했다.

⑭ 미국의 부르스 커밍스도 말했듯이 조선반도를 분단하기로 한 최초의 결정은 미국이 내렸다. 1945년 8월 10일 미국은 3성(육·해·공군 장성) 합동 회의 때, 본스틸 대령과 러스크 대령은 '점령지 분할선'을 소련도 수긍할 수 있게 가늠해 보도록 명령을 받고, 옆방으로 보내어진다. 두 대령의 연구로 하룻밤 사이에 '3·8선'이 그어졌다. 이 38선은 이조 때 일본과 러시아간에 체결된 '조선반도 보호 분할선'으로서, 일본이 이남을, 러시아가 이북을 맡았던 사례가 곧 미국·소련간의 점령분할선 합의의 근거가 되었다.

"처제가 지 서방 늦바람에 속깨나 썩히더니 죽었다드구만." 여기
처제는 내 아내를 가리킨다.
"머? 죽었다니?"

느닷없는 놀라움에 눈이 번쩍 떠지고도 그냥 꿈속이듯이
소식 한마디 없었다는 노여움이 질경거려졌다.

"그만큼 고년헌테 푹 빠진 거라고!"

이렇게 큰동서는 퉁방울 눈알 굴리며 해그시 웃고 있었다.
'어서 자네도 여기(저승) 오게' 하는 꼬드김처럼!
한물이 지고 난 2006년 여름이다.
전국통일연대의 고문단 모임에 나갔다.
'8·15'에 있을 '아리랑축제'가 취소되었음은 알고 있었지만
민간인끼리의 광복절 공동 행사도 없게 되었다며
북측 미사일 발사로 중단된 그 지원부터 촉구할 일이란다.

'제2의 북녘동포돕기운동'을 펼쳐야 함을, 그리고
북측의 수해 상황을 대등하게 보도하도록
방송국에 다우칠 것을 여럿이 건의하게 되어 다행이다.
작가회의 남정현을 새로이 영입한 일도 반가웠다.

회의가 끝난 점심 시간에 누구의 '망발' 힐책인데
점심 뒤의 다방에서는 누군가로부터 우리들 몇몇에게

문화신문과의 아무개 인터뷰 기사 복사판이 돌려졌는데
큼직한 얼굴을 에워싼 기사 요지는 이렇다.

한마디로 우리 남북 통일은 앞으로 100년 뒤에나 올 것이란다.
이유는 북한이 통일을 바라지 않기 때문인데
왜? 남한보다 한참 못 살고 국제 기반이 뒤떨어졌기 때문이다.

우리는 옛조상이 내세운 '시운時運을 느긋하게 기다려야 한단다.
어느 날 눈 비비고 일어나 보니
통일이 되어 있더라는 식이라야 한다고 했다.
이래저래 엉뚱할 만큼 '1인칭은 슬프다'?

누가 일찌감치 '생명 철학'을 들고 튀어 올랐듯이
누구는 '통일100년론'의 예언자로 남고 싶었던가?
'6·15선언' 두 얼굴을 우뚝 거느리고 말이다.

12. 이산가족과 설날, 북녘 숲길, 전시 작통권이

서로 만나는 기쁨의 눈물보다
서로 헤어지는 슬픔의 눈물이 한결 더 애절하다.

서울과 평양에서 각각 3박4일 동안
이산가족이 반세기 만에 만났다가 헤어지는 광경을
내 텔레비전 보다가 눈시울이 후끈해졌다. 처음 일이다.

'6·15공동선' 이전과는 달리 달아오름은
통일 열풍이 비로소 실감되기 때문인지 모른다.
'6·25'때 분주소 소장까지 맡았던 작은집 아저씨는
이제 팔순도 넘어 고인이 되었는지 모르지만
이분의 친조카 정섭에게 상봉 신청을 다우쳐 볼 일이다.

한 달 전에는 진관 스님의 출옥과
출옥 장기수들의 귀향 등을 환영·환송하는 ⑮모임에서도
세상 참 많이도 달라졌구나 싶었는데,
오늘 새천년 한가위에는 남북의 방송사가 백두산에서
통일 실천을 위한 공동 기획 방송을 했다.
이제는 항의 팔뚝질을 할 일도 없어져
내 한번 소설집도 내 보고자 집에서 고부라져 지냈다.
젊은 날에 썼던 이야기들을 더러는 고치고 다듬어서
중·단편 소설들을 엮어 〈건널목 햇살〉로 이름 붙였다.

어느덧 추수 때가 되어 들에서는 콤바인 소리가 들려오고
우리 집 근처에서 추수하던 농사꾼이 찾아와 점심을 하잔다.

---

⑮ 서울 조계사에서 가진 이 모임의 참가 단체는 범민련, 민가협, 전국연합 등이었고, 초선 국회의원 3명도 참석했다.

논 가운데 짚을 깔고 둘러앉았다.

시골 인심은 그런대로 후해서
버스를 기다리다가 트럭이건 승용차건 손 들어 보이면
더러 태워 줄 뿐더러
어쩌다는 제 마을을 지나서까지 선심을 써 준다.

해마다 설 이튿날 전주에서 이곳 90리 길을
운동권 젊은이들이 세배하러 온다.
홀애비 혼잣손이라서 이웃 마을 농민회장네 집에서
여러 해 동안 떡국 거리 거르지 않기에
우리집 다례 지낸 음식 몇 가지를 챙기면 되지만
늙고 보니 그것마저 짐스러워진다.
문득 이산가족들의 한 많은 망향 모습이 떠올라
이 얼마나 호강인가 싶다. 귀찮아하지 말 일이다.

내가 뜻밖의 연락을 받고
'6·15선언 1주년기념대토론회' 참가의 방북일 때
내 첫 관심은 북녘의 자연 환경이다.
구석구석마다 종이 부스러기 하나 없이
놀랍도록 말끔한 숲과 산이라서
어디 산 밑 숲에 오줌 누기조차 망설여지고
담배꽁초도 선뜻 내버려지지 않았다.

설치는 부시의 '악의 축' 운운의 핵 공갈에도
핵으로 맞서는 북녘의 기백일랑
가히 백의민족의 자랑거리거니 싶기도 했다.

이런 겨레가 지난날 정신 못 차려 일본의 식민지였기에
전범국이 아닌데도 국토는 갈라지고 누구의 말대로
'일본의 첩살이'는 '미국의 시녀살이'로 바뀌어 버렸는가?

오늘날에는 일본의 군국주의 망령조차 되살아나는 시늉으로
이른바 '새 역사 만들기'라 해서
교과서를 뜯어고치기 시작했다.
비록 선생님 말씀이야 까마득히 잊어 버려도
책 속의 글귀와 그림은 무상 세월 오래도록 되새겨진다.
얼이 되고 혼이 되는 셈이다.

올해 2006년의 찜통더위는 수십 년 만이라더니
⑯'전시작통권' 열기까지 겹쳐 후끈대는 꼴이다.
한 독립국가의 기본권 중의 으뜸이 작전권인데도
우리는 반세기가 훌쩍 넘도록 미국에만 매달리거늘
이제 정작 미국이 작전권 돌려준대도 마다하는 이유는?
북측에서 쳐들어오면 우리 힘만으로 막아낼 길이 없단다.
미국물에 흠뻑 젖어 잘도 길들여졌음이 참 놀랍다.

---

⑯ '전시작전통제권'의 준말로서, 1950년 6·25전쟁 때 이승만이 맥아더에게 올려 바친 지 반세기도 훨씬 넘었다.

미국은 더 오래오래 이 나라의 '은인'으로 남아 주십사인가?

누군가는 말했다, 세찬 기질은 코뮤니즘에 기울고
부드러운 기질은 리버럴리즘에 기운다는데
공산주의권이 무너진 마당일수록
자유주의권의 타락은 더 요동치고 있다.
소련보다는 미국이 세계를 주름잡게 된 것을 좋다고 한
어느 석학 샌님은 퍽도 얌전한 태생인 셈이다.

Ⅵ 숨 고르며 걷다 〔ㄱ〕 노쇠기(1)

1. 오다마코도와의 만남, 유별난 상복賞福, 이스라엘의 '핵'은? ··········389
2. '붉은 악마'란다, 핵실험 쾅쾅! ···392
3. 민노당 득표율, 시간 쓰는 유형, 불효막심이, 북측의 위성발사 ·····394
4. 핵실험 제재? 제자의 장례식 ··396
5. 버스 안의 봉변, 지하철역에서 ··398
6. FTA 교육 항의 방문, '퍼주기 정책'이란다, 어정쩡한 참여정부 ·····402
7. 옛 친구들 만나서, 뜻밖의 부음, 장수법과 내 숲길 ·····················404
8. 반가운 수상들, 경의선 뚫리다 ··409
9. 장자長子 버릇, 내 누님들 ···411
10. 거꾸로 본 풍경, 8불출의 자랑거리 ···413
11. 새 판에서 혼자 주먹질, 굼벵이들 뒷북치다 ······························416
12. 탈레반의 인질극, 남북정상회담? 한심한 내 의지 ·····················419

1. 오다마코도와의 만남, 유별난 상복賞福, 이스라엘의 '핵'은?

내가 이 시골 흐름 가에 외딴집을 지은 지도 6년이 흘렀다.
넓은 들 건너 먼 산 마루에 붉은 해 보는 시간은 잠깐인데도
이런 허망 즐기기 위해 숨 쉬는 존재임이 감겨 온다.

어제는 '세계 작가 회담'이란 거창한 이름의 모임에 나갔다.
내 젊은 날에 무척 흥미를 끌었던 〈이것이 일본이다〉의
①지은이도 온다 했기 때문이지만
9개 나라 작가들의 발제도 통역 없는 영어 일색이라서
어디 그렇게 참가자를 깔아뭉갤 수가 있으랴 싶었다.
쉬는 시간에 오다마코도와 인사 나누고는 빠져 나왔다.

내가 오다 씨와 갈릴 때 못다 한 말을
편지로 하겠다고 약속한 대로
정작 일어문을 까마득 오랜만에 짜내자니
복사지 석 장에 두어 시간이나 걸렸다.

이런 내 고백에도 그는 움직였던지

---

① 오다마코도(小田實)를 가리키는데, 그는 30여 년 전의 책 표지화 사진과는 달리 두상도 체구도 상상보다 훨씬 커 보였다.

그가 최근에 발표한 글의 복사판까지 보내 왔는데
어쨌든 그는 긴 글월에서
콧대 높은 문명족이 태곳적 아프리카인의 후예들이란다.

이 무렵 소설가 윤춘택한테서 김환희 평론집이 보내 왔다.
서정주의 〈국화 옆에서〉가 친일 정서를 바탕에 깔고 있다는
논증인 것이 흥미로왔다.

하기는 민주화 뒤에 서정주는 일제가 한 300년 갈 줄 알고
친일했다 털어놓은 것으로 보아서도
그는 이광수나 최남선처럼 골수 친일파일 뿐더러
문제작이 천조절(덴쪼세쓰) 무렵의 지음이라면
이 시의 제재인 ②'국화'는 무의식적 황실 경배의 투사겠지만
'거울'을 일본 신화 속의 그것으로 빗댐은 비약일까 싶다.

어떻든 서정주가 역사에는 먹통인 대로
'대세大勢'에 실속꾼이라서
전두환을 두고는 단군 이래의 으뜸 관상이라 했다는데
시적 표현에는 그의 마술적 말재주에
한때 나 역시 홀리게 되었었다.

일찍이 에즈라 파운드가 엘리어트를 키워 낼 만큼

---

② 황실을 상징하는 꽃으로서, 일본에서는 2차대전 패전 전만 해도 나라꽃(사꾸라) 이상으로 소중히 여겨, 가을이면 국화 축제에 성화이곤 했다.

뛰어난 안목으로 노벨문학상 후보 물망에 올랐지만
히틀러에 협력한 전력으로 떨어졌다.
서정주는 그렇게까지 상에 껄떡거리지는 않았다.

이 무렵 김대중이 노벨평화상을 받고
그 시상식에 가는 길인 영국에서는 여왕으로부터의
'성마이클성조지대십자훈장'을 받았을 뿐더러
지난 가을에는 미국에서 주는 '세계지도자상'도 챙겼다.
한 해에 세 개나 참 상복도 유별난 셈이지만
거룩한 대현大賢치고 상받은 역사는 아직 없음이 되새겨진다.

올해 지자체 선거에서 한나라당은 싹쓸이하다시피 이겼다.
이대로 가다가는 수구 세력이 집권하게 되어
우리 남북 관계는 얼어붙어 버리고
어쩌면 미美·일日의 '선제공격'론에 힘이 실릴지도 모를 일이다.
우리 땅이 온통 불바다가 될 수도 있는 마당에
'통일 지상주의'를 비아냥거린대서야
또 다른 '역행'이 될지 모른다.

한참 뒤늦게나마 미국이 돌려준다는 전시작통권마저도
제발 그대로 거머쥐고 있어 달라는 한나라당 꼴이다.
이를 보고 미국은 길 한번 잘 들여 놓았다고 웃을 것이고
주둔군 흥정에도 더 좀 데데해질 것이다.

일찍이 부시가 9·11테러에 불끈대기를
미국의 아픔을 외면하는 나라는 미국의 적이라더니
오늘은 '핵'을 가지려는 북조선을 '악의 축'이라 한다.
이스라엘이 미국 원조로 만든 핵은 시렁에 얹어 두고 말이다.

2. '붉은 악마'란다, 핵실험 쾅쾅!

홀로서의 기쁨을 찾는 것과
더불어서의 보람을 누리는 것과는
어느 것이 더 가치로울 것인가?
저마다의 처지와 세상 흐름에 따라 달라질 일이지만
무슨 일을 선택할 때도 그렇다.
세상 눈치에 따라 바뀌는 그것이래서
꼭 나쁠 수만도 없을 터이다.
문제는 진정성이 어떠한가에 달렸다고 보던
저 샤르트르의 이른바 '절실감'이 되새겨진다.

이즈음 온 나라가 월드컵 열풍에 휩싸이고 있는데
우리 선수가 스스로를 '붉은 악마'라고 소리침이 놀랍다!
긴긴 세월 '빨갱이 몰이'에 그토록 죽살이친 땅에서 말이다.

하기는 '16강' 경기 마당에서 승전 골을 넣을 때면
외국인 히딩크 감독에게 우리 선수들이 얼싸안기곤 해서
이 늙은 눈시울도 후끈해지도록
'사해동포' 그것이 허황된 꿈만도 아니거늘
비록 부모나 자식을 죽인 원수라 할지라도
이제 반세기도 훨씬 넘긴 한 핏줄이 아닌가?
우리는 어서 하나의 '참 깃발'을 펄럭여야 할 일이다.
오늘 2006년 한글날에 북녘 핵 실험이 퉁겨졌다.
온 나라 온 세계가 들끓어 오르고 있는 것이
무슨 큰 전쟁이라도 터질 듯한 시늉인데
힘으로 줄곧 못살게 구는 나라에
힘으로 한번 본때를 보여 주었으리라 믿는다.
이미 핵 실험하겠다는 그 실증으로서 그렇다.

한데 미국과 일본이 악의 축 혼쭐내야 한다고
유엔을 팔아 야단법석이다.
중국과 러시아는 북조선 깨져 버리기를 바라지 않고 있어
미·일이 선뜻 총칼 응징에 나서지 못하는 셈인가?

하기는 미국내에서도 '목만 죄는 전술'이
오히려 핵을 가지게 했다는 부시 정권 비난인데
이 한국에서는 우리네 햇볕정책 탓이라니 한심스럽다.
잘난 노무현이 '객관성'을 들먹이며 어물쩍거리기만 한다.

3. 민노당 득표율, 시간 쓰는 유형, 불효막심이, 북측의 위성발사

지난 2002년 겨울 대선에서 민주노동당 득표율이
우리 전북에서는 꼴찌라서 그런지
이튿날 본당 송년회에도 참석률이 예전보다 한풀 낮았다.

하지만 이 대선에 앞선 총선에서는
민주노동당 득표율이 호남에서 우뚝 솟은 첫째였다.
한데도 대통령을 자칫 수구 세력에 빼앗길 수 있는 터라서
누구보다 위기감도 그만큼 뜨거운 가슴은
좀더 당선율이 높은 개혁 정당에도 투표했을는지 모른다.
이를 나는 격려사에서 빠뜨리지 않았다.

촛불 시위가 전주에서도 열린다기에 나갔다가
내 허탕치고 돌아온 기분이다.
오후 다섯 시부터라더니 여섯 시가 되도록
모여 든 사람이 겨우 20여 명이라서
행사는 시작되지 않고 있기에
내 더 기다리지 않고 그냥 돌아섰다.
우리 운동권은 어서 시간 지킬 줄부터 익혀야 할 일이다.
언젠가 수련회에서 나더러도 한 5분 채워 달라기에

얼마 전 방송으로 들은 '시간 쓰는 유형'을 소개한 일이 있다.
첫째가 시간 낭비형이다.
할 일을 미적미적 미루어 놓고 술타령과 도박에 빠지거나
모임 시간을 안 지켜 남들까지 어영부영하게 하는 부류다.
둘째는 시간 소비형이다.
제대로 일과표를 만들어 꼬박꼬박 지켜 나가며
부질없이 꾸물거리기도 않는 부류다.
셋째는 시간 창조형이다.
기발한 발상으로 새로운 것을 만들어 내거나
보통 한두 시간의 일감을 몇십 분 만에 '끝내주는' 부류다.

이런 유형을 무슨 예까지 들려주다보니
내게 주어진 시간보다 늦어져 미안하다고 했을 때다.
누군가 당신의 그 지연은 어느 유형이냐고 질러 왔다.

"글쎄요… 아무래도 낭비형일 것 같습니다."
"ㅎㅎㅎ!"

모두가 유익하다고 느꼈다면
소비형쯤 될 것이란 말은 내 속으로만 굴렸다.

이제 나는 8순을 코앞에 두고 보니
내 자신 한심스러울 만큼 건망증이 심해지고
무슨 일에도 느릿느릿 꼼지락거리기 일쑤다.

오늘따라 생전의 어머니가 비질을 하실 때마다
허리를 두드리곤 하시던 옛모습이 새삼스러워진다.
내 한번도 비질을 대신하거나
병원 치료를 권해 본 일이 없었다.
누구나 늙으면 다 그러려니 싶었을 뿐이다.
무엇보다 엊그제 한 말을 언제 그랬느냐고 잡아뗄 적이면
이런 건망증에도 눈을 부라렸던 일이 가슴 저리게 한다.
내가 바싹 늙어서야 비로소 불효가 일깨워지는 시늉이다.

언제 어디서 운명하셨는지도 모르는 아버지의 봉분을
유골조차 찾을 길이 없는 터에 무슨 뜻이 있으랴마는
어머니의 봉분 곁에 짓게 되었다.
내 죄의식도 좀 씻을 수 있을 것 같기 때문이다.

4. 핵실험 제재? 제자의 장례식

해가 바뀌고 새봄이 올 무렵이다.
우리 북녘의 핵을 제거해 버리자고
한국과 미국이 합의했다는 보도다.
이른바 '경수로' 문제들은 비켜선 채

이 정권은 미국 손만을 들어 주는 꼴인데
오늘 청문회에서는 정부 요원들의 한탕 큰 뇌물 공방이다.

어제는 결핵으로 죽은 옛 제자 박배엽의 위패 보안처인
금산사에 갔다가 위골 가루 뿌리기 위해 산길을 올랐는데
산굽이마다 눈이 덮여 미끄러웠다.
운동권 정상도가 줄곧 내 손을 잡고 부축해 주어
오르내리기가 한결 수월했다.

산비탈이 에둘러 아늑한 분지에서
내게부터 한줌씩 나눠 준 유골 가루를
여럿이 차례차례로 흩뿌릴 때다.
한 젊은이가 "배엽아! 잘 있거라!" 울부짖고 흐느꼈다.
내가 문병 갔을 적에 좋아졌다며 싱그레 웃던 얼굴이 떠올라
문득 내 눈시울도 후끈거려 왔다.
오랜 세월 그는 줄곧 지조로웠는데
너무 일찍 훌훌이 가버렸음이 새삼 저려 든다.

어느덧 15년이 훌쩍 지난 '6월항쟁'인가?
새 변화에 적응 아닌 변질이 되어 버려
동학혁명기념사업회의 이사장 이·취임식에는
일찍이 전봉준을 반란의 수괴라 했던 인사도 초청되고
학생 운동권에서 어용으로 내몰린 대학 총장도 축사했다.
이 또한 제행무상諸行無常인 셈인가?
내 안내받은 대로 앞자리에 그들과 앉아 있노라니

스스로가 우스꽝스러워져 식이 끝나자마자 빠져 나왔다.

이제는 보안법도 거의 사문서死文書가 되었대서
노 대통령이 박물관에나 보내야 할 법령이라 했지만
한나라당의 반대로 그냥 한타령이다.

더구나 미·일이 앞장선 '북핵 실험 제재'의 유엔 결의안에
한국도 어서 같이해야 한다고 야당이 다그친다.
미국 국무장관 라이스가 날아와서는
금강산 관광 사업과 개성 공단 사업의 중단을 나불거렸다.
한쪽을 벌거벗겨 놓고야 대화하겠다는 것은
않겠다는 것보다 더 모질게 악랄하다.
이미 개발한 핵을 실험하는 것은
③'자연스러운 수순'이라고 보는 나라도 있음이 반갑다.

5. 버스 안의 봉변, 지하철역에서

언젠가 시내버스로 돌아오는 길에서다.
둘이 앉는 좌석 가운데에 혼자인 젊은이에게

---

③ 러시아의 반응이다. 북조선을 '핵 보유국'으로 인정한 것도 러시아가 처음이다.

같이 앉자고 해도 모른체하고 버티었다.
내 말 안 들리느냐고 하니
겨우 창 쪽으로 당겨 앉는 것이 못마땅스러운 낯빛이다.

"집에 할아부지도 안 계셔?"
"없어요!"

이 놈이 먼저 내리려고 일어섰을 때
내 무릎을 비켜 주며 한마디 했다.

"버스 타고 다니려거든 공중도덕부터 배워."

이러자 놈의 주먹이 내 왼 턱에 날아들었다.

"아니, 이놈이…?"

이 때 출입문이 닫히면서 운전석 쪽에서 외쳐 왔다.
"너 나 좀 보자! 다른 손님들도 앞문으로 내려 주세요. 미안합니다."
핸들 위쪽 거울로 내 봉변을 지켜 본 모양이다.
문제아는 머쓱하게 비켜 서 있다가
우람한 몸집의 운전기사를 따라 내렸다.
나도 나가 보았더니 놈은 멱살부터 잡혀 있었다.

"어디라고 이 놈이 노인에게 손찌검이여? 이 못되먹은 놈 같으니!"

"기, 기사님! 잘못했습니다……"
"어르신네께 사과해! 어서!"
"…잘못했어요…"

어거지로 나오는 목소리다.
돌아선 기사가 차에 오르고
나도 돌아서려 하자
놈은 종종걸음치며 뒤돌아보고 내뱉는다.

"개새끼들!"
이보다 한참 오래전에도 지하철 승강장에서 겪은 일인데
큰 몸집의 사내가 고개 돌린 여자에게 시비를 걸었다.

"왜 묻는 말에 대답도 없어? 안 들려? 어디까지 가느냔 말이다!"

이래도 여자는 도망치듯 내게로 다가왔을 때
어찌된 일이냐고 내가 물으니
알지도 못하는 사람이 뒤를 따라붙는다고 했다.
"여자라고 호락호락 보신 모양인데, 그래 행방을 알아서 어쩌자는 거요?"

이런 내 팔을 자꾸 잡아 끄는 아내를 뿌리쳤다.

"이게 노망들었구나!"

이러면서 사내가 다가들 때다.
우리 곁에 서 있던 두 젊은이가 그를 가로막는다.

"나 좀 봅시다! 조용한 데로 가서…"
우리를 에워싼 누군가도 거들었다.

"그래 버르장머리 좀 고쳐 주야 해! 밤길 맘놓고 다니게…"

눈만 휘둥그리던 사내는 두 젊은이에게 끌려가는 체했다.

이제 나는 8순 문턱이다.
얼마 전 버스 안에서는 그냥 '비겁'이었음이 곱씹어진다.
손주 같은 놈에게 얻어맞고도 눈만 휘둥거렸을 뿐이다.

우습게도 〈죄와 벌〉의 한 장면이 떠오른다.
거기 주인공은 한 소녀의 비틀걸음을 뒤밟는 사내에게 대들다가
'잠깐!' 하며 다가서는 경찰에게 소녀를 부탁하고서
이내 멀어져 가는 그들 뒤에다 대고 소리친다.

"여바요 경찰! 그 소녀 그냥 놔 두어! 저 색마한테 먹히게. 아하하하!"

이런 그는 '이 땅에 먹힐 건 먹혀야,
퍼센테지가 되는 셈이다'고 중얼거렸다.

내 봉변을 때워 주며 의분을 보여 준 기사도 두 젊은이도
모두가 다 변덕을 부리지 않을 만큼 건실하다.
이런 나처럼 콧김만 사납게 비겁한 것은?
누구의 병적인 돌변보다 더 꼴사운 것일지 모른다.

6. FTA 교육 항의 방문, '퍼주기 정책'이 란다, 어정쩡한 참여정부

어제 전북통일연대로부터 연락을 받고
미국의 대북 제재 중단을 촉구하는 기자회견장에 나갔다.
'북핵'을 빌미로 북한 죽이기에 '집단폭행' 꼴이 되어서는
이 나라가 더 시끄러워질 것임을 기자들에게 강조했다.

이 날 두 번째의 규탄은 한·미 ④FTA 저지 투쟁인데
어찌 도지사가 찬성 교육을 산하 직원들에게 했다는 것.
지사는 출장 중이라서
우리와 대면한 부지사의 말은
상부의 지시에 따라 장소(강당)만 내어 준 것뿐이라고 했다.

---
④ '자유무역협정'의 영어 약칭이다.

이래서 우리는 누구의 '항의 연설'만 듣고 돌아 서게 되었다.

집에 돌아와 텔레비전을 켜 보니
보도 매체마다 미국 중간 선거 뉴스로 성화인데
부시 정권의 콧대도 선거 여론에 좀 꺾인 시늉이다.

북조선 목조르기 털주먹도 조금은 맥이 빠질 것 같다.
이라크전의 승리인데도 되레 더 허우적거리다가
이제는 발을 빼겠다 하면서
'북핵' 문제에서는 옳았다고 우긴다.

오늘 정기국회의 대정부 질의는 외교 · 국방 · 안보 문제인데
첫 발언부터가 고문拷問요원으로 이름난 의원인데
한마디로 그는 '퍼주기정책'이 북한 핵실험을 가져왔단다.
우리 남북의 군사력 균형이 깨져 버린 마당에
전시작전권도 줄곧 미국에게 맡겨야 하고
무슨 '인도적 퍼주기'도 말아야 한다는 결론이다. 한숨겹다.
이제는 나도 늙어 버렸다.
어제 오늘의 보도에 '6자회담 합의문 타결'임이 반가운데
이는 북측의 '핵실험' 감행의 산물일 것이
오직 힘만이 국제적 역학관계에서 지렛대도 될 수 있다.
벼랑끝(?) 힘겨루기로 평화의 터널을 뚫은 셈이다.

이렇게 '북핵 보유'는 동북아 평화 체재의 길인데도

참여정부는 이 눈치 저 눈치 보기에 매어
'북한 식량 지원'마저 끊어 버리더니
이제는 지원 협약을 되살려 나간다고 한다.
얼마 전 노 대통령이 진보파 학자의 비판에 발끈해져
'진보주의자만 살자는 이 나라가 아니다'고 외쳤다.
너무도 당연한 말을 새삼 외쳐대는 속내가 한심스럽다.

어정쩡한 개혁 권력이 무능하면 무능할수록
서민도 지지자도 등돌리게 되고
보수 세력만 우쭐우쭐 판치게 마련인 셈인가?
이를 당사자는 도통 알지 못하고 있다는 데에 문제가 깊다.

7. 옛 친구들 만나서, 뜻밖의 부음, 장수법과 내 숲길

얼마 전에 옛친구가 내 주소 가까스로 알아내어 찾아왔다.
두 친구가 함께 와서는 눈부터 휘둥그렸다.
서로 너무나 예상 밖의 모습이었기 때문인데
한 친구는 훤한 얼굴 예대로의 멋쟁이 차림이고
다른 친구 또한 젊은 걸음걸이, 듬직한 몸집이다.

그는 나더러 어찌 노염스런 인상이란다.
왜 이리 쪼그라 들었느냐는 말은 속으로만 굴리는 눈빛이다.

두 친구는 서로가 한타령 젊음을 두둔해 주며
지금도 나이트클럽에 더러 나간다고 했다. '춤 운동'을 위해서란다.
하지만 둘이 다 옛날 마누라 속썩인 일을 뉘우치고 있단다.

"늙판에나마 속죄하는 마음으로 좀 잘해 주야지!"
"맞어, 너무나 속썩였은게."

이에 나도 뉘우침 같은 것이 비죽여 나옴을 얼른 뭉개 버린다.

"우린 오래 떨어져 살다보니까, 정 같은 건 되통 못 느껴."
이렇게까지 된 데는 내 탓이지 싶은데
문득 전화벨이 울려 받아 보니
박성팔(?) 신부 서거의 '자동 부고 안내'다.
아니! 박성팔 신부가? 그리도 건강하셨는데!
후둘거리는 손으로 전화번호를 눌러댔다.
알고 보니 박창신 신부의 친상 소식인 것을
죽음이 이토록 울컥 허망감으로 와닿기는 처음이다.

"누구길래 그처럼 정신이 없어?"
"음. 그럴 만한 처지라서…… 알고 보니까 딴사람 부고인데……"

뭇 맞섬질의 허망함과 함께
내 씁벅 뉘우쳐지며 아내에게 전화를 걸어 주고 싶기도 했다.
한 철이 바뀌어도 꼭 필요한 알림 아니고는
서로 전화 안부 한마디 없게 버릇들여 왔기 때문이다.

내 늙판 홀애비 팔짜를 퍽 안 됐다고 보던 두 친구와도
이제 나는 생활면에서 동떨어져 있을 만큼
[21]누구의 말대로 기인奇人에 속할 수도 있을지 모른다.
하지만 큰 분발이든 자잘한 집착이든
서로 관심의 표적이 다른 것일 뿐
본바탕은 바뀌지 않음을 새삼 느낀다.
한데도 나는 혼자일 수밖에 없음이 더 한번 휑해진다.

오늘 밤 '미디어 포커스'에는 보수 언론들에 대한 비판이다.
북핵 문제 해결에 변화를 보인 미국을 두고
이른바 '조·중·동'은 배신 또는 거부감의 논리라 함을 듣자니
문득 두 친구의 얼굴이 떠올랐다.

한 친구는 호랑이 잡기 위해서
호랑이 굴에 들어가 본 조선일보 구독이라 했고
또 한 친구는 기왕의 동아일보 바꾸려 해도

---

[21] 가톨릭전북문우회의 창립 지도 신부이던 박성팔 신부가 우리 집 옆산이 공동묘지인데도 휘영청 달밤에는 더러 내 혼자 나가 '수풀쉼터'에 앉아 있기도 한다 했더니, "무섭지도 않아요?…… 허참, '기인'이시구만!" 했었다.

끈질긴 공짜 공세에 별수없는 구독자가 되고 있단다.
이때 나는 호랑이 잡다 보면 호랑이가 될 수 있다며 웃었고
'별수 없다'던 친구에게는 ㉒'운동 법칙'을 꺼내려다가 그만두었다.
방향을 틀 때의 힘이 얼마인지도 몰랐기 때문이다.
어쨌거나 뜻과 정을 아우른 친구가 내게는?
이리저리 둘러보아도 하나 없음이 하우룩해진다.

늦은 아침을 먹다가 텔레비전을 켜 보니
'뇌를 잘 쓰는 장수법' 특강이다.
아홉시가 넘은 '아침마당'이라서
30분이 지난 강의인 대로 흥미를 끌었다.
누구나 다 '가지고 다니는 뇌'를 잘 쓰는 법 세 가지는?
첫째가 선택부터 잘해야 젊어지고
둘째는 좋은 뉴스가 좋은 얼굴을 만들며
셋째는 ㉓장수보법步法을 익혀야 한다고 했다.

새로운 내용은 아니지만
표현 방법이 과학적 검증을 불러일으키게 색달랐다.
이를 쉽게 풀어 본다면?
오래 살기 위해서는 첫째, 마음부터 젊어져야 하고

㉒ 뉴턴의 운동 법칙이 방향을 바꿀 때의 힘은 정지된 물체나, 같은 방향으로 움직이는 물체에 가하는 힘보다 얼마만큼 큰지는 모른다.
㉓ 뒤꿈치가 아닌 발가락에서부터 몸무게가 실리게 걷는 습관을 들여야 하는데, 그런 연습을 21일 동안만 계속하면, 뇌작용이 없이도(의식적 노력이 없이도) 그렇게 걸을 수 있다고 한다.

둘째는 좋은 말을 많이 듣고 많이 해 주어야 곱게 늙는다.
셋째가 걸음걸이 제대로 익혀야 쉬 늙지 않는다는 것이다.
누구나 한번쯤은 들었을 말인데도 내 새삼스러워져
오늘부터 좀 실천해 볼 것을 생각해 본다.

오랫동안 나는 아침 숲길 걷기 운동을 해 오고는 있지만
발가락에 힘주는 걸음은 해본 일이 없다.
걷고 싶은 대로 우리 솔밭 길을 열여섯 바퀴 돌았을 뿐이다.
이제부터는 '장수보법'을 한번 익혀 보고 싶다.
도시에 사는 한 친구는 제 집 둘레만 빙빙거린다니
그에 비하면 내 얼마나 호강스런 환경인가?
지난 여름 방학 때 손주딸이 여기 숲 속 걷기 운동하다가
전주에서는 쐐 하던 콧속이 '아무치도 않다'며 좋아라 했다.

오늘 석양 무렵에 파초 그루터기 덮은 멥겨를 걷어 내려고
집 옆의 숲에 들어서자 꿩이 푸드득 날아올랐다.
내 연작시 〈숲길④〉를 여기에 옮겨 본다.

> 비껴든 햇살이야 있거나 없거나
> 이리도 싱그럽고 저리도 호젓한 오솔길을
> 보는 것만으로도 휘감기는 평화로움!
> 저 하늘의 먹구름 지옥이 아닌
> 이 땅의 천국을 본다.

한데 이 피는?
피의 아우성이 들린다.

(07. 3. 15)

8. 반가운 수상들, 경의선 뚫리다

언제 제정되었는지도 모르던 '4월 혁명상'을
문정현 신부가 받는다는 초대장이 그냥 반갑기만 했다.
해서 까마득 오랜만에 전화를 걸었더니
'작은자매의집' 전화와도 손전화와도 불통인 채
어쩌면 영 무소식일지 모른다.
인사치레 따위에는 너무 무심한 분이기 때문이다.

내 거듭 초대장을 훑어보니
숱한 수상자를 거친 제18회의 시상이라서
문정현 신부에게는 오히려 반가울 수 없는 상일지 모른다.
하기는 이 땅의 상치고 진짜 수상감은 썩 드물기도 하다.
누구처럼 두 번이나 껄떡이고도 또 벼르고 있을 상이다.

하지만 그런대로 민주화가 된 땅이고 보니

얼마 전에는 단제상丹齊賞 수상자로 한승헌·박원순이 정해졌다는
신문 보도에 더 한 번 반가웠다.
오는 5월 2일 시상식에 축전 보낼 것을 생각해 본다.

무슨 '사건'에서든 가슴만 후끈 달아오를 뿐
목숨까지 걸지 못하는 내 겁약이다.
시큰둥한 비위도 없다.
빛나는 팔자치레 못한 놈은 비위치레라도 하랬다지만
내 별난 자존심은 '껄떡이지 않았다'는 오기스러움?
못난 주제에 잘난 체하려는 헛기일 뿐이다.
이제 와서야 내 자신을 한번 '객관화'해 보는 시늉이 된다.

오늘 경의선 개통 광경(TV화면)에 후끈해지려는데
문득 흙탕 흐름 위에 물개가 떠오른 셈인가?

이른바 역사적 개통 열차에 개성공단 창설자는 빠지고
전前 통일부 장관은 빠졌는데도
엉뚱하게 튀는 명사가 새 역사 주역 영광을 얻어 누린다.

어쨌든 반세기가 넘게 녹슬었던 철마는
우렁찬 내달림을 온누리에 울렸다.
이는 분명 또 하나의 독립 선언이요
자주 통일의 기적 소리다.
이를 정작 들었어야 할 통일부장관도 빠져 있음이 아쉽다.

9. 장자長子 버릇, 내 누님들

저녁 모임에 나갔다가 밤늦게 돌아왔다.
이렇게 내가 극성을 떠는 것도
듣기 좋게 '시들 줄 모르는 열정'이라기보다는
어쩌면 동물적 욕구일 뿐임이 이 한밤에 박혀 든다.
내 장자長子 버릇대로 미운 사람 고운 사람을 분명히 해 온 것을
오히려 자랑처럼 여긴 것이지만
이는 도둑에게는 버큼물고 짖어대면서도
제 새끼 코를 핥아 주며 할랑대는 개들과 다름없다.

무슨 애타주의가 아닐지라도
참사랑이란 차별없이 '박애'일 수 있는 것이
하늘 아래 인간만의 특성일 터이다, 참보람일 터이다.

내 평생 겪은 농민 가운데
제일 나쁜 놈이라고 누구를 미워하고
우습게 막힌 놈이라고 아무개를 경멸했다.
내 오랜 운동권의 동지들 가운데는
누구보다 뒷구멍 하빠리라고 아무개를 싫어하고
저 혼자 우뚝해지려는 아무개에게 정나미 떨어진 것도
알고 보면 내 꽁한 성미 탓일 뿐이다.

쿠렁쿠렁 끌어안지 못하면서 혼자 꼿꼿한 체한 꼴이
거참 내 싫어하는 아무개를 어지간히도 닮았다.
이젠 비록 너그럽지는 못할지라도
미움과 노여움에서 좀 벗어날 일이다.

얼마 전 누님한테서 온 안부 전화에는
유별난 혈육의 정이 실려 있는 것이
내가 어떻게라도 된다면 누님도 오래 못 살 것이란다.
내가 자식들이 어찌되면 오래 못 살 것처럼 그럴지 모른다.

누님이 나와는 세 살 터울이니 여든세 살인데
큰누님은 내 나이 마흔도 못 되어 세상을 떴다.
우리가 아주 어렸을 때
빠끔살이도 손톱 봉선화물도, 보릿대 강남각시(제비) 만들기도
작은누님이 가르쳐 주었음은 이미 밝힌 대로다.

온 식구 어른들이 종손 외아들인 나를 왕자처럼 아끼는
뒷그늘 속에서 누님들은 그렇게 길들여져
무슨 먹을거리 생길 때마다 나부터 챙기곤 했다.
내가 '6·25'때 살아난 것도 누님들 덕분이었으니
내게는 차라리 어머니이기도 했다.

옛날 방학 때면 누님들 집에서 한 사흘 묵게 되곤 했는데
먹을 것도 당신 아들 제쳐 두고 챙겨 주던 기억이다.
내 돌아올 때는 꼬깃꼬깃 겹쳐진 종잇돈을 넣어 주곤 했었다.

이런 누님이 오랜 훗날 거듭된 흉년에 보따리 장삿길에서
우리 집 들렀다가 여러 날을 미적미적 머뭇거리자
내 신혼 아내의 눈치보다는 나부터도
어서 물러나 주었으면 싶던 일이 새삼 찔려 들어 짜안해진다.

하기는 나에게 '8·15'나 '6·25'의 소용돌이가 없었던들
오늘의 나는 결코 있을 수 없음이 되새겨진다.
비록 '부자집 망나니'처럼 반동치진 않았을지라도
못 가진 사람들 편에서 열내진 못할 것이니 말이다.

하지만 챙겨받는 버릇은 여든까지 가는 셈인가?
내 늙어 버리고도 뙤똥스러워지기 일쑤다.
이제부터라도 챙겨받은 만큼 챙겨 줄 일인가 보다.

오늘은 굳이 아내에게 전화로 어머니 기일을 알아보는데
여느 때처럼 깔아든 목소리가 좀 살아남을 듣자니
이 나를 만나서 불쌍하다는 생각이 새삼 얼핏거렸다.

10. 거꾸로 본 풍경, 8불출의 자랑거리

어젯밤 내 이상향을 꿈꾸다가 잠이 깨어 뒤치락거렸다.

이를 어떻게 표현하느냐에 새벽잠 설치면서
오늘 아침 써 놓은 것을 옮겨 본다. 제목은 〈꿈속의 고향〉이다.

어디서도 못 본 간이역에서 내린다.
훤한 강물 위에 조각배가 하나 뜨고
강 너머 들길에는 시내버스가 한가롭다.

저만치 높직한 산 밑 산자락
거기 미루나무가 한 그루 높이 솟은 언덕 아래
오롱조롱한 지붕들이 오붓하다.

황톳길 다리 옆은 갈대인가 억새풀인가?
밀짚모자 쓴 누군가 낚싯대를 드리웠다.

샛강 물 속 깊이 구름이 돌다가 돌다가 철이 바뀌고 바뀌어
눈이 함박눈이 내리고
온누리가 허옇게 덮여 온통 훤해진다.
이렇게 다시 봄이 오곤 한다.
"비비 비찌르르 비찌르르!"
"쑥 쑤꾹! 꾸구우 꾸구우!"

거꾸로 본 보리누름 숲에서는 비비새와 쑥꾹새가 울었다.

(07. 7. 7)

이런 내 헛풍경이나마 화가인 자식에게 이루어 주고 싶어
지난 겨울, 봄에도 금강 상하류를 더듬어 오르내렸다.
거기 하류 부여군 강가에 그런대로의 풍경이 있기에
내 아는 사람에게 매매 중개를 부탁했는데도
한 철이 지나 버리도록 종무소식이다.

오래전에 홍대 회화과를 나온 아들이라서
서울서도 1류 미술학원을 꾸려 오다가
아이엠에프(IMF) 통에 학원을 정리한 지도 오래다.
이제는 통닭 가게(치킨호프)를 꾸려 나가기에
한 달 내내 휴일 없는 밤 세 시까지의 아들 내외가 안쓰럽다.

큰아들은 박사 학위를 따낸 지 오래인데도
시간강사로 뛰며 서무과 근무인데다 여지껏 독신인 것이
내 문득문득 가슴앓이처럼 저려 든다.

더구나 결혼한 딸은 미망인이 되어
내 피붙이 손주라고는 외손녀 달랑 하나뿐이니
이렇게 불우한 가정도 썩 드물 것 같지만
하지만 뒤집어 헤아려 본다.
가지 적은 나무는 바람 타지 않을 뿐더러
우리 자식 남매들처럼 우애 깊을 수는 흔치 않으리라 싶다.
돈 앞에는 혈육끼리도 눈이 뒤짚이는 세상인데 말이다.
서로가 '형·누나 먼저! 아우 먼저!'란다.

11. 새 판에서 혼자 주먹질, 굼벵이들 뒷북치다

올겨울의 대선을 앞두고는 한나라당만이
저 혼자 우쭐우쭐 주먹질이다.
이런 보수세력을 눌러 버리려면
무엇보다 보혁구도만의 선거판이라야 할 터인데도
진보 정치의 민노당이 대통합에서 빠졌을 뿐더러
여권조차 주류(친노)와 비주류(반노)로 갈라진 채
저마다의 야욕에 눈이 먼 꼴이다.

오늘 미래연대 창당 발기인 대회의 연락을 받고도
엊그제 수술받은 안질 때문에 못 나간 것이 마음 걸린다.
이번 대회의 결의 사항이라도 알고자
한상렬 목사에게 전화를 걸었더니
요즘의 몸부림 속사정을 털어 놓는다.
무엇보다 오늘 결성한 미래연대의 정체부터가
우리들 운동과는 동떨어져 있기에
진짜 진보일수록 누구 하나 참여하지 않았다고 한다.
내 혼자 우물 안 개구리의 하늘 보기 시늉이었던 셈이다.

하지만 발등의 불부터 끄려면

우선 크게 뭉쳐야 하는데도
검은 손 붉은 주먹 가려서 좋을 것인가?
새삼 인간악의 깊이가 한숨겹게 되짚어진다.
한나라당 후보들끼리의 '검증' 싸움이
더욱 진탕 소용돌이기나 바랄 뿐이다.

오늘은 가톨릭전북문우회로부터의 원고 청탁인데
주제가 '내 신앙과 내 문학'이기에
이미 회장과 약속한 대로 써 내어 부쳤다.
무엇보다 깊고도 넓은 사랑일랑 참신앙이고
우리 인간 생명의 길이려니 싶기도 하다.

오랜 세월 숱하게 몸부림쳐 온 네 꿈은 그래 한마디로 무엇인가?
종교적 인간사회의 실현이라고 할 수 있을 것 같다.
줄여서 '참 인간 사회주의'인 셈이다.

이런 내 삶의 이상과는 한참 먼 정치판이다.
오늘(07년 7월 25일) 저녁 전주에서 민노당 예비 후보들의
경선 연설이 있다는 연락을 받고 나가 보았다.
당원과 민주노총 동지들 이외는 학생들이 대부분이고
내빈이라고는 손꼽을 정도였지만
빈 좌석 없이 그득한 것이 한 4·5백은 됨직했다.

내 느닷없는 환영사 부탁을 받고는

⑭세 후보들에게 한 가지 역설한 것은 경선 자세다.
오랜 세월 자본주의 경쟁 철학에 길들여진 딴 당 후보들은
꿈도 못 꿀 일이지만 민노당 지도자들이기에
서로 헐뜯는 '네거티브 경선'만은 안하리라 믿는다고 했다.

내 늙은 몸인 대로 지켜 보련다고
나도 모르게 위협적인 말투가 되어 버렸지만
내 두 번째로 강조한 점은 농어민을 끌어안는 일이다.
무엇보다 발등에 떨어진 불똥부터 꺼야 하기 때문이다.

이날 아침의 신문에는 '민노당 ⑮정파 경선 논란'이었기에
무슨 자주파도 평등파도 케케묵은 논쟁거리라고
내가 굳이 질러 주고 만 것은
서로 물고 뜯는 조짐이 보였기 때문인데
내 속내는 '대선 승리'보다 '총선의 제2 도약'이다.

한 20분씩의 후보들 연설이 끝나고는
사회자가 후보별 지지 모임 장소를 안내해 주었을 때
내 불끈해지면서도 그냥 일어서 나와 버렸다.
우리도 끝내 지지별 연회의 관행을 따라야 하느냐 싶었다.

---

⑭ 민주노동당 대선 예비 후보로는 권영길(3번)·노회찬(2번)·심상정(1번) 등 국회의원이 선출되어, 경선에 임하게 되었다.
⑮ 이는 자주파와 평등파를 가리키는데, 일찍이(80년대) 운동권 학생들 간의 2대 논쟁 유파로서, 하나는 민족을 내세운 NL로 통했고, 또 하나는 계급 위주의 PD로 불리었다. NL이 자주파로, PD가 평등파로 호칭만 바뀐 셈이다.

12. 탈레반의 인질극, 남북정상회담? 한심한 내 의지

요즘 보도 매체마다 탈레반의 인질 협상 보도로 요란하다.
한국 샘물교회에서 봉사 활동으로 나간 23명 가운데
두 명이 협상 결렬로 살해되었단다.
아프카니스탄 정부가 탈레반 포로들과 맞바꾸지 않는 한
한국 인질들을 하나하나 살해하겠다고 만천하에 내뱉는다.

이미 [26]두 논객이 '한겨레'에서 지적한 것처럼
미국이 '9·11테러'를 빌미로 아프카니스탄을 밀어붙여
이른바 괴뢰 정부를 세운 것뿐이니
한 민족 내전으로 치달은 탈레반 정권의 속내 협상 상대는
어디까지나 미국인 것이 분명하다.

엊그제는 우리 전북에서 민노당·민주노총을 비롯한
여러 사회 단체가 아프칸 정부에 인질 구조 촉구였는데
관역을 뚫지 못한 시위임이 답답할 뿐이다.
오늘 2007년 8월8일 놀라운 특보인 것이

---

[26] 노르웨이 오슬로 국립대 한국학 교수인 박노자와, 서울대 정치학 교수인 홍세화를 가리킨다. 홍 교수는 '납치 소식을 들었을 때 즉각적으로(미국 요구로 인한 아프카니스탄 한국군 주둔의) 철군을 시작함으로써, (탈레반의) 적성국에서 벗어나겠다는 확고한 의지를 밝혔어야 옳았다'고 했다.

남북 정상회담이 열린다는 것이다!
볼일로 나갔다가 돌아오는 버스 안의 라디오 방송이기에
앞자리로 옮긴 나는 운전기사에게 볼륨을 높여 달랬더니
한번 힐끗 돌아보고 만다.

내 귀를 곤두세워 들을 수밖에 없었는데
두 정상이 이 달 말경에 평양에서 만난다는 것
양측이 '극비'리에 추진해 오다가
오늘 동시 발표·선언하기로 되었단다.

이 정권에 대한 내 노여움도 좀 누그러지는 시늉인데도
볼륨 낮은 방송을 두 손바닥 귀에 세워 들어야 할 만큼
내 늙어 버렸음이 한숨겨웠다.
차내 손님들은 그냥 멀쩡히 듣고 있는데 말이다.

내 96세까지 버텨 내자고
오랜 세월 담배 끊기를 되풀이해 온 꼴이
이제는 우습다 못해 지친 모양새로 마약성을 곱씹어 본다.
한 친구는 그래 오죽했어야
다신 담배 끊겠다 작심한다면 '개새끼'라고 말했으랴 싶다.

내가 대학교 때의 양주동 선생 말이 새삼 떠오른다.
문인들의 의지 박약성 보기로서 보들레르 이야기였는데
[27] 〈악의 꽃〉 속에 빠져 있으면서도

두 손 모아 맨날 주여! 주여! 새출발을 다진 것만에 그쳤단다.
내 그 때는 어디 그럴 수가? 선생의 호들갑이거니 싶었지만
보들레르는 그런대로 일세의 명작을 남겼다.
내 무엇 하나 크게 이루지 못한 연골충임이 우비어 든다.

㉗ 보들레르의 대표작으로서, 영(靈)과 육(肉)의 갈등을 표현한 시집 표제이기도 하다.

VI 숨 고르며 걷다 〔ㄴ〕 노쇠기(2)

1. 안락사의 문제, 꿈속의 인물, 정상회담인가? ·················423
2. 내 눈 수술, 정치판도 수술을! ····································425
3. '북핵' 보유 이후, 숭례문 불타다, 6·15선언실천위원회 총회 ·····427
4. 첫성화聖火의 북녘, 보안법 피의자 재판, 공천 잣대는? ··········430
5. 옛친구의 '회고록' 소식, 북녘 노여움, 쇠고기 청문회 ···········433
6. '5·18항쟁기념식'에서, 촛불 축제는, '개성공단'에 가다 ········436
7. 종합병원 의사, 옛제자들 목소리, '냉각탑' 폭파 후, 어서 눈병부터 439
8. 상받는 바탕 문제, 수목장의 꿈, 오늘은 첫눈 ·····················443
9. 눈병 결판의 날, 꿈 속의 인물, 옛제자(?) 내외가 오다. ············448
10. 민예총 정기총회에서, 이 날 밤 꿈은 ····························451
11. 대통령의 말뒤집기와 내 화풀이, 퇴고의 고락, 추기경 떠나다 ·····453
12. 노 대통령의 부엉이 바위, 추도사를 듣고, 노제의 만가는 ········458

1. 안락사의 문제, 꿈속의 인물, 정상회담인가?

한 반년 다시 중단했다가 이 붓을 든다.
내 자서전 쓸 자격부터가 거듭 의심스러워지곤 했지만
이제는 자격만이 중요한 것도 아니다 싶었기 때문이다.
저 톨스토이마저 스스로의 교활과 비열성을 되뇌었고
제 돌발적 자살이 두려워
총과 끄나풀을 멀리했다는 고백이다.

언젠가 나는 각별한 교분의 한 신부에게
내가 중풍 따위로 회생 불능일 경우에는
수면제 '안락사' 의지를 밝힌 적이 있는데
이제는 이를 '존엄사'라며 법으로 허용하고 있다는 보도다.
어쩌면 나는 죽음 앞의 벌벌이만은 안 될 것도 같다 보니
새삼 무엇이라도 얻은 듯한 기분이 든다.
두 발 짐승인 사람들의 삶부터가 한갓 만화일지라도
주쳇거리 시늉으로 끝장낼 수는 없는 일이다.

꿈은 잠재의식의 불거짐이라는데
잠 속 꿈이 기분 좋은 줄거리로만 나오는 사람이 있다.
일찍이 그는 친상을 당하고도

일체 부고도 않고 부의금도 거절한 상주라서
내 문상했다가 신선한 충격이기도 했다.

그 친상 소식을 전북대학 전前학생회장한테서 받을 만큼
그는 우리 운동을 오래 도와 왔기에
언젠가부터 서로 힘을 보태는 신뢰 관계로 굳혀졌다.
여러 이야기는 싹뚝 줄이고
훗날 그는 평양에 라면공장을 세웠다는 것만 밝힌다.

요즘 보도마다 남북 정상 회담의 북소리 요란하다.
텔레비전 화면에서 두 정상이 만나는 장면을 두고도
2천년 김대중 만날 때와는 사뭇 다르단다.
'포옹'도 없는 '악수'만인데다
김정일 위원장의 낯빛 또한 덤덤하더란다.
하기는 연상의 김대중이 죽을 고비도 넘긴 투사인데 비해
연하인 노무현은 크게 두드러짐이 없이
겨우 자리지킴 해내는 터이고 보면
누구나 그렇게 맞아들임이 자연스러운 영접일 것이다.

하지만 이튿날 다시 만났을 때는
두 정상이 다 환히 웃었으니
서로가 '평화 통일' 앞세운 통치자다움이 반갑다.
한길 양편에 물결치는 분홍빛 환영 꽃수술 또한 인상깊다.

이번 만남에서 무엇보다 큰 수확은 공동선언인데
①5개 분야 16조항이나 된다.
이에 진보 진영은 찬성하고 있는 데에 반해서
수구 세력은 반대하고 있어 문제의 불씨는 남아 있는데
이 불씨는 정권 교체가 된다면 화들짝 살아나게 마련이다.
진보를 자처하는 여당이 어서 하나가 되어야 할 터인데도
이제는 여야 12명 후보가 저마다 소리 높이고 있다.

2. 내 눈 수술, 정치판도 수술을!

오른쪽 눈마저 핏줄이 터지고 막혔다는
진단·치료를 받아 온 지도 한 해 반이 넘었다.
왼쪽은 진작에 역시 '망막 파열증'으로 수술을 받았지만
먹통눈이 가까워지도록 시력을 잃었다.

이 나라 정치권도 수술을 해야 함이 새삼스러워진다.

---
① [1] 6·15공동선언의 정신 계승 분야라 할 것이다.(①~②조항) [2] 우리 국토의 평화 안정 구축을 위한 분야이고(③~⑥조항) [3] 우리 민족 공동의 번영을 위한 남북 협력의 확대 문제다(⑦~⑪조항) [4] 우리 민족의 유구하고 우수한 역사와 문화를 창조창달하는 문제이며(⑫~⑬조항) [5] 조국 통일 시대에 따른 새 각오의 다짐 분야라 할 것이다.(⑭~⑯조항). 이 '10·4공동선언'은 신문에 보도된 합의문을 내 나름대로 간추린 것임을 밝힌다.

얼마 전에 이명박의 비비케이(BBK) 창립 실상이 폭로되어
어쩌면 대선 표심을 뒤흔들 수 있잖을까 했지만
정작 오늘(12월 19일)의 투표 결과는 오히려 보탠 꼴이다.
총득표율이 승자는 48.7%이고
통합신당 정동영은 기껏 26.1%에 그쳤다.
민노당 후보의 득표율도 2.9%의 참패다.

내가 새해(2008년) 참여연대 하례식에 나가게 되었는데
전북 국회의원들이 죽 늘어선 채로 한마디씩 하고 있었다.
이어서 시민 단체장과 시·도 의원들도 그렇게들 챙겨 받는다.
뒤늦게 참석한 나도 소개되며 한마디하라기에
지난번 보수 세력의 압승은 우연 아닌 필연이라 했다.
진보 진영의 피나는 거듭나기가 없고선 오는 총선에서도
반드시 참패하게 마련이라고 질러 주었다.
이 나라 선거 역사에서 60년 만의 보혁구도일까 했지만
어정쩡하기 짝이 없는 진보 진영인 것이
정작 혁신당은 같은 기층 민중인 농어민조차 못 끌어안고
대통합신당은 무슨 창조, 무슨 중도다 하면서
저마다 제 야욕에만 눈이 멀어 있었으니
이래서는 봉사가 장땡을 잡으려던 꼴이다.

우리가 그런대로 희망을 접지 않았던 민노당도 그렇다.
무슨 자주파니 평등파니 하고
친북을 종북주의從北主義로 몰아대는 쪽이 더 큰 문제다.
피나는 수술 없이 이대로는 총선에서도 불을 보듯 뻔하다.

3. '북핵' 보유 이후, 숭례문 불타다, 6·15선언실천위원회 총회

오늘은 2천8년 2월3일이다.
얼마 전 김정일이 중국 특사에 이어서
이번은 베트남 통치자를 찾아 만나는 화면이 뜬다.
한바탕의 텔레비전 특보임이 그만큼 비중이 크고
시사하는 바가 깊은 셈인가?
어쨌든 혼자 억울하게 먹히지 않으려면
비록 굶주릴지라도 핵개발을 해야 했을 터이고
그래서 마침내 '핵보유국'이 되고 보니
미국의 전술이 바꿔지기 시작한 마당이다.

이제 북조선으로서는 거덜난 경제를 추슬러야 했기에
지난해 '북핵 불능화'를 받아들여 '2·13합의'에 이르렀고
이제는 세계와 함께 가기 위해
새로운 개방·개혁의 길로 접어 들었다고 보아야 한다.
한데 개방·개혁의 본보기가 중국? 베트남?
어느 쪽이 더 '주체사상'에도 부합될 수 있을 것인가도
김정일 위원장의 고민거리일지 모른다.
이런 얼마 후 텔레비전을 보다가 놀라운 것이
숭례문(崇禮門/남대문)이 불길에 휩싸이고 있는 장면이다.

화재 원인은 방화인지 누전인지 모른다더니
어제오늘의 화면에는 포승줄에 묶인 방화범이다.
이 사회 이 나라에 대한 원한풀이라고 했다.
새삼 인간악의 수렁 깊이가 곱씹어진다.

한데 내 처음으로 알게 된 '국보 1호'가 불타 버렸는데도
놀랍기만 하고 애타지 않는 까닭은?
누구는 이 나라의 자존심이 무너졌다 하고
또 누구는 새벽바람 속에서도 한참을 살풀이춤이었다.

내 스스로가 어떻게 좀 잘못 굳어졌을까 싶지만
건축물은 새로 지을 수 있는 것이라서 이럴지도 모른다.
이제는 이 땅의 '기술'도 놀랍도록 새로워지고 있다.
부디 어서 눈부신 복원이기만 빌어 볼 따름이다.

저녁 여섯시부터 '겨레하나되기'의 정기총회라서
두시간 반쯤 걸리는 거리인데도 나갔다가
문득 시상詩想이 떠올랐기에 버스 안에서
'이런 질주'란 제목으로 쓰게 되었다는 것만 밝힌다.

엊그제 '겨레하나되기' 총회 때는 아무 말도 없더니
내가 '6·15' 무슨 위원회 전북 공동 대표로 추대되었단다.
해서 이번 중앙 총회에 참석하게 되었는데
여느 정기 총회와는 달리 토론회부터 있게 되었거니와
주제는 '새 정부의 대북·통일정책 전망과 과제'다.

앞 단상에 죽 늘어 앉은 발제자를 비롯해서 토론자들인데
한 시간에 걸친 토론 내용 중 두세 가지만 간추려 본다.

이명박의 실용주의는 허상일 뿐인 욱떼기 논리에 가깝다.(발제자)
이 정부가 내세울 북한 인권 문제는 북측 정권의 존립 문제다.(전북상임대표)
우리는 문화의 다양성을 인정하고 열린 마음이라야 한다.(민화협 간사)
이렇게들 누구는 중요한 가닥을 짚기도 하고
누구는 우리 운동의 기본 자세와 어긋난 말을 하기도 했다.

내 처음 나온 새각시 격이라서 하고 싶은 말 덜렁대지 않고
서두르는 사회자의 진행 마무리에 박수만 쳐 주었을 뿐이다.
토론회 뒤의 총회는 상임대표가 주제하게 되었는데
내가 이 행사장에 도착했을 때다.
그와 나는 서로 반기는 인사를 나누었지만
지난해 여름 아시아·아프리카 문인대회에
내 한번도 얼굴을 내밀지 않은 것이 새삼 미안스러웠다.
그가 대회장이었을 뿐더러 우리 전주에서 열렸기 때문이다.

"부득이한 사정으로 못 나가 면목이 없습니다."
"아닙니다. 그럴 수도 있는 거죠."
"제 집사람이 심장판막증 수술을 받았구요……"
거짓말인 것이 못 나갈 상황도 아니고
수술은 되레 잘되었다는 핑곗거리였으니 말이다.

누가 챙겨 주지도 않는 늙은 주제에
누구의 들러리나 서게 될 것이 싫었기 때문이기도 했다.

어쨌거나 그는 내게 한때 깊은 신뢰로 다가들곤 했다.
하지만 내 출판 청탁 편지를 그는 묵살할 수밖에 없었던 일이
어쩌면 미안스러워지기도 했던지
자기의 신간 저서는 내게 보내 주기를 잊지 않았다.
북녘 새해맞이 때 그는 남측 상임대표로서
그 전야제 청사초롱 마당을 내 함께 빙빙 돌며 노래 불렀고
지난 대선 때 그는 진보 진영 뭉치기를 다그치기도 했다.

오랜 세월 그는 누구들처럼
슬금슬픔 또는 뒤집어지듯 냉큼 돌아서지도 않았다.
어느 하층 출신들에게는 치우친 콤플렉스 보이면서도
크게 지킬 것 지켜온 발자취만큼이나
이 겨레의 양심이지 싶다.

4. 첫성화聖火의 북녘, 보안법 피의자 재판, 공천 잣대는?

오늘, 2008년 3월12일 보도에

베이징 올림픽 '성화'에 북한 선수도 함께함은 처음이란다.
이렇게 '냉전 기류'는 흘러가 버린 지구촌 기상도인데도
남한의 진보신당은 친북을 공격 대상으로 보는 꼴이다.
보안법에 묶인 동지를 '해당 행위'로 몰아붙인
②'비대위'의 행태부터가 그렇다.
제 코앞의 야심에 눈이 멀어서
억지 명분 내세워 당을 깨려다가 떨어져 나간 그들이다.

오늘 전주법원에서 달리 보안법에 묶인 ③누구의
공판이 오후 두 시부터
수많은 동지들로 방청석 뒤쪽까지 채워졌다.
문정현 신부를 비롯해서 장기수 분들도 여럿이다.

가슴에 명패를 단 젊은이가 방청인들에게
피고인이 들어설 때 박수쳐서는 안 된다고 일렀고
이쪽 변호인마저 원만한 진행을 위해 협조하자고 했다.
어쨌든 단독범에 변호인이 둘인 것도 예전과 다른 점이다.

이미 검사는 자리하고 있었지만
단독 공판이라서인지 재판관은 혼자 자리하고 나서

---

② 비상대책위원회의 약칭으로서, 민노당이 대선 참패 직후 거듭난답시고 자주파 · 평등파의 분열부터 추슬러 보려, 평등파 위주로 마련된 이들 평등파는 자주파와의 화해 · 통합 전제 조건으로서, 보안법 위반자를 해당(害党)행위자로 몰아붙였다.
③ 전북 어느 중학 역사교사인데, 우리 민족사의 비극 현장(회문산 · 가막골 등)을 학생들과 함께 답사하며, 그 실상을 가르쳤다는 데서 보안법상의 고무 · 찬양죄로 묶이어 수감되었다.

피고인의 인적 사항만 확인하고는
변호인단의 공판 연기 제의를 받아들여
이 재판을 3월 28일로 바꾼다고 선포하기에 이른다.

이와 같은 헛수고 시간 낭비는 왜?
이 날에야 변호인이 재판 관계 자료를 넘겨 받았기에?
제대로 변론할 검토 시간이 필요해졌던 것인지 모른다.
하지만 치법 시행자의 사전 헤아림만 있었던들
서로가 헛걸음 않고도 남았을 일이 아닌가?
피고인의 친족이나 방청인들을 답싹본 셈이지 싶었다.
누구 하나 항의 발언 한마디 없이
우리 모두 순순히 일어서 나오는데
피고인은 법정 안 칸막이 문을 나오며 나를 보고는 외친다.
"선생님! 책 잘 받았어요!"

지난번 면접한 뒤 보내 준 내 시집과 산문집에 대한 말이다.

이 나라는 요즘 총선의 공천 바람이 드세어지고 있는데
'물갈이' 내세운 공천심사위원회의 잣대가 문제다.
어디까지 얼마만큼 쪽곧은 잣대일까 의아스럽다.
이곳 전북 시민단체는 잘못 공천이면 낙선 운동하겠단다.
언젠가의 선거 때처럼 크게 한번 움직여야 할 일인가 보다.

5. 옛친구의 '회고록' 소식, 북녘 노여움, 쇠고기 청문회

어수선한 가운데서나마 이미 전화 약속한 친구를 만나러
서울에 다녀와서 그 친구 이야기를 새삼 되새겨 본다.
뜻밖에도 그는 두어 달 전부터 '회고록'을 쓰기 시작했단다.
해서 '6·25'의 친족 참변을 털어 놓던 것이었는데
친구는 나와 정반대의 처지에서 아버지와 형이 학살되었다.
내가 좌익 가정이었음을 알면서도
'빨갱이새끼들'이란 말이 퉁겨져 미안하다고도 했다.

내 쓰디쓴 거부감, 이런 골수 반동이었던가?
나와 어울린 그의 친구들도 다 한통속이었음이 놀랍다.
내 찜찜한 기분으로 그와 헤어져
돌아오는 열차의 창 밖 명암明暗에 줄곧 눈길을 달렸다.

'6·25'로 세상이 뒤집혔을 때 우리 집 내 방에서 숨어 지낸
화봉이 형의 얼굴이 자꾸 떠올랐다.
우익 집안의 친척으로서 형은 문학에도 꽤 통해 있었기에
누구보다 나를 아껴 준 분인데
이렇게 격동기의 소용돌이는 좌·우의 피바람을 일으키면서
사상과 행동을 뒤죽박죽 죽쑤어 놓은 셈인가?
내 지금 골수 진보인 체하지만

허구한 세월 목구멍이 포도청이라는 핑계로
걸출한 짓 한번 못하며 상관의 축사나 대회사 따위로
내 글 솜씨 칭찬받기에나 늘어붙곤 했던 주제다.
뿐더러 유신 독재 등 불의에 맞서려는 제자들에게는
너희들은 공부할 때다, 크게 배워야 큰 힘을 낸다며 말렸다.
제법 옳은 소리 시늉이면서도 눈치보기에 매인 내 아닌가?

오랜 친구의 극우파적 회고담이래서
미워하거나 싫어할 자격조차 내게는 없음을 실감해 본다.
우리 집에 숨겨 준 화봉이 형처럼
오히려 그런 친구를 더 감싸 안을 일인가 보다.
언젠가 내가 쓴 시 '북극과 남극'이 새삼 떠올랐다.
우리는 남과 북이 하나되기에 앞서
서로가 죽고 죽인 남녘 우리들부터 하나 될 일인가 보다.
이제 내 세대는 물러나 버려야 할 꼴통임이 새삼스러워진다.

이 나라의 이런 꼴 축소판이 정치판일지도 모른다.
지난번 ④통일부장관 청문회 때는 여·야가 뒤바뀐 시늉으로
진보진영은 오히려 후보자를 감싸 주고
보수진영은 정부 지명자를 질러 보거나 깎아 내렸는데

---

④ 김하중 장관으로서, 그는 김대중 정권 때는 햇볕정책을 총괄하는 자리에 올라앉기도 했으며, 노무현 정권에서는 중국 대사를 차지하기도 했기에, 이번 청문회에서 야당 의원들은 그에게 '축하해야 할지 위로해야 할지 모르겠다'는 말을 되풀이하기도 했는데, 그는 얼마 전(2008. 3. 19) 개성공단 입주 업체와의 간담회에서 '북핵이 타결 안 되면 개성공단 확대는 안 된다.'고 했다.

그도 그럴 것이 앞서 내세웠던 인물이
도덕적 흠집이 들통나 버려 낙마했기 때문이다.

이렇게 청문회의 관문을 뚫고 나온 그였는데
놀라운 것은 어제의 통일 정책을 깡그리 뭉개 버린 일이다.
이는 철새 벼슬아치라기보다
인간 배신의 이색 견본임이 되새겨진다.
이어서 합참의장의 '선제공격론'이 나오고,
이명박 대통령의 이른바 '중요한 남북정신'이 불거진다.

이에 북측은 남북경협 사무소 남측 당국자들을 내보냈고
합참의장의 말은 선전포고급의 도발이라며
이명박의 대북 정책을 '반동적 역도 행위'라고 몰아붙였다.
이런 보도를 내 듣고 있자니
무슨 불안에 앞서 시원한 느낌마저 들었다.
이명박은 도덕·이념·철학과는 한참 먼 거리임이 곱씹어진다.
이제 그는 '도와주십사' 머리 숙여야만 도와주겠다는 것이니
자본 시장에서 뼈를 굳힌 약바리의 처신이지 싶어진다.

어제는 5월 13일부터 시작된 쇠고기 청문회에
증인으로 불러 낸 장관만도 아홉 명인데
새 정권의 왕부지급 물갈이임을 실감케 한다.
하나같이 번들번들한 얼굴에
2백억대의 문화부 장관은 연예인 출신답게 화장을 했는지

혼자만 하얀 얼굴로 유창한 말에 영어도 섞을 줄 안다.
큰 문제는 증언의 앞뒤가 뒤엉켜 자꾸 몰아 세워지곤 했다.

하기는 질문자도 무슨 훈계 연설을 하는 시늉이 된다든지
제 말만 내세워 몰아붙여대는 모양새는 민망스러웠다.
언젠가의 한명숙 위원과 같은 질문 자세를 배울 일인가 보다.

6. '5·18항쟁기념식'에서, 촛불 축제는, '개성공단'에 가다

오랜 세월 나를 챙겨 준 젊은 목사가 그 회장이라서
초대장에 적힌 전주시청 강당으로 달렸다.
이 자리서는 나도 한마디할 것 같았기에
짤막하게나마 할 말을 미리 준비까지 했는데
기념식장에 이르러서도 반겨 마지할 뿐이다.
서울서는(곧 국회의원은) 몇 분이 왔느냐고 내가 물었을 때
누군가의 부름에 그는 그냥 돌아서 버렸다.

한데 시작된 기념식 사회자가 식순의 한 국회의원에 앞서
이런 나더러 한 말씀 하라 했다.

옆구리 질러 인사받는 꼴이 된 대로
일어서 나간 첫마디는 뒤늦게나마 챙겨 주어 고맙다고,
안할 소리까지 곁들이며
모래톨 힘이라도 보태고 싶어 '뉴턴의 운동의 법칙' 어쩌고 했다.
거듭 씁쓸할 뿐이다. 늙을수록 제 자신부터 알아야 할 일인가 보다.

어제오늘 내 폭싹 늙었음이 스스로도 한심스러워진다.
방금 전의 일도 깜빡해 버리기 일쑤다.
이제부터는 특별한 경우 아니면
무슨 행사에 나가지 않을 것을 거듭 다짐한다.
내 늙판 정리나 차분히 해 나갈 일이다.

한 달이 넘게 이어져 온 촛불 축제에 두세 군데서 연락 왔지만,
오늘 6월 10일에는 한번 나가 볼까 한다.
오늘이 민중항쟁 21주년이기 때문이고,
여기 익산에서도 촛불 행사가 있다는
'문자 메시지'를 참여연대 · 민노당으로부터 연거푸 받은 터이다.
이 정권 뒤집힐 조짐인가도 내 눈으로 한번 짚어 보고 싶다.

왜 쇠고기 파동이 어린 학생들부터 시작되어
젊은이와 어른들의 촛불로 번졌는지를 헤아리지 못하는
통치자의 눈에는 정치적 음모만이 어른거렸을 것이다.
내가 익산 시민공원 행사장에 이르렀을 때는
이미 밝혀진 촛불들이 얼핏 4·5백쯤 되어 보였는데
뒤쪽에 가서 앉으려 하니

내 아는 목사 한 분이 반겨 맞아 주며
종이컵 촛불도 챙겨 주었다.
여기 공원 광장에 모여 앉은 사람들은
거의 모두가 어린 학생들과 애젊은 남녀들이다.
우리같은 늙은이는 손꼽을 정도인데
너 댓살 어린이가 되레 훨씬 더 많았으니
무슨 '축제'라고 이를 만도 하겠구나 싶다.

노래와 구호를 나도 따라 웅얼대며
한 시간이 넘게 시들거리는데
일어설 기미조차 도통 없다.

"거리 행진은 않는가요?"
"예정에 없는 모양입니다."
"이래서는 별 의미가 없을 텐데요."
"그러게 말이죠……."

내 곁의 목사와 나눈 말이다.
이래서 막차를 놓칠세라 끝나기 전에 일어서고 말았다.

이 무렵 나는 '개성공단' 역사 기행 안내 통지를 받고
12명만을 선착순으로 한정시킨다기에
1박2일의 여비를 서둘러 '겨레하나' 계좌로 부쳤다.
'6·15공동선언' 8주년을 기리기 위한 것이라니
거기 공단의 북측 노동자와도 만날 수 있으리라 싶어

내 속으로 '마지막(?) 방북'을 혼자 잔뜩 부풀렸던 셈이다.

한데 지난 몇 해 두세 차례의 방북 때와는 달리
무슨 책자와 인쇄물은 일체 못 가지고 들어간다는 거였고
'입경 수속 사무소'의 북측 직원들은
우리 방북자들의 몸을 탐지기로 훑어 내리곤 했다.
내 뒤늦게야 알게 된 '일반 관광 기행'일 뿐이라서
개성 공단은 그 옆을 버스로 지나며
안내원의 두 세 마디 알림만으로 스쳤을 뿐이다.

이 독거 늙은이가 착각하는 일이 없도록 전화 한 통화쯤 있어야
옳았고
'12명을 선착순' 운운하지 말았어야 한다.
이제 나는 운동 일선에서 물러나야 함을
더 한번 쓰디쓰게 곱씹으며 한숨지었다.

7. 종합병원 의사, 옛제자들 목소리, '냉각탑' 폭파 후, 어서 눈병부터

내 손전화에 문자 메세지가 두 군데서 오고
'겨레하나'에서는 촛불 시위 참석을 바라는 전화도 왔지만

이미 작심한 대로 눈병을 핑계로 못 나간다고 했다.

딸아이를 원광대학병원으로 불러들여
두 눈의 'CT사진'부터 찍고는 의사의 설명을 들었는데
눈 핏줄이 터져 그대로 두고 기다릴 수밖에 없단다.
무엇보다 거슬리는 것은 담당 의사의 접객 자세인데
묻는 말에도 입술만 달싹거리듯 하고
눈맞춰 주지 않아도 올 손님은 온다는 셈인가?
기다릴 수 없어 'MRI' 촬영 예약을 취소하고 돌아왔다.

이 날 뜻밖에도 까마득한 옛 제자들로부터의 전화다.
하나는 내 퇴임식날 학교 직원들과의 송별연이 끝나도록
저 혼자 복도 구석에서 기다렸다가
내 나오자 무슨 선물을 내밀며 울었던 서영민이고
또 하나는 주근깨 난 얼굴이 되레 이쁘다며
내가 '쌔깜쌔깜'이로 별명을 지어 준 양경주다.
이렇게 반가운 얼굴들을 보기 위해서라도
먹통눈이 되지 않고 오래 더 버텨 내고 싶은 일이다.
이제는 이런 글을 쓰기에도
돋보기 확대경까지 비춰야 할 처지임이 한숨겹다.
내 '막차 시집'일지 모를 〈숲길〉은 얼마 후에 출간될 터이지만
이 자서전 책도 내 눈 뜨고 보고 싶은 일이다.

이미 특보급 수선을 떤 ⑤'냉각탑 폭파'가 온누리 흔들고 있다.

이런 북측의 '벼랑끝 결단'에
'정전' 아닌 '평화'체제로 가는 첫걸음이 떼어졌지만
칡넝쿨처럼 꼬인 북·미 관계가 쉬 풀릴는지? 두고 볼 일이다.

부시는 미국 매파의 총수인 양 거들먹거리며
'악의 축'을 소리치다가 마침내 대선을 앞둔 여론에 밀리고
북조선이 연거퍼 쏘아 올린 미사일에
휘둥그레진 결론은 이라크처럼 때려 버릴 수 없음이
뒤늦게나마 씀벅 우비어 들었을 것이다.

이래저래 이명박은 부시를 업고 김정일 배통 앞에서
우쭐거리자던 꿈이 깨져 버린 시늉으로
'촛불바다'에 놀라 '뼈저린 반성'을 했다지만
이내 곧 펄펄 재깔거리기 시작했다.
이를 강 건너 불구경하듯 지켜보기나 할 내 처지인가?
하긴 이제 숨 가쁜 여생을 먼 산처럼 가물거리고 싶기도 하다.

눈 문제는 서울성모병원에 아들이 예약을 해 놓은 터인데
어찌 오늘은 암담스러워지며
지드의 〈전원교향악〉이 새삼 되새겨지곤 한다.

---

⑤ 핵실험 과정상의 냉각 처리용 탑으로서, 영변에 있는 이 탑의 높이는 28미터이며, 원추형 밑지름이 20미터라 하는데, 이를 자진 제거함으로써, 그 상징적 효과는 매우 크다는 보도다. 2008년 6월27일에 CNN 등 6자회담 참가국 언론사들의 현지 중계 속에서 폭파된 것이란다.

거기 주인공들 이름은 다 잊었지만
눈 쌓인 날 어떤 목사가 노파의 임종 예배에 갔다가
망인의 조카라는 눈먼 소녀를 데려다가는
짐승 꼴에서 벗어나게 키우고, 가르치고
마침내는 개안 수술도 해 준다.
한데, 이 처녀는 세상에 눈을 뜨자
귀로만 들었던 음악 속의 '자연'은 참 아름다운데도
사람들은 목사도 그 아들도 그렇찮음에 큰 충격을 받는다.
실족인지 투신인지 모를 익사체가 되어 버렸다.
하긴 모두가 세상 구정물을 꼴깍거려 온 만큼 추할 터이다.
곱게 안 보인대서 죽는다? 철부지의 낭만이지 싶다.
오히려 그럴수록 대자연의 아름다움을 보듬고 살 일이다!

내 먹통눈이 된대서야 '저 하늘의 먹구름 지옥이 아닌
이 땅의 천국을 본다'는 것도 끝장이고
〈이런 질주〉의 저 조각품을 보는 감흥도
모름지기 다 먹장일 것이 두렵다.
비록 내가 세월 물결에 밀려나 버린 목숨일지라도
목숨껏 부둥부둥 기운 내자고 다짐해 본다.
꿈이 크든 작든, 깊거나 얕거나 간에
시들거리지 말아야만 더 좀 오래 살아 남는다.
뭇생명은 '가치' 이전의 '천혜天惠'임이 새삼스러워진다.

8. 상받는 바탕 문제, 수목장의 꿈, 오늘은 첫눈

오늘 내 버럭성미는 퉁겨져 버리고 만 셈인데
노여움을 누르고 새삼 뒤돌아본다.
지난 여름 민예총으로부터 통지가 오기를
'자랑스러운 전북인 대상'의 후보로서
내가 추천되었다는 뜻밖의 소식이다.
이사회의 '만장일치 결의'란다.
얼마 전에 펴낸 시집 〈숲길〉의 보람인가? 기뻤다.
오래전 〈다시 푸른 겨울〉을 낸 뒤 내게 안겨주려던 때와는 달리
철새 정치인 이름의 상도 아니다.
자랑스런 도백의 얼굴이 떠오르며
내 노욕은 좀더 굼틀거렸다.
하지만 늙어서 껄떡이는 꼴이 안 되려고
거듭되는 권유에 전제前提를 깔았다.
첫째는 민예총 소속 단체(작가회의)만이 아닌 딴 단체(한국예총)에도
문학 분야에는 후보를 내세우지 않은 경우일 것.
둘째는 체육 분야 후보자가 없는 경우에 한해서
후보로 나서겠다고 했다.
이른바 원로다운 명분을 톡톡히 챙기고도

내 올랐다가 나동그라지는 우세스러움이 없기 위해서다.
이는 앞서 밝힌 대로 〈숲길〉을 펴낸 직후에
전북일보사 인터뷰에 모처럼 응했다가
⑥'소리꾼 무게'로 내 코깨진 일도 있었기 때문이다.

한데 문학 분야 추천인이 나뿐이라는 확증은 얻어 냈지만
체육부는 별도의 시상 사례가 있었다는 것뿐인데도
내가 추천 수락을 하고야 말았고
이 상의 주관처인 본도의 지사 얼굴을 다시 떠올렸다.
내 노탐이 김칫국부터 마신 격이다.

한숨돌린 지 여러 날이 지나고 나서다.
내 받은 상장과 내 저서들의 표지 복사판을 내야 한다며
우리 사무처에서 찾아 왔기에
내 속이 좀 상한 대로 그냥 따랐다.
가짜들이 시글대는 세상이기 때문이다.

한데 내 분야 신청자 유무의 재확인에는
'대외비'라며 줄곧 쉬쉬하면서도
내 그동안의 저서들을 한 권씩 내야 한다는 것이다.
이것 안 되겠구나 싶었다.

---

⑥ 우리 집에 찾아와 인터뷰한 기자는 제가 찍은 내 사진과 기사가 유명 소리꾼의 커다란 사진·부음 광고 밑에 너무도 초라한 것이 미안했던지, 해당 지면(문화면)의 초판을 나에게 보내 왔었다. 내 단독 사진·기사임은 물론이고, 더 좀 큼직한 사진이기도 했다.

무엇보다는 본면 사무소로부터 전화 연락이 오기를
무슨 상을 받고자 신청한 당신에 대해 알아 볼 것이 있어
오늘 형편부터 물어 보라는 상부의 전갈이란다.
내 그만 울컥해지고 말았다.

"내 직접 신청한 일도 없지만, 신청을 철회하도록 할 테니, 우리
집 올 것 없다고 전하시오!"

얼간이처럼 느껴지는 회장의 재고 희망을 일축해 버리고
신청 서류 돌려받기가 어렵거든 내 직접 나서겠다고 했다.
이렇게 철회시키고 나서야 겨우 알게 되었지만
누구는 제 고장 군수의 추천 형태로 신청했다는 사실이다.
이런 그도 제1차 심사에서 낙방되었다는데
해당 군수가 뇌물 관계로 이미 옥살이었기 때문인지
신청인의 도덕성 탓인지는 내 모른다.

어쨌거나 내게 대한 '실수(?)'에는
'보이잖는 압력의 눈'이 얼핏거려지곤 했었다.
일찍이 무슨 상을 내 잘난 체 외면한
오만의 벌을 더 한번 톡톡히 받은 셈이다.
이런 자를 챙겨 주었다가 속만 뒤집힌 분들(심사위원들)은
이제 그만 너그러이 웃어 주셨으면 싶다.
이제 내 나이 8순도 넘고 보니
속내 욕심이야 어떨망정 그리 꼴사납지는 않게

죽음을 준비하는 시늉인지 모른다.

오래전에 한겨레신문에서 '장례문화 개선책'에 성화일 때는
나도 화장 장례를 약속한 일이 있고
'금수강산'은 ⑦'묘지강산'이 되고 있다는 데에 놀라며
이른바 '수목장'을 꿈꾸어 왔다.

이에는 내 유별난 풍경 취미와 옛추억도 얹혀져
내 뼛가루 묻힐 나무로는 흔한 미루나무였기에
무엇보다 손쉽게 구할 수 있으려니 싶었지만
누가 거들떠보지도 않는 나무라서 멸종되다시피 귀했다.
어쩌다 발견된 것은 너무도 커서 떠 옮길 감이 못 되고
꺾꽂이 감을 키워 내자니
바로보는 재미 한번 못 누릴 것 같았다.
내 고향 옛시냇가를 둘러보고
여기저기 수소문 끝에 ⑧누구누구에게도 부탁해 보았는데
헛고생만 시키며 두어 해가 지났다.

얼마 전에 우리 집 소나무를 옮겨 준 조경사한테서
오늘 연락오기를 식목일 이전에 미루나무 구해 주겠단다.
실은 자기도 부모의 수목장을 하려던 참이라서
내 극성스러움을 헤아리고도 남는다는 호의好意인 것이다.

---
⑦ 이 나라 주택지 면적보다 묘지면적이 더 넓다는 통계라 했다.
⑧ 농민회 임실군지회장과 가톨릭 전북문우회원, 그리고 전교조 전북지부 선생들이다.

새 세대는 '수목장'의 선호도가 의외로 높음이 반갑기도 하다.

오늘은 첫눈이 내렸다.
내 시골집 산자락에 가꾸어 놓은 숲
숲길의 낙엽들 위에 자최눈이 덮여
눈길마다 발자국 내는 새 아침의 즐거움인가?

어디선지는 까치가 울어
정녕 반가운 소식일랑 이 눈손님인 것을!
오래지 않아 함박눈이 내려쌓일 것이고
비록 시끄러운 도시 지붕에도 눈은 푸근히 덮일 것이다.

눈부신 한낮에도 우긋하게 그늘진 숲길
눈을 인 산마루가 멀리 아스므락할수록
여기 누구 하나 가지 않은 숲 속 눈길에
내가 첫발자국 내는 보람을 꿈을 찍어 나간다.

이런 이틀 후에는 한상렬 목사가 옥살이 백 일 만에 나왔다.
촛불 새싹들의 새 힘이 아닐 수 없다.
내가 보낸 책 '요가'는 집에서도 익혀 주었으면 싶다.

어제 토론회 형태의 '시국회의'가 열린다는 통지와 함께
'한말씀'해 달라는 전화도 있었기에 나갔다.
내가 강조한 것은 자본주의가 휘청거리는 조짐은 보이지만
한번 무너진 사회주의는 그대로 되돌아오지 않는 법이니

우리는 '제2의 촛불 바다'를 이뤄 내야 한다고 했다.
이 지구 새 역사의 물꼬는 언제나 소수의 것이고
뒤집히는 힘의 결정타는 청춘의 몫이라는 것도 곁들였다.

9. 눈병 결판의 날, 꿈 속의 인물, 옛제자 (?) 내외가 오다.

이 성모병원에서 이름난 박사 의사를 서둘러 만났는데
새 희망은 별로인 채로 물러나게 되었다.
시작된 백내장 증후는 수술 단계가 아니니
눈 망막과 의사의 진료를 계속 받는 것이 최선의 길이란다.
내 돌아오는 강남터미널 대합실에서 아들에게
미리 별러 온 말 두 가지를 웅얼대었다.
첫째는 시골 화실 마련이다.
내가 지어 줄 수도 있으니 네 의견은?
둘째는 아들 내외의 제2세 입양 문제인데
네 조카 윤정현을 양녀로 삼는 것이 어떠냐고 했다.

수굿하게 듣고 있던 아들이 나더러 소설을 쓰고 있다기에
내 버럭성미는 퉁겨지고야 말았다.

우리 한쪽 구석 가까이에도 남들이 있는데도 외쳤다.

"머 어쩌? 지금 당장 결정허라는 게 아니다! 내 유언으로 알고 들어 보라는 것뿐이다!"
이랬더니 아들은 이런 말 듣고나면 오히려 더 맥만 풀린다며
제 어미와 형을 챙겨 주시라고 훈수 아닌 훈계다.
일어서 버린 나는 놈이 사 준 빵을 받아 승차를 서둘렀고
어서 가라 팔짓만 하고는 차내에 들어와 버렸다.

이날 밤 나는 엉뚱한 꿈을 꾸게 된다.
어느 모임의 내빈 소개 끝판에 내 이름이 겨우 스쳐졌대서
내가 고깝게 여기던 그 누가 꿈에 나왔다.
내 고까움과는 딴판으로 더없이 반가워하는 얼굴이다.

민족문학 문인들도 한국문협처럼 챙겨 준 그는 나를 반기며
내 책 가방 지퍼가 고장난 것을 알고는
여기저기 새 지퍼를 찾으려고 한바탕 부산스러웠다.

어찌 우리 아들 얼굴이 저만치에 얼씬거려
내 그리로 달려 가다가 눈이 떠졌는데도
누구의 얼굴 같기도 한 그는 웃고 있었다, 마치 꿈속처럼!
일어나서 어둠 속 십자가를 향해 무릎 꿇고 웅크렸다.

이튿날 나는 전화로 아들에게

어제의 내 말은 없었던 걸로 하자는 한마디만 들려 주었다.
누님은 내 눈 수술 예약 날도 잊지 않을 만큼 나를 챙긴다.
한데 오늘따라 외로움이 가슴 속을 후빈다.

오랜 옛날의 '문학소녀' 이순자가 이순耳順이 되어서
제 남편 박소담과 함께 찾아 들었다.
얼마 전부터 전화 예고는 있었고
부부 시집인 〈바다가 보이는 방〉도 보내 왔지만
너무 먼 거리(경기도 시흥 어디)라기에
⑨누구들처럼 말만에 그치려니 싶었는데 찾아왔다.

오늘 뜻밖에도 제 고향인 김제까지 와 있다는 전화다.
이 여자는 김제 지역의 '특활 동아리'에서 나를 알게 되어
시·소설 습작을 익힌 '사숙 제자'였을 뿐인데도
두 내외가 찾아와서 큰절과 두둑한 선물을 남기고 돌아갔다.

이런 한 달 뒤의 '스승의 날'에는
내 초임지 제자인 백발 화백이 멀리서 오고
어느 회사 두 사장도 화분 들고 찾아왔다.
저 지리산 자락 작가는 이제 고희문덕인가?
내 눈먼 '96'의 까마득 고지가 새삼 한숨겹다.
이 메마른 세상에서 다시금 훈훈히 되새겨지곤 한다.

---
⑨ 지난해 여름 40여 년 전의 제자들(서영민·양경자)한테서, 내 전화번호 가까스로
알아냈다며 우리 집 찾아온다고 했을 뿐이다.

10. 민예총 정기총회에서, 이 날 밤 꿈은

지난해 가을 수상 후보 추천 수락을 철회하고 나서
민예총 이사들에게 철회의 경위라도 밝혀 주고 싶었기에
내가 바란 이사회 소집을 회장은 어물쩍거리고 말았는데
이번은 어찌 내게 총회 통지를 두 차례나 해 왔다.
뒤늦게나마 챙겨 주려는 심산인가?
내 참석을 꺼리면서도 그냥 인사치레일 뿐인가?

어떻든 한마디하게 될 것만 같아서
한 3·4분 이내로 하고 싶은 말 놓치지 않고 좀 호소력 있게
원고지에다 적어 본다. 돋보기 확대경을 들고서다.

내 지팡이 신세의 참석이 안 되었던지
여느 때 없는 대접이 오히려 떠름하게 계면쩍스러운 대로
총회의 첫순서로서 내 커다란 글씨의 원고를 읽어 내렸다.
이제는 할 말도 깜빡하기 일쑤라서 읽어 드리게 된다.
이렇게 늙어 버린 나를 수상 후보로 밀어 준 회장을 비롯해
누구보다 이사들에게 진작 실토하고 싶었다. 면목이 없다.
하지만 내가 도중하차할 수밖에 없는 상황이었음도 사실이다.
긴 말은 줄인다. 내 80평생에 도덕적 하바리치고
무슨 '차떼기'처럼 엉뚱한 짓 하지 않는 사람은 거의 없었다.

이런 요지의 것이었는데도 내 돌아갈 차편까지, 새삼 저려 든다.

이 날 밤 나는 어처구니 없는 꿈을 꾸게 된다.
무슨 식당 같은 널따란 방이 두세 개 이어진 식탁에
둘러앉은 사람들 중의 한 여자에게로 내 눈이 끌렸다.
앞머리가 좀 희끗희끗한 아래로 둥근 얼굴 오똑한 코다.

처음 보는 여자인데도 어느새 짝사랑의 시늉이 되어 버린
내가 그 식탁 앞을 어칠거려 눈맞춤되기를 바라면서도
이런 나를 얕잡아볼 것이 두려웠다.
한데 어쩌자고 아내가 옆에서 새 인연을 부추기는 바람에
내 더 애타가 흘금거리다가 잠이 깨었다.

긴 한숨이 나온다.
예수는 간음한 여인을 ⑩징벌하려는 군중에게 이르셨다.

"너희 중에 누구든지 죄가 없는 사람이 먼저 이 여자에게 돌을 던져라."
이는 나를 두고도 하시는 말씀일 것이 새삼 때려 왔다.

---

⑩ 성서의 요한복음 8장 7절에 나오는 예수의 말씀으로, 당시 율법으로서는 '간음한 여인은 돌로 쳐서 죽인다'는 모세법이 있었다.

11. 대통령의 말뒤집기와 내 화풀이, 퇴고의 고락, 추기경 떠나다

내 눈 치료 예약날은 아들 볼 수 있는 기쁨으로도
설렁설렁 서두르다가 손 전화를 깜박 잊고 말았다.
한심한 놈! 뛰다시피 걸어 버스 시간에 겨우 대었다.

어찌 운전 기사는 묻는 말에 대답조차 없다.
울리는 라디오 방송의 대통령 연설 듣는 모양이 메스꺼워
부디 남에게 질 수 있도록 이끌어 주십사는 내 기도문을
거듭 떠올리며 귓구멍을 손가락으로 막아 본다.

엊그제 들은 텔레비전 방송의 대통령 특강에서
북한을 진정 도와 줄 나라는 대한민국뿐이라고 했다.
내 그만 채널을 돌려 버렸는데
어쩌자고 아침부터 다시 저 헛소리인가? 내 거듭 다우쳐 본다.

"안내 방송 좀 내보냅시다!"
"어디까장 가시는디요?"
"……!"

내가 그의 물음을 묵살해서인지 안내방송은 나오지 않았다.

얼마 후 고속버스로 갈아탄 나는 서울이 가까워질수록
여느 때처럼 아들의 손전화 올 것이 신경쓰이곤 했다.
언제나 북새통인 병원 ⑪안과에 이르러서도 그랬다.

내 안과 진료 직전에 아들이 와서
아들이 처방전을 들고 약국에 나간 뒤
내 피부과 검진 접수부터 서둘렀다.
지난번과 같은 애동치 여의사라서
다시 미주알고주알 빗나간 말을 들어야 했다.
이 다음 진료는 딴 의사로 바꾸고자 예약 접수하고 있자니
내 아들이 나타나서 하는 소리가 이렇다.

"아부지, 좀 편하게 계세요. 저에게 맡기시고."
"어쩌? 편허게? 내 편헌 대로 너나 가만 있어! 앞으로 내 진료는
내 혼자서 다닐 테다, 엎어지든 뒤집어지든!"

버럭 소리를 내질렀다.
간호사와 지나는 사람들이 휘둥그리고 흘깃거릴 만큼
내 버럭성미가 퉁겨져 버린 꼴이다.
누구보다 진하게 목숨처럼 어쩐다는 막둥이에게
내 지팡이 신세인데도 기만은 펄펄해서 그랬다.

---

⑪ 서울에 있는 이 성모병원 안과는 널따란 대기실·복도 양편에 놓인 의석만도 210
여석 인데, 흔히 초만원일 만큼 북적거리기 일쑤다.

이런 애비나마 수굿하게 챙겨 주고
길턱·장애물이 나타날 때마다 내 팔을 잡아 주는 아들
이내 풀어진 나는 아들이 건네 준
차표의 지정석에까지 그의 인도를 받았다.

"어서 그만 돌아가라. 오늘 너무 애썼다."
"그럼 잘 가세요."
"오냐······."

'너무 힘들게 해서 나도 속상한다'는 말은 속으로만 굴리며
손만 한번 들어 보였을 뿐이다.

이날 내가 부린 심통의 밑뿌리는 내 못된 성미일 테지만
더 큰 빌미는 대통령의 말뒤집기다.
오바마 정부 들어서고 '대포동 발사' 조짐이 보이자

얼굴을 확 바꿔 진정 도와 줄 어쩌고저쩌고 수선을 떨었다.
제 말이 북측에 얼마나 큰 모욕·경멸인가는 먹통이다.
'반동 역도들'이란 말을 그는 듣기도 했다.
'6·15공동선언'과 '10·4합의'를 깔아뭉개 버리고
무슨 정체성 찾겠다고 교과서마저 뜯어 고쳤다.
이 나라 시곗바늘을 거꾸로 돌리려는 밑바탕부터
'대포동'이 아닌 '제2 촛불 바다'의 물너울에 뒤집혀야 한다.
피바람이 일지 않기 위해서다.

이 글을 이것으로 마무리 짓고 싶어진다.
돋보기 확대경을 들고 퇴고하자니
이제는 너무 힘에 부치기 때문이다.
첫 원고 글씨를 컴퓨터로 굵게 뽑아 준 활자인데도 그렇다.
이렇게나마 이만큼의 보람을 누려 온 것은
누구보다 '한솔'의 ⑫고희정의 덕임이 다시금 절절해진다.
놀랍도록 빠르고도 예리한 '특출'이면서 오랜 세월을
내 까다로운 되풀이 고침에 눈살 한 번 찌푸리지 않았다.
이 책은 그대 손끝에서 때를 벗은 숨결일 것이리다. 실로 그렇다.
숨 고르며 더 허우적거리기보다 큰 짐 부려 놓고 싶다!
더는 먹통의 '눈먼 옳음'이 안 되기 위해서이기도 하다.

오늘은 2천9년 2월16일이다.
전주에 나갔다가 돌아오는 버스 안인데
김수환 추기경의 선종 보도 방송이 울렸다.
내 어찌 슬픔보다는 놀라움이 앞서며
이분의 발자취가 새삼 되새겨지곤 했다. 뭉클해진다.

집에 돌아온 한밤에는 자다가 일어나서
〈두 동강 나라에서〉란 제목의 시를 쓰게 된다.

　　누구보다 낮은 사람 얼굴로 스스로를 뚫어 보신다.

---

⑫ 전북 익산 영등동에 있는 '한솔기획' 컴퓨터 기사. 내 노경의 책들(6권)은 모름지기 이 기사가 도맡아 주었다.

큰 축하 마당에서 ⑬몽둥잇감임을 퉁겨 놓아 모두 숨죽일 만큼
이 땅의 눈높이로 하늘을 우러렀다.
이 나라 굵직한 인물들의 속울음 앞에서는
'이 사람도 ⑭그대 편이었다'며 끌어안아 주셨다.
두루두루 살피시는 눈길은 멀리 멀리로도 벋어나가고 보니.
굶주리는 북녘 돕기의 ⑮참손길이 무엇임을 일깨워 주며
눈앞의 설움부터 보듬어 올려
두 동강 나라의 피멍울 아픔을 나누신 참어른이시다.

무엇보다는 이분의 크고도 깊은 뿌리시다.
언제나 모두에게 다사로우시면서
⑯쫓겨 드는 칼바람 앞에서는 우뚝한 바위로 버티셨다.

무슨 자유나 신앙을 뛰어넘어 저 혼자만의 욕심 버리자고
온몸으로 여린 목숨에게 베푸신 그 발자국
이 땅에 길이길이 훈훈한 빛이시리라.

(2009. 2. 16)

⑬ 추기경 서임식 때 축사에 이은 인사말에서, 지금 주님께서는 제 속마음을 굽어보시고 몽둥이를 내리실 것이라 했다는 일화가 있다.
⑭ 두 번 낙선하고 정계 은퇴를 선언한 김대중이 출국 인사차 추기경을 찾아갔을 때, '제 유권자들은 저를 찍었다기보다 한맺힌 저마다의 가슴에 찍었다'고 하자, 나도 그대 편이었다고 했다는 풍문이 떠돌았다.
⑮ 북한동포돕기운동이 시작되자, 추기경은 특별 강론에서 동포애의 '의무'라야 한다, 무슨 '시혜'의 자세여서는 안된다고 강조했다.
⑯ 서울 명동성당은 공권력의 시위 원천 봉쇄 때마다 각종 시위 운동권을 비롯한 서민들의 무슨 철거 반대 시위 끝에 쫓겨 들어 오면 여기서 막아 주고, 뿐더러 '수배자의 은신처'이기도 했다.

이것으로 〈한세상 숨결〉을 끝내려 마음 다져 왔는데
오늘 2009년5월29일의 일기만은 적지 않을 수 없다.
노무현 전대통령 영결식을 텔레비전으로 보았기 때문이다.
국민장공동위원장인 전前총리의 조사를 듣다가
내 처음으로 눈물을 글썽였다. 뜻밖이다.

12. 노 대통령의 부엉이 바위, 추도사를 듣고, 노제의 만가는

얼마 전에 새벽 등산길 부엉이 바위에서 그가 뛰어내렸다는 소식에는
놀라움 보다는 '그렇게 끝내 버렸는가?' 싶었을 뿐이다.
⑰'내 친족은 한탕 챙길 째비도 못 된다'고 한 그의 말부터 떠올랐다.
'차떼기' 세력이 판치게 된 것도 그의 병신스런 무능에서
비롯되었다는 여기던 내게 노여움을 끓게 하곤 했었다.

하지만 이 나라 어느 통치자보다 거짓없이 몸부림쳤기에

---

⑰ 노무현이 대선 후보가 되었을 때, 전직 대통령들의 아들과 근친들이 뇌물로 줄줄이 쇠고랑을 차게 된 사례를 두고 기자들이 그에게 '절대 권력'의 별수없는 '정경유착'을 다그치자 그가 응수한 말이다.

하고한 추모 물결이 밤낮으로 출렁거리고 있다.
한 가지 분명한 것은 '잃어버린 10년'이라며
새 정부가 '6·15'도 '10·4'도 뭉개버릴 듯이 설쳐대었다는 데에
이번 불행의 뿌리는 있을 터이다. 누구 죽이기가 아닐 수 없었다.

이번 나는 변절자의 속 좋은 구실로만 보아 온 말
'어리석은 놈은 대세에 거스른다(愚者逆大勢)'를 고쳐 새겨 본다.
내 '눈먼 옳음'은 되지 말아야지 싶어진다.
서울광장 노제의 만가晩歌는 내 옛 기억을 되살려 주기도 했다.
목숨 걸고 숨어 살 때 뒷방문에 비껴 든
석양빛이 숨 막히도록 호젓해서
뒤안길 쪽 '어허헤'하는 소리가 나를 울리던 것처럼
내 더 한 번 찡한 설움이 저려 들어 허퉁했다. 허허로왔다.

(2009. 5. 29)

최 형 자서전

한세상 숨결

초판인쇄 : 2009년 11월 30일
초판발행 : 2009년 12월 6일

지은이 : 최   형
펴낸이 : 서 정 환
펴낸곳 : 신아출판사

등 록 : 1984년 8월 17일 제28호
주 소 : 전주시 완산구 태평동 251-30
전 화 : (063) 275-4000, 252-5633
E-mail : sina321@hanmail.net

지은이 주소 : 익산시 용동면 화실리 705-1번지
☎(063) 861-3461 / 010-3689-0696

값 16,000원
ISBN 978-89-5925-626-6   03810

* 저자와 협의하여 인지는 생략합니다.
* 잘못된 책은 바꿔 드립니다.